微商运营实战全书

孙凡卓◎著

電子工業出版社
Publishing House of Electronics Industry
北京·BEIJING

内容简介

微商自出现以后，便以极快的发展速度引起了人们的关注。为了帮助人们更好地了解微商这个行业，本书多角度、多方位地阐述了微商运营的各个方面，涉及引流、成交、团队管理三大部分，以帮助微商从业者更好地了解微商，掌握微商的沟通方法、营销策略及成交技巧。同时，也为在微商领域取得一定成就的从业者管理微商团队提供一定的借鉴。

本书实用性强，适合对微商持观望态度或初次接触微商、在微商领域已取得一定成就、从传统电商转型为微商、从传统企业进军微商领域的人员，以及其他对微商运营感兴趣的人员阅读。

图书在版编目（CIP）数据

微商运营实战全书 / 孙凡卓著 . —北京：电子工业出版社，2020.2

ISBN 978-7-121-37700-6

Ⅰ . ①微… Ⅱ . ①孙… Ⅲ . ①网络营销 Ⅳ . ① F713.365.2

中国版本图书馆 CIP 数据核字（2019）第 237646 号

责任编辑：王小聪
印　　刷：三河市鑫金马印装有限公司
装　　订：三河市鑫金马印装有限公司
出版发行：电子工业出版社
　　　　　北京市海淀区万寿路 173 信箱　　邮编：100036
开　　本：720 × 1000　1/16　印张：18.75　字数：312 千字
版　　次：2020 年 2 月第 1 版
印　　次：2020 年 2 月第 1 次印刷
定　　价：58.00 元

凡所购买电子工业出版社图书有缺损问题，请向购买书店调换。若书店售缺，请与本社发行部联系，联系及邮购电话：（010）88254888，88258888。

质量投诉请发邮件至 zlts@phei.com.cn，盗版侵权举报请发邮件至 dbqq@phei.com.cn。

本书咨询联系方式：（010）57565890，meidipub@phei.com.cn。

前言 Preface

在本书之前，我一共写了3本关于微商营销技巧的书，在最后一本书的最后一节，我说过今后不再写这方面的书了。我当时是真的不想写了，如今之所以再次提笔写这本书，也是因为我对这个行业有割舍不掉的情感。好吧，对于未知的东西，我向来照单全收，因为有些承诺不是一定要较真的。虽然写这本书，确实违背了我之前的诺言，但是对我也没坏处，对大家更是有无数的好处，那我何必纠结于之前的“封笔承诺”呢？有的时候，想开点，放开点，挺好！

放弃与放下。微商必须了解这两个词：放弃、放下。实际上很多人都不明白这两个词的真正含义，甚至在很多人心中这两个词的意思差不多，其实并非如此。放弃，是指你自己的东西，你才有资格放弃。例如，你是否放弃了自己本来的事业，全身心地去做微商。放下，是指放下别人的东西。例如，放下别人的成见、诋毁、眼光、看法。做微商，如果你不懂得放弃与放下，我劝你还是好好去打工吧，别浪费自己的人生。

幸福。今年是我做微商导师的第五个年头了，心里有好多好多话想和正在做微商的你及想做微商的你说。因为这一路走来，该经历的都经历了，不该经历的也都经历了。台上的星光闪耀和台下的孤独相伴，这辈子有做微商的这段经历，我觉得挺幸福。这份幸福并不是指我得到了多少财富，而是指我幸运地见证了无数个伙伴的成长与经历。因为这些年我的人生是与无数个学员、粉丝的人生连接在一起的，这里既有珍贵的记忆，也有缺憾，我觉得将它们连在一起，很美。

孤独。其实做微商很孤独，特别是在初期，得不到家人和朋友的支持，感觉自己特别孤独与无助。但我希望看到这本书的你一定要明白：孤独是成功的必经之路。孤独是一门必修课，有时候一群人在一起，也不一定不孤独。抛开微商不谈，在任何行业，你若想取得一定的成绩或者成就，就一定要学会享受孤独。

努力。如果你没有特别幸运，那么请先特别努力。千万别因为自己的懒惰而失败，最后还矫情地将原因归咎于自己的运气不好。最好的人生不是一马平川没有障碍，而是跨过或者绕过障碍继续向前。最好的际遇，不是不受伤，而是带着伤口依然愿意奔跑。微商做得不好，你需要主动找出口，而不是等出口。有时候我真的挺佩服我自己，像我这种起点那么低的糟糕人生，犹如一手烂牌，不知道从什么时候开始也有了赢面。或许是因为我在自己的牌面特别烂的时候，选择了赌小，在自己的牌面不是很烂而别人的牌面更烂的时候，选择了赌大吧。这看似是一种运气，其实离不开我的坚持与努力。可能你会问我，怎么知道别人的牌面更烂呢？答案很简单：输的次数多了，你就知道了。

失败。我经常和全民学院的学员们说："跟我学习，未必是学习我成功的经验，更有可能是学习我失败的经验，因为失败的经验比成功的经验更值钱。"毕竟有些成功无法复制，而有些失败却可以尽量去避免。很多人失败，往往就是因为在不应该失误的地方失误太多，失误虽然不一定会直接导致失败，但它会磨灭你仅有的意志力，让你放弃，从而导致失败。

毁灭。毁掉一个人最好的方式，就是让他赚"快钱"，多少人的"三观"败给了一夜暴富。千万别去碰那些看起来烫手的"快钱"。其实金钱本没有罪恶，它只是用来检验人间百态的工具。触雷的事情一律不碰，没底线的钱一律不挣。所有美好的事情，都不是可以迅速做成的，真正的成功来源于长久的积累与量变。对于我们普通人而言，我们对财富的控制能力太弱，一贪心，一分神，可能一辈子就被套进去了。其实被套进去的不是你的钱，而是你对钱和财富的态度。

套路。很多人说我套路深，但扪心自问，我还真没有什么套路。我只是尽一切可能做好手头上的每件事，尽力去解决大家的实际问题。也有很多人问我，如何树立像凡卓老师一样个人口碑超强的形象，我想，应该就是将这一桩桩、一件件的小事累积起来吧。

上述内容，没有任何微商干货，这些只是我想表达的态度。因为无论你从事什么行业，你都需要有自己的态度，只有这样你才能做好。我相信无论时代怎么变，真正的高手比的就是耐力和持久力。在微商大咖已经倒下一大半的微商平稳期，我还活着，并且还能出书，我很开心。虽然微商没有以前好做了，但我却比以前赚得更多了。蛋糕是小了，但是抢蛋糕的人也少了，所以只要你足够优秀，你依然可以赚得比以前更多。希望有一天当我不再从事微商这个行业的时候，有人会送我这样一句话："凡卓离开微商，再无微商导师。"那时我可能会更开心吧。

我不聪明，我只是比很多人更了解自己适合做什么，做什么能挣钱。所以我就这么一直坚持下来了。即使没有路，现在也被我走出了一条路，哪怕是条死路，哪怕只有我一个人，我也要坚持走下去，这就是你们认识的凡卓老师。

介绍完我自己的态度，我还想在前言部分再介绍两位月收入20万~100万元，我个人特别认可，也和我一样有特色的微商精英。大家可以把她们当作一面镜子，进而找到适合自己的发展方向，因为对于个人的发展而言，定位比细节更重要。

一个微商"一夜暴富"的故事

主人公名叫涂涂，她跟我学做微商5年了，是重点大学毕业的高才生，步入社会后一直在当地的一家三甲医院从事中药师工作。她特别喜欢帮别人解决疑难顽固的痘痘肌问题，遇到一些难以处理的患者，她会用中药精准调配最适合患者的一些精华液或者药膏，帮她们解决肌肤问题。久而久之，她就成立了自己的痘痘肌修复工作室。她认为虽然如今移动互联网时代营销模式的变化速度已经是空前绝后了，但有一点没有变，那就是自己一定要有一技之长。20多年了，护肤品的营销模式不断变化，从实体经营到后来的电商销售，再到如今的微商，但有一点没有变，那就是护肤品依然是护肤品，变化的只是营销的途径和方法。如果你拥有对护肤品销售超强的职业素养和职业技能，那么你走到哪里都不会被淘汰。

她就这样一根筋地坚持着：2014 年初出茅庐；2015 年积累经验；2016 年小有成就；2017 年快速发展；2018 年全面发力。她不仅自己有了高收入，跟着她的每个核心代理商月收入也都达到了 5 万 ~10 万元以上。她就是这样一步一个脚印地走着，对专业的执着，对每个代理商的悉心培养，以及“先专业后销售”的团队管理理念，终于使她和团队成为当地护肤品微商中影响力最大的销售团队。

涂涂最经典的一句话是：一夜暴富很难，但脚踏实地慢慢挣钱就相对容易很多。可惜，这个世界绝大多数人都喜欢做难的事情，而不愿意做容易的事情。

我也觉得确实是这样，微商一夜暴富、一夜崩塌的案例有很多，但是像她这样，能够坚持 5 年，并且每一年都比前一年做得好的案例却是极少数，她的成功轨迹也代表了很多平凡人、平凡微商真正的生财之道。

一个花瓶型微商成功蜕变的故事

主人公名叫琼琼，她跟我学做微商 3 个月，在我那么多的学员中，她算是学习时间很短的一个，但因为基础条件还不错，所以她成长得很快。最初的她，是一个标准的花瓶型微商。乍一看她的朋友圈，各种图片、小视频都是高颜值、高清、高质量的，很吸引人，可惜没什么干货，而且对于代理商团队的教学实践，她基本停留在教伙伴做图发广告上，所以她的团队初期发展很快，但是到了中期，大多数代理商开始疲惫了，销量和活跃度每天都在下降，因为她们觉得每天做图发广告、拍照、发朋友圈已经没有任何吸引力和动力了。于是，她找到了我，说自己需要加强内功的修炼。

经过两个月的学习，她竟然从一个偶像派微商转型成了实力派微商。她会考虑朋友圈的每一条消息应该如何做图和配文，什么样的文章能够吸引某种类型的客户。对于不同性格的人，应该用怎样的语气去沟通，以便让对方更容易接受她所传递的信息。两个月后，她和她的团队成员几乎做到了所有成交都是被动成交，也就是说，无论是咨询代理业务还是咨询产品，都是别人主动去找她的。

琼琼最经典的一段话是：不要嘲笑某些微商是“花瓶”，因为当个“花瓶”也不容易，毕竟“花瓶”的每一张图都是从几百张中选出来的，有时候为了做一张图，需要花费一上午的时间去构思和制作。在这个看颜值的年代，你想做个让人认可的“花瓶”也不容易，不过，我已经是“花瓶”中的实力派了。没错，我就是一个内外兼修的“花瓶”。

所以我觉得，当你看到一些花瓶型微商的时候，先不要急着去否定她，因为你否定的可能就是你需要的。在没认识琼琼之前，我也一直不太看得上花瓶型微商，我觉得她们就是在卖图片，没有什么内涵。但后来我醒悟了，她们已经做得那么好了，如果再有了内涵，岂是池中之物？换言之，实力派微商如果再加上高颜值、高视觉营销体系的助力，那将是天下无敌啊。

我这里讲的微商小故事（也包括我自己），其实也从侧面反映出了虽然性格不同但都走向成功的微商所拥有的特点。最后我想告诉你的是，这就是微商。这里没有商业模式，没有品牌，没有产品，只有你！你的定位是谁，你跟谁学，决定了你在微商界的成就和能获得的财富数量。

你以为你的产品卖得好，真的是因为你的产品好吗？你招商做得好，真的是因为你的品牌好吗？凡卓告诉你真相：在微商界没有名牌。因为你认为在微商界很出名的品牌，其实都是靠每个微商在朋友圈一条一条刷出来的，它只是在你的朋友圈里有影响力，其真实的市场影响力甚至不如市面上的一个三流品牌。所以请记住，对于微商而言，你是谁，比你是做什么的更重要。

你以为你的朋友购买你的产品，真的是因为你的产品好吗？不，他们只是相信了你所说的你的产品好。你以为你的网友做你的代理商，真的是因为你的品牌好吗？不，他们只是想跟着你干，而你刚好在做这个品牌，他们只是相信你而已。

说了这么多，其实我就是希望通过我的个人经历和实战经验，为想做微商和正在做微商的朋友提供一些方法和技巧。衷心希望本书能对广大读者有一定的帮助。如果发现书中有不足之处，还请提出宝贵的意见和建议。

目 录 Contents

第1篇 认识微商

第2篇 微商引流

第 3 篇　微商成交

第 4 篇 微商团队管理

微商名人堂

第 1 篇

认识微商

第1章 什么是微商

微商自出现以后，就呈现出迅猛发展的态势。仅一年时间，口袋微店的数量就超过了1200万个，同时，微信用户数量早已超过5亿个，而开通微信支付的用户数量也已超过8000万个。

那么，到底什么是微商？微商，其实就是微小的商业个体户，是通过销售产品过程中产生的差价来获得基本盈利的一种商业模式。微商的“微”，是微小的、碎片的意思，因为它很微小，所以意味着它是一种无孔不入、无所不在的商业行为。从前，你若想成为一个商人，必须拥有一定的资产，比如，店面、员工、库存等，无论是固定的还是流动的，你都需要拥有一定的有形资产。微商则颠覆了这一传统认知，你不需要拥有一定的有形资产，就可以参与其中。“微商”是一种随时随地可以转化的角色，它既不会成为一个人的固定标签，也不会成为一个固定的群体。这样的商业模式，对于大多数人来说，无疑是当下从业门槛中最低的一种，正因如此，微商才能在短期内产生如此巨大的人流和现金流。

微商是去中心化的，未来的营销也是去中心化、社交化、碎片化的。高额的店铺租金、进场费、人工费、物流费等费用，让我们曾经引以为傲的“渠道为王”变成了“渠道为亡”。风靡中国多年的各大电商平台也失去了光鲜的色彩，渐渐转为常态化，超高的流量费、推广费甚至超过了传统渠道的费用。所以，未来的商业模式不仅是空间“渠道”上的争夺，更是时间“社交”上的争夺，只有借助移动互联网，才能更快、更短、更近地赢得客户和市场。

1.1 微商需要摆正价值观

在赚钱方面，微商需要摆正自己的价值观。在这个浮躁的社会，在互联网快速发展的大背景下，以及在各种媒体急功近利的“标题党”的推波助澜下，创业和赚钱似乎变成了所有中国人活下去的唯一目标。我们身边几乎每天都有人说自己要创业，要赚钱。追求财富不是什么坏事，但如果每天都只想着赚钱，这种思想就是有问题的。

在各大招聘网站上，我们绝对不会看到有“赚钱”这个岗位在招聘。每个公司都有老板，但绝对没有“赚钱”这个岗位和职位。那么，我们的钱是从哪儿来的呢？事实上，它是通过价值交换而来的，所以我们首先要做的并不是挖空心思去赚钱，而是要先问自己能否给别人提供价值。

在移动互联网高度发达的今天，我们可以一边做着自己最喜欢的事，一边分享着自己最爱的故事，这样既能实现自己的价值，也能赚钱。这真的是一个好时代。

我举几个简单的例子。我在喜马拉雅FM（中国最火的网络电台App）投放的课程就是这样的，我通过电台向听众提供价值，结果付费会员越来越多。一开始，我并没有刻意去做喜马拉雅电台，只是因为有一次我没空去讲课，那天是圣诞节，我要去参加一个聚会，我只好用喜马拉雅把课程录好了放到群里，让大家自己听。后来，我觉得用喜马拉雅帮助大家复习课程这种方法很不错，所以就一直坚持上传，最后就做成了现在这样的效果。

当初做淘宝也是，我们这批最早做淘宝的人，哪里知道什么营销技巧，只知道傻乎乎地卖货，努力地为客户做好服务，把产品的货源控制好，价格尽可能地不要太贵，在有经济基础的前提下，投入一些广告，就这样做起来了。接下来，就是这个活动邀请我去参加，那个分享会也邀请我去分享。随之而来的是，我的名气越来越大，进货量也越来越大，供应商也因我的进货量大而把价格降了下来，甚至有好多优质的品牌主动找我做代理商，我的店铺经营得越来越好了，自然也就越来越赚钱了。有时候连我自己都不知道发生了什么事，反正好事就都来了。其实我觉得这就是大家常说的“越努力，越幸运”。

很多微商经常抱怨，认为他自己的产品已经很好了，但是消费者甚至朋友就是不买他的产品。我想说，不买你的产品就对了，因为你不能帮他们解决问题。

然后他又反问自己，我的产品真的不能帮他们解决问题吗？我想说，其实产品并不代表销售活动的全部价值，它只是产品链中的一个环节。你只有提出了解决方案，你的产品才是有价值的，你也才能最终获得价值。

为什么我会非常看好AK阿卡（中国最早一批由淘宝转型到微商的品牌之一）这个养生内调的品牌团队？因为除了有产品，它还有非常有用的价值和解决方案。如果你只有产品，那么很多人都可以去模仿，比如，一开始没几个人代理面膜销售，现在遍地开花。为什么现在面膜和护肤品的销售工作越来越难做，就是因为大家都只是依靠产品，没有提供其他的价值。再比如，微商培训会有很多，可真正有价值的却很少。所以你会发现好多微商培训机构都做得不怎么样，最终都被一些品牌商植入广告去做卖货的营销会了，而我的课程主要是因为接地气，所以很少有人能把我的课变成他们的营销课。

所以说，解决方案这个东西的门槛是比较高的，不是轻易就可以被模仿的，因而也不是轻易就会被超越的。即使你被超越了，相信你的老客户也不会那么轻易被抢走。如果客户选择了一种他信任的服务，即使有更好的服务存在，他也很难改掉自己原有的习惯。比如，习惯使用苹果手机的人，即使三星推出一款配置和功能都优于苹果的手机，可是他习惯了苹果手机的操作系统，习惯了里面的服务和价值，他就不想轻易去尝试换掉自己用惯了的手机。除非苹果手机真的出问题了，而另一款手机惊艳上市又恰好具备他需要的东西。

1.2 微商的现状和未来的发展

认识过去，思考现在，才能更好地把握未来。因此，对微商的过去、现在和未来进行分析是十分必要的。

1.2.1 微商的崛起

微商的崛起表现在以下几个方面。

第一，培训市场的崛起。任何市场的崛起，都是从教育开始的。对微商而言，也是如此。从2015年开始，各种微商培训课程如雨后春笋般地不断涌现。对此，一些微商高手们愿意将自己的方法与经验进行总结，然后分享给别人，这样不但可以帮助别人成长，还可以赚钱。

第二，渠道价值被放大。当今社会，渠道价值被不断放大。可以说，生意又重新回到了“渠道为王”的时代。这就说明，即使你的产品不行，只要分销的渠道还在，你就还有重新崛起的可能。

第三，O2O市场开始爆发。对O2O市场的理解，不能只停留在概念上，还要充分地运用它，借助微信公众号的开发接口，开发更多的功能，使O2O逐渐落地。

第四，开始重视后端营销。以往的电商都是花钱买流量，而现在则开始重视“追销”。这是因为随着客流成本的不断增加，后端营销也变得更加重要。因此，微商们要充分管理好客户关系。

第五，明星品牌开始流行。做好微商最重要的前提是让别人相信你，但微商传播品牌主要依靠自媒体，它在吸引眼球方面或许有一定的优势，但却无法做到让人相信你。这就使得微商若想要获得更多的美誉度，就需要将自己打造成自明星，借助明星效应来吸引更多的粉丝。

1.2.2　微商的现状思考

微商的发展现状主要表现在以下几个方面。

1. 化妆品行业的微商渠道面临更多产品种类和品牌的挑战。

化妆品行业在微商领域的疯狂程度，超出了所有人的预想，无数的“90后”女孩做代理商，月销售额达百万元甚至千万元。这主要是因为微商瞬间风靡全国，但是在这个时间节点进入微商市场的产品种类和品牌却非常少，大部分品牌看不上甚至排斥微商模式。这就造成了少数化妆品品牌的繁荣。同时，化妆品的暴利也促使越来越多的代理商参与进来。但是，随着化妆品的信任危机与质量危机的出现，这一市场逐渐被食品饮料、教育产品、珠宝饰品、母婴产品、保健产品等商品入侵，从而改变了全民卖化妆品的局面。

2. 微信商业化的程度进一步增强。

腾讯推出了一系列商业化的产品和服务，如口袋通、京东商城的微信入口、微信支付、微信摇一摇等。这些平台的出现为微信的进一步商业化打下了基础。未来，腾讯将会在微信商业化方面制定更多的策略。

3. 微商分销模式与传统商业模式相结合。

但凡刷流量的商业模式，都不是合理的模式。在这种模式下，商家都很痛苦。因为这种模式刷的是销量，没销量就没排名，没排名就没流量，也就意味着没法赚钱。

让商家痛苦的商业模式绝对不是健康的商业模式。要解除这种痛苦，微商是一个很好的渠道。因为，微商这种模式就是把传统商业模式搬到了互联网上。传统 PC 时代玩的是眼球经济，移动社交时代玩的是信任和渠道。将电子商务与传统商业模式合理地结合，才能造就健康的商业生态系统。微商扮演的就是这种角色。

随着朋友圈卖货日趋式微，辉煌一时的微商们也开始谋求转型，那么微商未来会如何发展呢？

1.2.3　微商的运营模式

总结目前微商所有的运营模式，可将其分为以下三种。

1. 自营。这种运营模式以从淘宝转移过来的卖家居多。他们既有网络销售的经验，也有积累已久的客户群体，所以他们仅仅是将淘宝的生意场移到微信里，建立与客户之间更近距离的交易场景。在这种运营模式下，卖家多劳多得。

2. 招募代理商。自己不直接面对消费者，而是通过招募代理商与消费者互动，这是微商最常见的运营模式。

3. 系统化运营。建立一个微营销的平台或者系统，通过全自动结算、自动分利、直销卡位型的团队管理模式运营微商。准确地说，这种模式就是自营和招募代理商模式的系统化运营版，这种模式更为精准、智能、高效。

无论是哪种模式，它们都具有以下几个特点：准入门槛低，有手机、有微信号即可；零成本，对于一些在校或刚走入社会的大学生，以及全职妈妈来说，微商这种运营模式是很好的生财途径；口碑传播快，只要自己人品不错，身边的朋友又热爱购物，传播效应该是非常好的。

在微商繁荣发展的背后，缺乏完善的交易体系和信任机制使得其进一步的发展变得越来越艰难。当朋友圈的机遇期过去后，微商该何去何从？我分析了各种可能，认为未来的微商将会以下面 4 种方式发展。

1. 以 C2C 为主的个体商户。虽然目前微商由于种种原因不被外界看好，但它的试错成本毕竟是很低的。因此，发展起来了一批以 C2C 为主的个体商户，这类团体是微商团体中规模最大的。他们随着微信功能的进一步完善，时刻等待着爆发潜力。

2. 以 B2C 为主的品牌卖家。从 C2C 到 B2C，是一个规模化的过程。淘宝网的发展也是这样一个过程。它最初也是 C2C，但当这一模式偏离正轨时，天猫（B2C）便应运而生。这时，它的运作理念也逐渐从以价格取胜转变为以品牌和质量取胜。B2C 是所有平台方和第三方都看好的微商发展模式。

3. 以 C2B 为主的“小而美”。这种方式在以流量为王的 PC 时代，虽然没能迎来大繁荣，但却蕴含了巨大的能量。特别是按需定制的个性化产品，若是能够通过口碑传播和精准营销，则更容易找到潜在用户。

4. 为本地化生活服务的 O2O。虽然这种方式在整合资源，特别是物流等方面存在很大的困难，但它也正是微商发展的机遇所在。若微商能够将自己定位成一个移动客服，帮助终端用户解决找信息难和信息不对称等问题，那么微商就会成为移动电商的桥梁。

专家点评：

很多人将微商的营销模式想得太过复杂。暂且不谈微商，概括来说，世上只有两种营销模式：一种是自己卖货；另一种是自己卖货的同时还招募代理商。其实营销不过如此，万变不离其宗，不是自己卖货，就是招募代理商卖货，只不过这两种营销模式的场景是多样化的。比如，你是通过电视卖货还是通过淘宝网卖货，你是通过线下招商还是通过线上招商。所以，很多初入微商行业的人，一谈到营销模式和代理模式就说没新意。除了代理模式和自营模式，你能找出第三种营销模式吗？

1.2.4 微商代理的发展现状

总体而言，这几年微商的发展势头虽然高涨，但发展形势却不容乐观，主要表现在以下几个方面。

第一，越来越多的微商品牌不断涌现，使得人们对微信朋友圈的信任出现了危机。特别是化妆品、农产品、奶粉、尿不湿等产品越来越多，导致微信朋友圈像超市、大卖场一样。不少人为了销售产品不断地群发商品信息或使用其他营销手段，导致所发的产品信息被当作垃圾信息，自己也被好友拉黑。

之所以出现这种现象，主要是因为朋友圈里所谓的“朋友”不知是否可信，他们所发的产品信息也不知真假，这就导致收到信息的人对产品产生了信任危机。因此，代理商一定要对自己所代理的产品质量严格把关，同时也要解决用户对产品的信任问题。

第二，消费者在其所购买的产品出现问题后无法维权。特别是一些代理商收到钱后突然消失，这就使得消费者发现假货或不合格产品后无法退货或索赔。因此，部分消费者在网购时不会轻易选择微商。他们要么选择质量相对有保证的大型电商，要么通过熟人从国外代购。

对此，代理商不但要选择正规的企业，还要设置售后部门，同时也要解决自己的会员管理问题。

第三，不少厂家为了扩大市场，夸大宣传自己的产品，诱导代理商。与此同时，代理商为利益所惑，对微商没有一个清醒的认识，认为只要转发厂家的网址链接，有人下单付款，自己就可以从中获利。事实上，做微商并非如此简单。

针对这种现象，企业在选择代理商时一定要有严格的标准，选择那些对微商有清醒认识、有职业道德的人，同时也要提供一系列的产品保障体系与奖励机制，以保证代理商能够稳步健康地发展。

第四，企业夸大宣传自己的产品，使消费者与下级代理商产生误解，进而引起消费者的质疑。对此，一定谨记，企业在宣传自己的产品时一定要实事求是，不能夸大其词。

此外，还有满天飞的虚假信息，不断涌现的山寨、假冒品牌也影响了微商代理的发展。因此，企业一定要在细节上下功夫，杜绝造假。

专家点评：

千万不要被事情的表象迷惑，无论是做微商，还是代理产品，最好自己先试用和体验一下，用囤货的方式来运作。虽然这会给你带来一些压力，但是产品在你的手上，你至少能把控其中的细节。如果你冒昧地去做“一件代发”的微商，万一供应商提供的是伪劣产品，那么不光你自己会受到伤害，你所有的客户也都会受到伤害。

第2章 微商营销的定位

定位，意指确定方位、指出方向。无论是在生活中，还是在工作中，定位都发挥着非常重要的指导作用，它不仅能够帮助我们认清自己，还能够帮助我们理清未来努力的方向。在各种营销活动中，定位同样重要。

2.1 什么产品能赚钱

做微商，一定要把握好市场趋势。像面膜、化妆品等产品，只要在前期投入一点点资金就可以赚钱，但是现在这类产品虽然还能赚钱，但投入的资金比以前要多，风险也更大。因此，这类产品虽然目前可以继续销售，但如果有更好的、更火的产品出现，作为微商，要想跟着时代的浪潮赚钱，就应该把握当下的机会。因为机会稍纵即逝。

我举一个例子，全国第一个用即食包装风格做酵素的 ×× 公司，它的酵素产品刚被推出来时虽不温不火，但经过一年的发展，已呈现大爆发的趋势。又如 ×× 公司，它做的全是高端养生产品，代理商实现月均 100 万元的销售额是常态。入驻凡卓公司的某养生品牌在 3 个月内流水就从 50 万元迅速增加到了 600 万元。

由此可见，养生产品的传统销售渠道存在信任危机，消费者对这类产品的价格又不敏感，而且这类产品又是功效型的快消品，所以它们通过微商渠道销售，销量可能会更好。还有逐渐被人们淡忘的中国特色产品——茶叶，也有很好的市场。茶叶本就是易耗品，并且真正的好茶叶和普通的茶叶，其价格差别很大，可比性很低，所以很适合通过微商渠道销售。

针对女性市场，除了养生产品，还有减肥塑形产品。针对减肥塑形产品，如果产品本身质量很好，用户使用一段时间后，水桶腰变成了小蛮腰，那种视觉上的冲击和分享后的影响力在朋友圈绝对有说服力，因为这是真正地用事实和结果说话。

综上所述，新一轮最赚钱的产品类型有以下 6 种：

1. 服务型产品，如减肥塑形、古法艾灸、针灸贴和足贴等产品。

2. 传统渠道存在信任危机的产品，如美容美妆产品、中医养生产品等。

3. 消费者对价格不敏感的产品，如新奇特产品、美容美妆产品等。

4. 功效型产品，如私护产品、生活用品、微商服务型软件等。

5. 快消品，如零食、服饰鞋帽、生活用品、美妆个护产品、养生产品等。

6. 容易包装、方便运输的产品，如美妆个护产品、生活用品、养生产品等。

其实对于微商个人而言，销售什么产品都可以。但是从理性的角度来说，你在选择产品时，最好能够选择与你自己的专业、特长、爱好、职业相匹配的产品，这样至少可以让你赢在起跑线上。

上述道理同样适用于微商企业，微商企业一定要从事自己擅长的领域。我有个朋友自创了一个面膜品牌，不幸的是，不到半年他就干不下去了，原因是他既不懂面膜，也不懂护肤，最后只能以失败告终。

2.2　找准客户，扩大朋友圈

蓝翔技校因在山东电视台打出的广告语“学挖掘机哪家强，中国山东找蓝翔”而使其广为人知。这则广告的成功之处在于精准的客户定位。它让所有人都知道了在各类技校中蓝翔技校的挖掘机专业最好。我们可以把蓝翔技校视为挖掘机达人，并且这个挖掘机达人具有很大的行业影响力，其影响力辐射的范围直接决定了它获取粉丝的数量。可见，精准的客户定位在扩大影响力、提高销量方面是十分重要的。那么，现在我们回到本节要分析的问题：如何找准客户？

2.2.1　成为行业达人

如何找准客户？首先你要成为某一个行业的达人，或者说比你身边的朋友更精通某一个行业，然后才能形成以个人或行业为圆心的影响力，精准获取粉丝或客户的数量。

再说得明确一点，要想获取某一个行业的精准粉丝，你首先要成为这个行业的达人，否则你凭什么去影响粉丝的购买决策呢？这是找到精准客户的前提。因为你具备多少影响力，就能获得多少精准客户。比如在我的朋友圈，朋友们大多认同我在微营销方面的能力，所以群里的会员有不少是直接报名加群的，还有一部分是通过朋友介绍来的。

除了以自身为圆心的影响力会直接影响你的粉丝数量，身边愿意主动推广的忠诚客户的数量和他们的朋友圈影响力，也决定着你能获得多少额外的精准客户。当这些资源都用完了，就会引入下一个问题：如何扩大朋友圈？

2.2.2 提高自身的能力

以自身的影响力来吸引精准客户，如果你认同这个思维，那么如何扩大朋友圈（粉丝圈）的答案也就出来了，即只有跳出原有的圈子，开拓新的圈子，才能吸收新鲜血液。这也是对微商个人能力的一种考验。能力是根本，有没有能力扩大影响才是关键。例如，你可以多参加线上和线下的活动，不要吝啬表现自己的优点，尽可能地结识更多的朋友来扩大自己的朋友圈。

其实，扩大朋友圈说难也难，说简单也简单。在互联网时代，本来就没有地域限制，只要是你能想到的，就都可以去做。多关注微博，多参加线上分享和论坛，多参加线下活动；尽可能地在微博上与大咖互动，他若感兴趣，回复你一句话，或是帮忙转发了，就能给你带来成千上万个粉丝。而这些单凭一个人的能力是无法做到的。

另外，还有一些老方法也是可以利用的，如在一个大的社交论坛或者人气高的社区，发帖互动，发干货，吸引精准用户关注，使其成为粉丝。或者花钱请大咖帮忙转发，因为他们拥有几十万、几百万个粉丝，影响力非常大。不过，这种方法虽然能吸引粉丝，但这些粉丝最终能不能为己所用，还要依赖于你所宣传的产品本身品质好不好。只要转发的内容好、质量高，或者产品本身品质好，吸引几百个、几千个粉丝也是很轻松的事。

借助别人的力量，可以把过客变成访客，但是最终能不能把访客变成现客，把现客变成忠客，再让忠客主动帮忙宣传，还要靠自己。

专家点评：

做任何事情都要稳住心、沉住气。如果你只是一个刚入门的微商，那么请你脚踏实地地做好每一笔订单，服务好每一个客户。因为信任和口碑，是沉淀下来的，不是天上掉下来的。

2.3 如何有艺术地发广告，让产品实现大众传播

对于每一个品牌而言，广告的作用都不容忽视，一直以来，用广告来推广品牌这种趋势也非常流行，可是现在很多人不再相信广告，转而相信一些公关事件，而广告只是被用来维持曝光率。所以，我们要学会有艺术地发广告。那么如何有艺术地发广告，让产品实现大众传播呢？我们先来看看广告的类型，广告可分为两类：理性广告与非理性广告。

2.3.1 理性广告与非理性广告

大多数广告，都是理性广告。所谓理性广告，其语言组织大都符合正常的逻辑推理。它主要以展示产品的客观情况为特征。例如，“活酵母是一种纯天然活性酵母，是深入皮肤底层的保养品，要想平衡肌肤酸碱性，改善敏感、易长痘、黯沉的肌肤，就选活酵母。”诸如此类广告就属于理性广告。

非理性广告是指充满艺术气息、情感创意和全局思维的广告。从自己的思维出发，首先要输出价值，制造公关事件，然后逐步建立品牌，通过品牌去建立关系，再通过关系最终实现营销。

那么，该如何设计非理性广告呢？这里我需要强调两点：一是高感知；二

是高体验。其实这两点也是非理性广告的特点。高感知，就是尽量让这则广告增强人的感性认知。通俗来讲，就是要讲故事，而不是简单地讲理念。在信息内容极其丰富的今天，单纯谈理念太过空虚，所以你要通过讲故事建立强大的逻辑理论体系，以建立包含冲突在内的各种情节，增强人的感性认知。比如，有一个网络短片的名字叫《一个馒头引发的血案》，再看一个电影的名字叫《后会无期》，我们明显觉得《一个馒头引发的血案》这个名字好像更引人注目一些，因为这个名字描述的是一个事件。

另外，在设计非理性广告时，还要有跨界的能力及多领域整合营销的能力。跨界，即用一个行业的特质去改造另一个行业，从目前的效果来看，这种营销方式是有奇效的。比如，用包装钻石的方法去包装水果，出租车司机用英国绅士为女士开车门的方式去服务大众客户等。所以，你要学会讲故事，制造公关事件，因为这种营销方式容易增强读者或者用户的感性认知。

比如，有这样一个墓碑，它并不像传统的墓碑那样，刻有死者的名字和身份、亲戚和家人的名字等，它只贴了一个微信二维码，然后用文字这么描述：若干年以后，我们的墓碑上只刻一个二维码，路过时拿手机用微信扫一扫，一生的故事就出来了。这就可以被视为微信的一次软广告营销，而且这则广告同时做到了跨界和多领域整合。

在现代社会中，你会发现，无论是跨领域还是跨界，跨得越远，其广告表现就越有个性，越有艺术气息，越符合当今“80后”“90后”的胃口。

讲完了高感知，接下来讲一下高体验。所谓高体验，其实就是增强消费者对所购产品的体验感，让用户觉得购买的产品是超值的。

当你了解了高感知和高体验后，再去听其他人讲营销技巧，就很容易理解了。因为营销技巧无非就是通过一些方法来增强体验感和参与感，而这些方法的运作基础就是我上面所讲的内容。

专家点评：

凭借上述内容的启发，你很有可能在短期内找到极大的曝光点，但是如果你自身的管理能力和驾驭能力不足，也就是说你自己的实力不足、产品不好，那么你的生意也只能成交一次，不会有回头客。但话又说回来，对于那些抱着侥幸心理只做一次生意、赚一次钱的人来说，这些方法也够用了。

2.3.2 案例解析

我曾是一名跆拳道运动员，后来还当过跆拳道教练。杭州有一家跆拳道馆的老板跟我认识，他让我帮忙给他做一个微营销的策划方案。于是，我就先让他去做了很多专属于这个跆拳道馆的虚拟币，暂且叫它“跆币”吧。这个跆币怎么用呢？

平时小孩（跆拳道的学习对象）每次来上跆拳道课，下课后都可以到前台去领一张跆币，可能面值是 20 元，如果周末或放假期间也坚持来的话，可以领一张面值为 50 元的跆币。此外，在跆拳道馆门口处展示好多玩具和跆拳道用品，并贴上标签，注明拥有多少跆币便可兑换这些物品。平时做活动的时候就告诉小孩，让他们的父母转发跆拳道馆的一个网址链接到朋友圈，集多少赞，就能获得多少跆币。这样，他们的父母就都要添加跆拳道馆的微信公众号，因为跆拳道馆在自己的微信公众号上会定期发布每周发放多少礼品、每周坚持来上几次课才能换取物品的信息。

这个跆拳道馆的做法有三点值得借鉴：第一，这种激励机制使小孩来跆拳道馆上课的次数更加频繁，因为他们很想积攒跆币，而且家长也乐意这样做。很多时候小孩学习跆拳道都是家长逼着去的，而这种方式会促使小孩自愿去上课。第二，拉近了跆拳道馆与小孩之间的距离。第三，跆拳道馆和家长通过微信建立了线上关系。这三点，其实都是在建立情感，因为所有环节都有情感交互在其中。

在微商运营中，无论是培养情感、扩大体验、植入广告，还是制造公关事件，都要讲究方法。因此，微商营销一般有三个要点：第一是关系成交；第二是情感经济；第三是体验经济。若能利用好这三点，你就能更好地达到营销的目的。

2.4 如何让产品的宣传更有卖点

在产品宣传的多样性方面，微商的宣传方式可谓五花八门，比如，从国家政策方面、从行业规范方面、从使用效果方面、从名人效应方面等，真的是把“花式推广”体现得淋漓尽致。

2.4.1 成为某领域的达人

从上文的描述可见，单就宣传方式这一点，只要你手机里有超过10个微商，那么各种宣传方式几乎就都能体现出来。其实，这些宣传方式已经被团队化、模式化、套路化了，已经让人们感觉到视觉疲劳了。因为所有人都说自己的产品好，而对于消费者来说，到底哪家好？该怎么选择？这就又回到了上面的问题，你要先成为某领域的达人，你得比身边的人更了解某个领域，并且让他们认同你在这一领域的专业度，这样他们才愿意跟着你，被你影响。

比如，很多微博达人在推荐一些产品或一些人时，虽然没有用华丽的词语来修饰，但很容易被大家接纳。为什么呢？说到底，他们推广什么并不重要，重要的是推广这个产品的人是不是值得信任。有些人依葫芦画瓢，看到有些微商做得好，每天发各种广告和软文做推广，秀自己的生活，觉得微商就是这样做的，学着做就一定能做好。但是你了解这个人的真实生活吗？你知道他在自己的人脉圈中有什么样的地位和影响力吗？你如果没有建立自己的个人品牌，就很难让别人相信你。

2.4.2 说实话，分享体验

那么，如何推广产品呢？答案：实事求是，用事实说话，对所有人以诚相待。朋友圈发的乱七八糟的信息，其实很容易分辨出来，哪些是真的，哪些是复制过来的广告，还有哪些是惯用的小伎俩。下面我就讲一个用事实说话的案例。

小张脸上长满了痘痘，这一点，是事实。他用了一个朋友推荐的产品后，发现有好转。他每隔三天就发一个自己使用这个产品后痘痘明显好转的状态分享到朋友圈，注意这里的用词，是分享，而不是发广告。

分享体现的是一种喜悦。一个月后，他的面部皮肤状况有了很大改善，身边的朋友都有目共睹，特别是那些平时与他接触频率相对较高的人，更是见证了他的改变。那么此时，他根本不用打广告，只要是信任他的人，如果也有痘痘的困扰，自己就会来问他用的是什么产品。

这种宣传方式能带来多少订单，完全取决于你在朋友圈的人品。当然，一个月后开始发广告这种做法也是可行的，毕竟你是在用事实说话。

专家点评：

千万不要把微商想得神乎其神，无论做什么生意，其基本原则都是诚信和责任。微商也一样，没有人愿意和不诚信、不负责任的人做生意。

第 2 篇

微商引流

第3章 认识微商引流

我们先来学习一下微商引流的基本知识，包括微商引流的定义、微商的发展趋势、微商引流的原理、微商引流的前提、微商的类型、微商引流的渠道，以及微商引流的思维。

3.1 微商引流的定义

对于微商引流的定义，业界有不同的说法，但就现在来说，我认为微商引流真正的含义是，通过手机形成的随时随地做生意的新型销售渠道。那么，我们该如何理解这种新型的销售渠道呢？在此之前，我们要先知道什么是流量。

3.1.1 什么是流量

流量，即“人流量”的简称（本书所述的“流量”并非指手机上网所要耗费的流量）。我们在判断一个店生意的好坏时，通常都会去评估这个店的人流量大不大。假如我们要开一个实体店，在选址时，会首先评估这个实体店所在的地理位置的人流量是否足够大。否则，店铺装修得再好，若其所在的地理位置的人流量太小，也会影响生意。

到了PC互联网电子商务时代（人们通常会理解为“淘宝时代”），人们就把“人流量”的说法简化成了“流量”。因为很多人已经不去实体店购物了，人们会通过一个叫作“Internet Explorer”的电脑浏览器（如今的浏览器更为丰富，如搜狗、360、腾讯、火狐、谷歌等）购物，在浏览器中输入一串网址（如www.taobao.com），注册一个互联网的“账号”（账号在互联网中代表着一个人的身份），虚拟进入各个门户网站进行购物，而每一个消费者，都会被店家称为一个流量。

衡量一个网店生意好坏的重要指标，就是这个店铺每天有多少流量进来。

3.1.2　什么是引流

到了互联网时代，衡量一个店铺生意好坏的重要指标就是它拥有多少流量。传统的实体店会通过派发传单或者做广告等方式，吸引更多的人进入店铺选购商品，而网商（网络商家的简称）则要吸引更多的流量进入其网店购物，而吸引流量的这个过程，就被我们称为“引流”。

3.1.3　微商的流量在哪里

在移动互联网时代，智能手机的高度普及和手机网速的普遍提速，使“流量”再一次发生了翻天覆地的变化。现在的流量，已经从电脑端的浏览器转移到了手机端，甚至连大型互联网公司的门户网站都从电脑端的浏览器转移到了手机 App。无论是微博、淘宝、百度，还是 QQ、京东、优酷等拥有巨大用户量的平台，都变成了手机上的一个个图标，人们不需要再通过敲击电脑键盘输入网址进入想去的网站，而是动动手指在手机上随意地选择一个小图标（App），就可以去任何一个想去的地方，去做想做的事情。目前，占据中国用户最多时间的就是微信 App。

3.1.4　微商如何引流

实际上，微商的引流，就是登录各个你可以登录的手机 App 中留下你的足迹，留下你产出的内容。如果有人对你的内容感兴趣，自然就会关注你。当有人关注了你在某个 App 中的账号时，就算引流初步成功了，但这还不能算完全引流成功，你需要将各种 App 中关注你的粉丝，通过一定的方法转移到你的微信中，才能算完成了真正的微商引流。因为微信是目前手机端所有 App 中社交功能最全面、交易最简单、信息传递最便捷、用户最广泛的一个手机软件。

例如，我的“微营销微商就要这么玩儿”网络电台拥有上千万个听众，微信上更是有数百万个粉丝。大家是不是以为我用了很复杂、很高深的方法？其实没有，我只是将培训课程上传到了喜马拉雅FM。很多粉丝在喜马拉雅FM听到这个培训课程后，觉得内容很好，就主动通过电台中的内容介绍找到了我的微信，添加了好友，从而产生更多的社交互动。有很多的微博大咖靠写文章、写段子引流。也有很多的网红，他们不会讲课，也不会写文章，但是会晒特长、讲段子、唱歌，通过传递个性化的内容，受到网友们的关注，从而实现了引流。

所谓的“内容”，不是只包括文字形式，在移动互联网时代，我们向外界展示的所有东西都可以称为“内容”。我们只有在网上发布了内容，才会吸引对内容感兴趣的人向我们靠近，才能实现引流，最终才有可能实现成交。

专家点评：

所以，微商要引流，主要看你在网上发布了什么内容。越优质的内容，越能吸引到精准的流量；越普通的内容，引流的质量和数量越会有不同程度的下降。

3.2　微商的发展趋势

与传统营销和传统电商相比，微商引流在价值观上存在着很大的差异。

3.2.1“微商自带流量”是误导性理论

早期，在微商领域中有一种误导性的说法，叫“微商自带流量”。这让很多企业误以为做微商不需要引流，只要招募到了代理商，他们圈子中的人脉就都是他们的流量。只要微商不断地将他们的客户转化成代理商，就有取之不尽、用之不竭的流量，无限循环。

其实“微商自带流量”这种说法，仅限于在理论上是成立的。在实际的操作中，并不是每一个客户都可以转化为代理商，所以当一些微商代理的人脉被过度透支的时候，就会出现微商销售瓶颈。

一般微商的销售瓶颈期都会出现在一个新手微商从事微商行业后的第3至第6个月，因为此时能转化的人脉都转化完了，无法再进一步提升销量了。

3.2.2 任何商业模式都需要引流

没有一个商业模式是不需要引流的。比如，在人流量大的地方开了一个实体店，从理论上讲，它不需要引流。可是因为存在众多的竞争对手，它仍需要通过派发传单、做广告、做促销来引流。虽然淘宝本身拥有巨大的用户量，但这不代表你在淘宝上开店了就不需要引流。就算是微商拥有一定的“自带流量”，可是，你见过哪一个饭店、哪一个公司是仅仅通过熟客和朋友的捧场就能活下来的？没有！所以，任何商业模式都需要引流。

现在每个行业的竞争都非常激烈，你不努力引流，你的潜在客户就会变成竞争对手的客户。别人多卖一件产品，你就少卖一件同类产品。

3.2.3 微商需要电商化

在传统电商领域中，引流是所有店铺运营工作中最重要的一个环节。现在活跃在电商领域中的任何一家公司，没有不去引流的。最起码它们都知道做促销活动、报名参加官方活动、做直通车竞价、做百度竞价、优化关键词等。

10年前，我们都说电商从业者是草根，而如今，微商从业者比当初的电商从业者更像草根。随着社会智能化的发展，人类的生存技能得到了前所未有的“退化”。而且，因为微商发展初期的野蛮增长，很多人即使不引流也做得很好，这使很多微商从业者根本不懂引流、不会引流，甚至不想引流。所以说，现在微商从业者的职业素养，是低于传统电商从业者的职业素养的。

当初，每一个电商从业者必备的基础技能就是引流，所以如今微商从业者同样需要拥有这项必备的技能，而且要比电商从业者掌握得更加全面，才能让微商这个行业更加健康地发展。

专家点评：

做微商，我们不仅要掌握移动端的引流方式，还要掌握PC端和实体店的引流方式，并且要将它们加以融合，才可以让微商发展得更加稳健，实现可持续化。

3.3　微商引流的原理

在引流之前，我们要先弄清楚引流的原理、引流的公式，只有这样才能正确地、高效率地引流。电商的引流是有套路、有规律、有方法、有迹可循的，微商的引流也是如此。若没有一套科学的、可复制的引流体系，则很容易让自己在前期的微商引流工作中失去信心，从而失去创业的激情。

3.3.1　引流的步骤

微商引流的步骤：内容→展现→转化→管理，如图3-1所示。

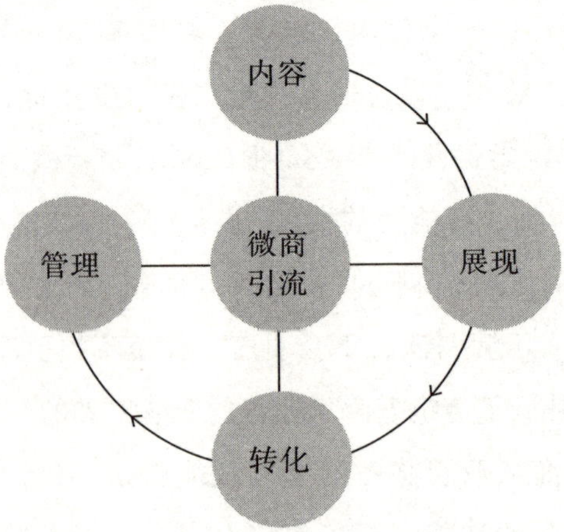

图3-1　引流的步骤

3.3.2　引流的内容

内容是引流的前提，没有内容，是根本无法进行引流的，而内容一定是围绕着引流者本人及其所销售的产品或服务展开的。在当下，内容通常都会以软文、图文、视频、音频等方式展现在用户面前。只有明确了内容，才能明确我们的客户在哪里。

那么，什么样的内容是客户喜欢的呢？我们要根据自己对产品的分析找出受众群体，并总结出他们的性别、年龄、性格、特征，以便进行精确化的内容设计。只有让客户看到他们所关心的内容，我们才有机会将其引流到我们的平台，才有成交的可能。

3.3.3　内容的展现

展现是引流的核心，有了内容，如果我们不将其展现在外，就没人能看到我们的内容。哪怕是一条小广告，如果我们不将其展现在外，也是绝对不可能带来任何流量的。

比如，我是销售养生产品的，那么我所要传播的内容自然要与我所销售的产品和养生健康相关。如果我以视频的方式来传播我们的内容，那么就需要通过与养生健康相关的视频媒体 App 或者网站进行引流。而且，还有很多其他的展现方式，如软文、经验分享、课程发布、社群互动、健康类的音频电台等，在后续的章节中，我将会为大家一一讲解。

3.3.4　流量的转化

通过内容的展现，我们可以将潜在客户引流到我们的微信或其他平台中，接下来就需要将其转化为我们的客户。这时，考验我们的不仅是一对一的沟通能力，更是激发客户需求的能力。客户对我们的微信或其他平台“门面”的第一印象，通常决定着他与我们成交的速度。

专家点评：

所以在此之前，我们一定要把“门面”装点得足够好看。如果客户来到我们的微信或其他平台中，没有发现任何有价值的内容，除了广告还是广告，那么客户的流失率就会非常高。

成交是引流的最终目的。如果我们费尽心思引进的流量无法转化为客户，那么我建议大家先暂时停止引流，应该将自己的沟通能力和成交能力提高后再继续进行引流。

3.3.5 流量的管理

在微商领域中，成交并不意味着生意的结束，而是一个开始。因为我们还需要将消费者进一步转化为会反复购买我们产品的忠实客户。当然，更好的情况是该客户对我们的产品和服务非常满意，并向我们推荐新的客户。最佳的情况是这个客户最终成为我们的代理商。要实现这一切，需要我们对客户进行管理，而不是放任客户自由发挥。对客户的管理也就意味着对流量的管理。

只有通过有效的管理，客户才有可能与我们建立更加深厚的友谊。一旦客户成为我们的忠实粉丝，那么他就成了我们一个新的引流渠道，通过他的口碑推广，同样可以吸引非常多的流量。

了解引流的步骤，能够为我们的引流计划提供完整且清晰的思路，然后通过不断进行优化，达到我们在不同阶段的目标。

3.4 微商引流的前提

前文曾提到过，任何引流都离不开内容，而内容的好坏则会影响我们的吸引力。只有具备强有力的吸引力，才有可能将我们吸引过来的流量转化为客户。如果我们吸引来的流量无法转化为客户，那么这种流量就属于“僵尸粉”，其成交的可能性也会非常小。

3.4.1 僵尸粉的新定义

僵尸粉，大概是从微博时代开始流行的一种叫法。它通常是指一个微博账号为了迅速使自己看起来人气爆棚，会通过一些非法渠道购买一些“假用户”来关注自己的微博账号，使微博的粉丝量达到几万、十几万甚至上百万个，给人营造一种十分火爆的假象，来达到自己的各种目的。

如今在微商界，僵尸粉的定义再一次发生了改变。这里所说的僵尸粉，并不仅限于“假用户”，也包括真实的用户。这些真实的用户因为对某个微商经常发布的内容毫无兴趣，所以几乎没有什么成交的机会。在这种情况下，这个真实用户的存在没有任何意义和作用，和一个“假用户”没有什么区别，所以我们也会将其称为僵尸粉。

3.4.2 引流要装点好“门面”

即使我们通过很多技术手段为我们的微信引入了巨大的流量，但因为我们微信的“门面”装点得太差，无法给这些用户带来极大的吸引力，导致成交也很难实现。如果流量无法转化为客户，无法实现成交，那么引流也就失去了意义。所以，微商引流的前提是装点好自己微信的“门面”，而“门面”的装点不是越高大上越好，而是要适合。

怎样才算适合呢？这取决于你吸引进来的粉丝属性。

如果你吸引进来的粉丝属于普通的产品需求者，那么你的微信的“门面”就必须让这些粉丝有所收获，并能满足他们的需求。这时就不需要有多么高大上和专业的“门面”，只需要让他们了解你是谁，你能为他们提供什么帮助，你能为他们解决什么问题即可。

如果你吸引进来的粉丝属于微商从业者，那么你的微信的“门面”除了要展示你的产品和服务，还要展示你发展微商团队的能力。而且“门面”中的内容要倾向于团队管理，让他们看到你的团队的力量、团队的温暖、团队的收获、团队的气场。只有这样，你才能通过你的“门面”转化微商从业者。如果面对微商从业者，你的“门面”仅是一些产品小知识、使用反馈、商品评价之类的内容，那么你就很难激发他们加入你的团队的欲望。

如果你吸引进来的粉丝属于微商中小型团队的创始人，那么你的微信的“门面”就需要更多地倾向于领袖形象的塑造。因为微商从业者是跟着团队走的，而团队则是跟着领袖走的。如果你微信的“门面”使你看起来和他们的水平、能力差不多，那么你就很难转化他们。

所以，“门面”不是越高大上越好，而是要适合，即适合你自身的情况，适合你想要引流的目标群体。

3.5 微商的类型

引流的目的就是成交，不以成交为目的的引流都是瞎耽误工夫。这里说的成交并不局限于“赚钱”。如果你做的是公益事业，那么吸引更多的人与你一起参与到公益事业中，也是成交。成交的意义是让他人认可你所做的事情。它的展现形式有可能是购买你的产品或者服务，也有可能是参与到你的事业中，还有可能是认可你所从事的事业并愿意为你宣传和推广。

3.5.1 自用零售型微商

如果你是一个自用零售型微商，你打算为自己引流，那么你需要了解并能清晰地描述你的产品或服务。介绍产品要遵循FAB法则，即从产品的属性、作用、益处三个方面，为客户简洁而清晰地描述你所能为他们带来的产品和价值。

专家点评：

很多微商从业者，从一开始就喊着要引流，但是当流量进来后，在与客户沟通的过程中，他们竟然连产品的介绍都做不到清晰明确，客户根本听不懂他们到底销售的是什么产品，提供的是什么服务，这种情况非常糟糕。最后，他们还责怪流量如此不精准，认为一定是引流环节出了问题，却从来不思考是不是自己的成交能力出现了问题，以致让自己进入一个恶性循环中，最终导致微商创业失败。

自用零售型微商除了要掌握介绍自己产品的方法，还要对产品有深度的使用体验，这样才能打动客户。但是只做好这些还不够，因为在做产品零售的时候，客户还会提出很多类似于“你的产品价格有点高啊”“你的产品真的好用吗”等问题。所以，你还要学会应对这类常见问题的沟通技巧。在准备好应对这些问题之后，再开始引流，才是正确的选择。

3.5.2 团队型微商

我们都知道，团队型微商不是靠零售产品来盈利的，而是靠吸纳更多的微商从业人员到既有的团队体系中一起奋斗来盈利的。所以在成交技巧上，也就与上述的自用零售型微商的要求不同。

团队型微商的成交技巧，应该更多地在与他人愉快地沟通，以及与他人快速达成默契上做文章。如何与众多微商从业者产生一种惺惺相惜、相见恨晚、一见如故的感觉，这就非常考验你的沟通能力了。

俗话说，“知彼知己，百战不殆”。这里我想表达的是，如果你希望与他人达成交易，那么你至少要先了解对方——他能为他的客户提供哪些价值，他的缺点是什么。如果你能够弥补他的缺点，为他带来更多的价值，我相信这时成交的概率就会非常高。

3.5.3 领袖型微商

作为领袖型微商，你需要转化的是团队型微商这一类流量。要转化这一类流量，你就要在微信朋友圈中营造一种能盖住他人锋芒的巨大气势。团队型微商犹如打仗的将军，冲锋陷阵，所向披靡，而能够领导他们的人，一定是拥有更大智慧的人。所以，要想转化这一类微商，前提是你应该更多地展现出与众不同的领袖气质，以及出类拔萃的沟通能力和异于常人的思维能力。同时，在与团队型微商沟通的时候，你应该能够更加快速地判断他们团队的短板，并清晰地罗列出其中的利弊。通过你所掌握的一切资源，找出目标客户的短板，从而实现成交。

但是在团队型微商的成交上，切记不可操之过急。俗话说，放长线，钓大鱼，对团队型微商的转化也一样。所以，你要耐住性子与目标客户沟通，适当地学着放低身段与他人拉近距离。

3.6 微商引流的渠道

引流是一种技巧和手段，而流量最终会被你吸引到哪儿，在哪儿沟通，在哪儿成交，就是流量载体的问题了。只有拥有相对应的载体，才能发挥流量的作用。如果你只是引流，没有载体，就无法转化流量。接下来，我为大家阐述一下微商引流的三大渠道，这三大渠道就是对应微商引流的载体。

3.6.1 PC 端渠道

虽然如今，智能手机已经普及到每一个用户、每一个家庭，但是 PC 端（电脑端）的引流同样至关重要。PC 端引流是传统商业和传统电商一直以来的主要引流渠道，即便到了今天的移动互联网时代，大部分流量都集中到了移动端（手机端），可是我们微商 50% 以上的引流工作依然要在 PC 端展开。

首先，电脑的应用市场依然是非常巨大的。尽管移动互联网给电脑的使用带来了强大的冲击，但是在我们的工作中，电脑依然占有十分重要的地位。因为 PC 端的操作和体验比移动端更丰富、更全面，而且更容易同时进行多个软件的操作和切换，因此引流效率会更高。

其次，PC 端的展示形式和内容更加丰富。以论坛、搜索引擎、贴吧、分类信息网站上的体验为例，PC 端的展示效果是手机屏幕永远无法超越的。更重要的是，PC 端的引流绝大部分都是免费的，这对于微商从业者来说无疑可以大大降低初期的运营成本。PC 端的引流布局，如图 3-2 所示。

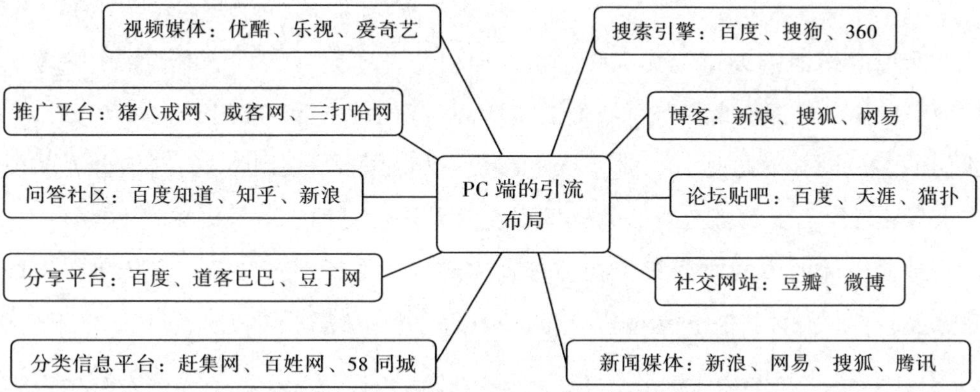

图 3-2　PC 端的引流布局

3.6.2　移动端渠道

如果你的 PC 端引流渠道做得足够好，则意味着你在移动端也可以实现同步的引流。移动端时下比较火热的图文类、社交类、直播类及音频类的 App 基本上就是我们引流的主战场。移动端的引流布局，如图 3-3 所示。

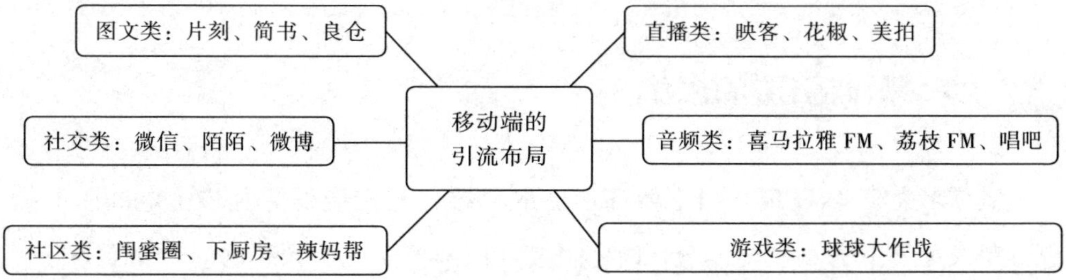

图 3-3　移动端的引流布局

移动端的引流布局应遵循无孔不入、无所不在的原则。只要是我们擅长的领域，我们都可以找到对应的较为火爆的App，在其中发布相关的内容进行引流。最后，我们再通过一定的方法，将吸引来的流量导入我们的微信中，进行进一步的沟通，建立感情，并最终实现成交。

3.6.3 地面端渠道

所谓的地面端渠道，其实就是指地面引流、地面推广（地推）。尽管虚拟的网络世界已经深深地影响了我们的生活，但我们的生活离不开现实世界。所以，我们的引流同样要接地气，需要线上和线下相互配合，让虚拟的网络世界和现实世界相互结合，形成互补，这样的引流效果才会更加显著、更加完整。

地面引流的方式主要集中在传统媒体广告、线下促销活动、宣传单派发这几方面。传统媒体广告包括电视广告、报纸广告、杂志广告等。

专家点评：

线下促销活动通常是和实体店相结合的，所以我们也可以将线下促销活动和宣传单派发等引流方式与线上促销活动相结合，将现实中的客户导流到我们的移动端，进行线上的跟踪与服务。

PC端、移动端、地面端这三大引流渠道应该做到三位一体、相辅相成，这样才能达到最佳的引流效果。

3.7 微商引流的思维

其实我们不难发现，当下微商引流的思维，与传统商业及传统电商引流的思维是大相径庭的，主要体现在时间概念与空间概念这两大思维的转变上。

3.7.1　时间概念的思维转变

微商的引流对传统商业和传统电商的改变，最明显的表现就是时间概念的思维转变。无论是传统商业还是传统电商，对从业者来说，都有明确的时间限制。比如，超市是早上 9 点开业，晚上 10 点歇业；传统电商的工作时间，也差不多类似于传统商业的工作时间。超出这个时间范围，除非公司安排员工 24 小时值班，否则也属于歇业状态。对于传统电商而言，客户可以选择在工作时间有客服的情况下购买，也可以选择在没有客服的情况下直接购买。然而，微商则不同，它打破了传统商业的时间概念。

专家点评：

微商可以在任何时间、任何地点与客户进行交流和沟通，只要客户有需求，微商就可以有求必应，随时为客户服务。这是微商最大的竞争优势。

所以，微商从业者应该充分利用这个竞争优势，让其成为你与客户之间的桥梁，而不是隔阂。目前，微商领域的相关法规尚不完善，如果完全依照传统商业和传统电商的时间观念来运营微商，那么微商将不具有任何竞争优势。

3.7.2　空间概念的思维转变

微商在时间上打破了传统商业的限制，同样，在空间上也完成了颠覆性的转变。原本的实体行业，交易只可能发生在某条商业街或者某个实体店中， 在转移到 PC 端后，我们仍要坐在电脑前才可以与客户开展商业活动，但电脑会受到空间、地域及网络的限制，而微商则完全不需要理会这些限制。我们可以在地铁上、火车上、床上、厕所里、家里等任何地方，只要手机有信号，我们就可以将任何一个地方变成我们的办公地点，用于服务客户。

如果仅在时间上打破了传统商业的束缚，或者仅在空间上打破了传统商业的束缚，微商都不可能在短期内拥有如此之快的发展速度。正是因为微商同时打破了时间和空间的束缚，使得任何一个微商从业者都能够释放他的时间与空间，从而导致微商行业在短短数年之内发展到了如此大的规模。

微商引流，同样也不再受到任何时间和空间上的限制，它将成为所有微商从业者的跳板，但有一个前提，就是你要学会使用后面章节中介绍的引流方法。

第4章　微商引流的准备

引流准备工作，是指正式执行引流具体实施方案前所做的一切工作。这个工作不仅在引流前要做，在引流后也要做，所以它会有组织、有计划、有步骤、分阶段地贯穿于整个引流工作的始终。对于微商而言，认真细致地做好微商引流的准备工作，对充分发挥各方面的积极因素、合理利用资源、加快引流速度、提高引流质量、降低引流成本及获得较好的客户转化效果，都起着至关重要的作用。

4.1　建立账号备忘录

在第 3 章中，我们列举了 PC 端和移动端的一些具有代表性的全网引流门户网站和手机 App，而这些网站和手机 App 都需要申请独立的账号。作为引流的执行者，如果不能有序地管理这些账号，就会给将来的工作造成很大的麻烦，而且在与其他人员交接工作的时候也容易出差错。所以，如何高效地管理这些网站和手机 App 的账号，就是我们在引流前要做的第一个准备工作。

4.1.1　专用的手机号和邮箱账号

目前申请任何一个网站或者手机 App 的账号，基本上都需要通过邮箱账号或手机号去验证，而且一旦出现忘记密码或者账号被盗等情况，邮箱账号或手机号是最快的重置账号信息的通道。由于用于注册的邮箱账号或手机号会被一些无道德底线的公司反复售卖给一些推销型的业务公司，这些邮箱账号和手机号将来会收到非常多的垃圾广告、垃圾电话等，所以我建议大家不要使用个人生活中私密的邮箱账号或手机号来申请网站或手机 App 的账号。最好的做法就是，再申请一个新的邮箱账号或者准备一个新的手机号，专门用于注册网站或手机 App。

专家点评：

我们可以申请一个微商专用的 QQ 号，同时开通 QQ 邮箱，再通过这个 QQ 邮箱去注册并开通微博，用新的手机号去绑定微信、QQ、微博等各个网站的账号。这样，在账号管理方面会变得非常便捷。只需要记住一个 QQ 号和手机号，就可以管理所有的网站账号和密码。

在接下来的章节中，我会讲解 QQ 号在引流工作中的使用方法和其能够发挥的重要作用。

4.1.2 统一管理网站的密码

目前大多数网站和手机 App 的密码都要求使用英文 + 数字的组合形式，某些用户安全系数较高的平台还会要求用户设置的密码中一定要同时存在大写英文字母和小写英文字母。由于引流时需要管理的网站和平台太多，所以各大网站和手机 App 的账号登录密码也需要统一管理。

我建议大家用姓名的拼音首字母加上生日作为密码，这样不容易忘记。同时，姓名的拼音首字母最好一个用大写，一个用小写。这样，账号的安全系数相对于普通密码的会高一些。

4.1.3 巧用微博、微信集成登录功能

比如说我自己，由于我的平台账号非常多，所以更多的时候我会用“微博集成登录”功能。其实目前主流的网站，都有微博、QQ、微信集成登录的功能。相较而言，微博的集成登录功能运用得更为广泛。

合理地运用集成登录的功能，能够免去在平台上设置头像、昵称等基础账号建设工作，节省你在注册账号上面所花费的时间，而且登录的时候也更快捷。

但是请注意，集成登录后，最好还是在对应的网站或者 App 上绑定一个手机号，这样可以提高账号的安全系数。

4.1.4　用 QQ 号替代微信号宣传

成功的微商通常拥有多个微信号来管理自己的粉丝、客户和代理商。但是在引流上，他们容易忽略微信号的设置问题，最终导致引来的流量白白流失。

每一个微信都需要单独设置微信号，微信号也是由英文和数字组成的。通常微商会在一些对外宣传的内容后面附上自己的微信号，来为自己引流。一旦这个微信号加满人了，后续的添加者就无法通过好友验证了，这时你必须逐个通知那些想加你为好友的粉丝去加你另外一个微信号，这样的话，工作量会既大又烦琐。

专家点评：

在这里，我建议大家在推广自己的微信号时，尽量使用绑定微信号的 QQ 号进行宣传。一旦这个微信号加满了，立即解绑 QQ 号，绑定到新的微信号上，持续引流。如果新的微信号又加满了，可以继续解绑这个微信上的 QQ 号，将这个 QQ 号重新绑定在新的微信号上，循环往复。这样不仅可以最大限度地利用在网上已经发布且持续有效的一些推广内容，也不会浪费自己辛辛苦苦引来的流量。

比如说我自己，我最早的那个微信号，2014 年我就发布消息说微信号已满，但是到了 2016 年仍持续有粉丝加这个微信号，实际上这个微信号早已加满，无法继续添加好友，这真的是一件十分可惜的事情。所以，大家千万不要让此类事情发生在自己的身上哦！

4.1.5　做好账号备份工作

因为可供微商引流的网站和手机 App 非常多，所以微商需要更加高效地管理自己在各个平台的账号和密码，这样在进行团队化运作时，可以更加合理地分工，以便在工作交接或出现意外时有条不紊地完成工作。我们可以制作一个 Excel 表格，来统一管理自己的账号。有一些细心的微商会将这个表格存储在自己的云盘中，以免电脑或者手机损坏而导致账号备份丢失。

4.2 引流必备的硬件

通俗一点说，硬件就是我们能看得见、摸得着的机器设备。引流必备的硬件，顾名思义，就是指在引流过程中，微商需要用到的一些设备。常言道："工欲善其事，必先利其器。"只有引流的硬件设备足够好，才能更加高效地辅助引流工作顺利进行。

4.2.1 手机

在铺天盖地的微商广告中，我们不难发现，微商最常见的宣传语就是"只要你拥有一部手机，加入我们的团队，就可以开始你的创业之路"。所以，手机是微商从业者必须准备的第一个硬件设备。没有手机，微商的工作将无法开展。那么，什么样的手机才符合当下从事微商行业的基本硬件标准呢？

1. 容量够大

因为微商的宣传和推广工作，以及客户服务的流程大多在手机上完成，所以手机中必定要存储非常多且容量非常大的资料。例如，高清图片、视频、音频等。微商常常需要拍照，而手机正常所拍摄的照片大小大多为 2M 左右。所以，我建议微商尽量使用 64G 以上本机内存容量的手机，如果能有 128G 的内存容量，那是最合适的。

这里要注意，我提到的手机内存容量是指"本机内存"容量。特别是安卓手机，如果用 TF 卡来拓展手机内存容量的话，并不能起到为手机提速的效果，只会机械地增加手机容量，而若本机内存容量太小，会拖慢整个手机的运行速度。相信每一个手机内存已满的伙伴都体验过那种想和某个人聊天，可手机怎么操作都没有反应的尴尬局面。所以，还是尽量选择内存本身就能达到 128G 的智能手机。

2．品质过硬

做微商，我们应尽量选择大品牌的手机。因为对于每一个微商来说，手机里的产品资料记录和聊天记录都是十分重要的信息。如果因为贪图便宜，或者为了降低微商从业成本而选择质量不好的手机来做微商，一旦手机出现需要恢复出厂设置和刷机的问题，里面所有的资料和内容将会全部丢失，这样的损失将是巨大的。

3．像素要高

除了微信 App，微商用得最多的手机功能就是拍照，除了一些特效软件和修图软件，照片的清晰度和美观度更多取决于手机的像素。所以，微商的手机像素一定要高，其实现在普通手机的像素都已经配置到了 800 万以上。

摄像头一般分为前置摄像头和后置摄像头。前置摄像头常用于自拍，后置摄像头常用于拍摄常规照片。在选择手机时，我建议你选择前置摄像头为 200 万像素以上、后置摄像头为 800 万像素以上的手机。

4．网速要快

目前国内移动 4G 网络已经十分普及。网络的速度决定了一个微商服务客户的速度，所以一定要选择支持 4G 网络的智能手机和手机号。通常，微商每月所需的流量至少要在 2G 以上，所以每个人要根据自己的情况，再结合网络运营商提供的流量套餐种类来选择适合自己的流量套餐。

4.2.2　电脑

虽然说微商的大部分工作都是在手机上完成的，但是引流工作是离不开电脑的。一个优秀的微商引流人员，至少有 50% 以上的引流工作是通过电脑端完成的。千万不要被所谓的“只要拥有一部手机就能月收入百万元”这种广告语误导。

从修图、修片、文档整理、传送文件，到撰写文案、查找资料、发布推广内容等，电脑的工作效率远远高于手机。在选择电脑时，我建议大家选购一台 3000

元左右轻巧便携的商务型笔记本电脑。这类价位的电脑通常只能用于轻办公，是不支持配置要求很高的电脑游戏的，这样也可以有效地预防有游戏瘾的人不务正业。

4.2.3 其他辅助硬件设备

除手机和电脑是微商引流必备的硬件设备以外，在一些垂直领域中引流，还需要配置相应的辅助硬件设备。

1. 自带美颜功能的摄像头

如果你有一定的特长，而且这个特长还很符合当下视频直播观众的胃口，那么你需要一个高清且自带美颜功能的摄像头。这种摄像头不仅拍摄效果清晰，还自带美颜功能，甚至有瘦脸功能。

专家点评：

我们不能片面地把用“有美颜”理解成“有虚荣心”，因为我们的表演是要给观众和粉丝看的，既然是给别人看的，就需要对观众的视觉感受负责。如果我们认为自己是一个称职的主播，那我们就有义务让自己的观众和粉丝看到我们最完美的一面。这是对观众和粉丝的一种尊重与重视。

就好比所有的演员在上场前都要化妆一样，不是他们不够美，而是他们需要把自己最完美的一面展示给所有喜欢他们的观众和粉丝。如果你认为真实最重要，而且你的真实能够为你带来观众和粉丝，那么不用自带美颜功能的摄像头也行。毕竟每个人吸引观众的点不同。有些人靠内容来吸引观众和粉丝，有些人靠颜值来吸引观众和粉丝。究竟是用高清摄像头还是用自带美颜功能的摄像头，因人而异吧。

2. 补光灯

微商需要经常晒自拍照，所以照片的拍摄效果很重要，但是我们发现，晚上拍摄的照片往往因光线不足而模糊不清，影响晒图效果。现在，网上有很多便宜小巧的补光灯，购买一个就可以解决晚上拍不出好看的自拍照的问题。

3. 电容麦

这是视频直播型引流和电台音频型引流的必备工具。比如，在电脑上直播、录制音频电台节目引流和通过唱吧 App 引流的时候，就会频繁地用到电容麦。如果你的资金宽裕，我建议你购买电容麦；如果资金不宽裕，就购买普通的麦克风。电容麦其实并不贵，因为微商并不是专业的歌手和电台主持人，所以购买一个 200~300 元的电容麦完全可以满足日常工作的需求，并且这种价位的电容麦的拾音效果，若不是专业人士，根本听不出它与专业级麦克风的差别。

4. 优质的耳麦

耳麦，是耳机加麦克风的简称。它就是我们平时买手机时厂家赠送的原装耳麦，插到手机上，能同时起到耳机和通话双重功能的一种数码配件。微商会频繁地发送微信语音，甚至在微信上讲课，所以耳麦的使用频率会很高。通常，在手机上直播或者通过手机自带的软件去录制音频节目时，一个好的耳麦，对引流工作的开展非常重要。

4.3 引流必备的软件

微商大部分的引流工作都在电脑和手机上完成，而电脑和手机的正常运作均依靠软件向手机或电脑发送指令，所以引流时除了会用到一些硬件设备，还会用到一些软件。当下各类软件和 App 的快速升级，使过去让人望而生畏的一些专业软件技能变得就连普通老百姓都可以轻松学会。接下来，我向大家介绍一些微商引流经常用到且比较容易学会的软件。

4.3.1 文字处理软件

一篇好的软文，离不开精美的布局与排版。所以，无论是在贴吧还是在论坛，我们都应该保证自己所发布的软文是整洁、美观的。我们不难发现，在大家平时经常转发的文章中，有很多软文的版式非常精美且吸引人。其实这些排版技能并没有大家想象中的那么难学，只要稍微花一点时间去研究和学习一下，就可以达到和文案高手一样的专业排版效果。

（1）微信文章编辑器

它是辅助微信公众号文案编辑者迅速排版微信图文消息的一种在电脑端使用的在线编辑软件。你只需要在百度中搜索“微信文章编辑器”，就能发现非常多的网站可为用户提供微信文章在线编辑的功能，并且拥有非常多的模板，一键复制即可直接套用。文案编辑者只需要将模板复制到微信公众号后台，并修改模板中的文字或者图片，就可快速实现完美排版。

（2）在线排版工具

它是辅助文案编辑者美化文字排版的工具，通常用于排版文档及贴吧、论坛所需要的文章。它没有微信文章编辑器中那些多样化的表情、图框、符号，是比较传统的文字排版工具。你只需要在百度中搜索“在线排版工具”，网页中就会显示各种免费的在线排版工具。文案编辑者只需要将写好的文章复制进去，它就会自动排版，文案编辑者也可以用对应的功能调整排版效果。

这两种工具基本上就可以满足大多数不懂文字排版的“外行人”的需求，让整个文章的界面显得干净、整洁、美观。

4.3.2 图形处理软件

对于大多数从来没有接触过图片设计的人而言，图形处理确实是一个非常专业的技术。但是在移动互联网时代，不得不说真的诞生了非常多伟大的“发明”。比如美图秀秀，相信大多数人的手机里都安装了这款 App 吧。美图秀秀的运用之所以如此广泛，就在于它把一个非常专业的图形处理技术变成了傻瓜式的图形处理软件，让更多的普通人仅通过简单的操作就可以对图片进行快捷且专业的美化处理。

图形处理软件非常多，其中最有名的就是 Photoshop。不过，Photoshop 的使用门槛比较高，没有经过专门学习的伙伴比较难掌握。在这里，我介绍几款比较适合微商从业者使用的简易的图形处理软件。

（1）美图秀秀

它是一款功能十分全面的图形美化工具，电脑和手机都有可使用的版本，并且完全免费。其功能主要分为两种：美化图片和人像美容。美图秀秀也包含了拼图和美颜相机等功能，不过拼图和美颜相机等功能都已经有独立的手机 App 了，所以在这个版块就不过多介绍了。

这里，我只讲美图秀秀的一种功能，即美化图片。在美化图片功能中常用的有裁剪、旋转、智能优化、滤镜特效、打马赛克、背景虚化、插入文字和贴纸等。

①裁剪主要用于修改图片的尺寸。

②旋转主要用于翻转图片，有时在自拍的时候，我们会发现照片中的文字是反方向的，这时需要旋转一下照片的方向。

③智能优化主要用于快捷且智能化地补充图片在不同场景下的色彩。

④滤镜特效主要是为图片添加场景的特殊效果，深度地渲染图片，营造场景感。

⑤打马赛克主要用于遮掩图片中的一些瑕疵和用户不想对外展示的内容。

⑥背景虚化可以用于模仿单反相机的拍摄效果，也可以用于遮掩图片中的一些内容。

⑦对于插入文字和贴纸，一般是依照用户的特殊爱好来添加的。

总的来说，美图秀秀是一款功能十分全面的手机图形处理软件。若能掌握美图秀秀的使用技巧，微商从业者就可以快速地对自己想优化的图片进行处理。

（2）微商魔库

它是一款专为微商设计的推广类图形处理软件。该软件中的所有图片模板都是微商常用的图片设计模型，而且比美图秀秀使用起来更加方便，可直接套用，甚至连图片相对应的文案都可以直接使用，非常适合微商推广和团队传播。这款软件还可以申请微商团队入驻，只需要团队成员在微商魔库中输入团队邀请码，就可以一键复制文字、一键修改图片、一键保存图片到自己的手机中。

（3）海报工厂

它是美图秀秀旗下的一款手机图形处理软件，可以快速将图片处理成时尚杂志封面和简约派海报等效果。

4.3.3 音频处理软件

随着手机 App 的种类越来越丰富，诸如 FM 电台和音频节目等很多传统媒体也开始朝着移动互联网的方向发展。其中，具有代表性的 App 有喜马拉雅 FM、荔枝 FM、蜻蜓 FM、唱吧、网易云音乐等，这些都是拥有巨大流量的平台。要想通过这些平台引流，前提是要先掌握这些 App 的使用方法。

（1）Adobe Audition

这是一款适用于 Windows 系统的专业级的音频处理软件。不要一听说是专业级的软件，就觉得特别难学，你只要花一天的时间研究一下，多录几期节目就能很快上手。一般人只要学会在软件中使用多轨道编辑音频、录音、剪切声音、调整音量、给人声加入混响，最后合并音轨，就可以成功地编辑出一个拥有专业级音质的音频节目。

（2）GarageBand

这是苹果 Mac 电脑上自带的一款音频处理软件，其界面比 Adobe Audition 更简洁，使用起来也更方便，使用方法与 Adobe Audition 的使用方法类似。

（3）喜马拉雅 FM

这是一款手机网络电台 App，既可以直接通过手机录制音频节目，也可以将录制完的节目一键上传到喜马拉雅 FM App。录制功能也很简捷，只须选择背景音乐（也可以自定义背景音乐），然后直接用手机耳麦录音即可。它会自动合并人声与背景音乐，而且还可以智能调节背景音乐的音量（有人声的时候，背景音乐的音量会自动降低；无人声的时候，背景音乐的音量会自动升高）。

因为喜马拉雅 FM App 的便捷性，所以我的音频课程主要上传到这个 App 中，并且得到了广泛传播。

（4）唱吧

这是一款手机 K 歌软件，可以直接通过手机录制歌曲，其音质可媲美 KTV，所以唱吧的口号是“最时尚的手机 KTV”。该软件的便捷之处在于可以智能地将录好的歌曲加入人声混响，以达到非专业级音质的顶级音效。

小贴示：有人可能不知道，QQ 浏览器和 360 浏览器有一个非常酷的功能，那就是一键抓取网页上的音频文件。此功能的精妙之处在于，很多在网页上不能下载的音频，只要能在浏览器中播放出来，浏览器就能自动抓取这个音频文件并下载。

那么，这个功能的延伸用途是什么呢？就是用喜马拉雅 FM 或者唱吧录制好音频后，可以在音频中添加自己的广告，再通过电脑端的 QQ 浏览器或者 360 浏览器在网页上抓取这个音频文件，然后把这个文件上传至各种有流量的平台进行引流。

4.3.4　视频处理软件

随着 4G 移动网络的普及和宽带的提速，以及视频流媒体的广泛应用，大家早已养成用手机看视频的习惯。所以，视频和直播也成了移动互联网时代最高效的引流手段之一。

（1）美图手机

它是一款可以在录制视频和直播的过程中，直接对视频成像进行美颜和优化的手机。

（2）爱剪辑

它是非专业级视频制作者常用的免费视频剪辑软件，具有给视频加字幕、调色、加相框等剪辑功能，其诸多的创新功能和影院级特效也使其成为迄今为止最易用、最强大的视频剪辑软件。它也是视频剪辑外行人上手最快的视频编辑软件之一。

（3）AVS Video Editor

它是一款超强的视频编辑、媒体剪辑软件，可以将影片、图片、声音等素材合成视频文件，并且添加了 300 多个转场、过渡、字幕、场景效果。AVS Video Editor 集视频录制、编辑、特效、覆叠、字幕、音频与输出于一体，实为一款简约而不简单的非线性视频编辑软件，几个简单的操作步骤就可以制作出具有专业效果的视频。对视频编辑有一定要求的微商从业者可以选择该软件。

（4）屏幕录像专家

它是一款专业的电脑屏幕录像制作软件，其使用方法并不复杂。有了它，我们可以轻松地将电脑屏幕上的软件操作过程、网络教学教程、网络电视、网络电影、聊天视频等录制成 Flash 动画、WMV 动画、AVI 动画或者自动播放的 EXE 视频文件。这款软件具有长时间录像并保证声音完全同步的功能，并且使用方法简单，功能强大，是制作各种屏幕录像和软件教学动画的首选软件。

4.3.5 强化个人全方面的能力

做微商看似简单，一台电脑、一部手机就可以开始创业。可事实上，当你真正开始干的时候远远没有想象中的那么容易。假如你是某公司的一名员工，大多数情况下你只须将自己的本职工作做好，将自己的某个职业技能发挥出来，便可达到公司的要求，领取一份工资。

专家点评：

从微商的职业特点来看，它是非常考验一个从业人员的综合能力的。我发现，一个优秀的微商通常要“上得厅堂，下得厨房”，其工作难度远远比上班要高。

例如，微商不仅要会撰写文案、拍摄图片、修饰图片，还要会沟通技巧、成交话术、销售团队管理，甚至还要去干卸货、发货这类体力活。优秀的微商更要会制作精美的图片、录制小视频、拍摄精美的照片，甚至要懂得一定的设计美学。

所以，如果你是一个优秀的微商，那么你在任何领域都是可以发光的“金子”。如果你的妻子是一个微商，请好好珍惜她，因为她真的很优秀。

4.4 明确自我定位

在做任何事情之前，我们都应该先明确自我定位。当我们对自己的定位模糊不清时，我们做的所有事情都会变得目标不明确。在目标不明确的情况下去做一件事，大多数的结果自然也会和我们的期望值相去甚远。

4.4.1 明确目标市场

假如我们销售的产品是护肤品，那么我们要十分明确需要引流的客户对护肤品是有潜在需求的。很多人引流失败，大多是因为他们所处的引流平台的目标人群与其目标市场毫无关联。

我和小 F 是在浙江大学 EMBA 总裁学习班认识的，他是开高端私人会所和 KTV 的。他非常清楚自己的目标市场，根据他的目标市场，他能够精准地定位自己想引流的人群。他之所以报名参加这个总裁学习班，是因为这里的学员的人脉都非常高端，他通过在学校与其他学员互动，以及私下里组织休闲活动，为他的私人会所和 KTV 带来了非常多的高端客源。这就是明确目标市场的重要性，它会使我们在做任何引流工作的时候目标清晰，尽量避免做无用功。

当然，反面教材也有。比如，我有一个朋友是做教育行业的，他希望通过移动互联网和微商的裂变思维，开办一个线上教育机构。因为初期没有资源，他就购买了一款自动加人软件，开启了自动加人的功能，加了一批人后，他就向这些人推送自己的教育培训服务，结果收效甚微。原因是他的目标市场不够明确，最终导致引流失败。

所以，明确目标市场是引流的基础。如果我们不能明确这一点，即使拥有最先进的引流手段，也只会让时间和金钱，还有我们的精力付诸东流。

4.4.2 明确个人定位

在推广的过程中，我们必定会添加一些个人介绍和强有力的背书，所以我们不仅要明确个人定位，还要通过推广的方式将我们的个人定位告诉所有的目标客户。我们展现在目标客户面前的个人定位越明确，引来的流量就越精准。在明确个人定位时，必须遵循三个原则。

（1）清晰化，即你是谁。

（2）恒久性，即坚定不移地用同样的方式表达你的个人定位。

（3）一致性，即在你的目标客户面前言行一致，始终如一。

如果我们在明确个人定位时没有遵循这三个原则，会带来哪些问题呢？

（1）目标客户看完你的推广内容，根本不知道你是做什么的，你能为他提供什么价值。

（2）你所推广的内容和你为客户提供的价值经常发生变化，会让目标客户心中感到不踏实。

（3）你的文案和你的语音、视频、软文等推广内容不一致，会让目标客户认为你所发布的内容不属实。

4.4.3 明确竞争优势

如果你希望自己所推广的内容能脱颖而出，那么你必须明确自己的竞争优势，明确你区别于他人的最大特点是什么，以及别人通过阅读你的内容后对你产生了怎样的印象，这些对你来说很重要。

无论是传统电商还是微商，引流的目的都是希望将自己的产品或者服务销售出去。所有的改进和提升，都是在这个基础上进行的。作为一名微商，如果你有引流客户的能力，却没有足够的竞争优势，不得不说这是一件令人惋惜的事情。

专家点评：

要想让别人了解我们的竞争优势，我们首先要做的就是列出自己的竞争优势，然后不管是通过软文植入还是视频、语音或者直播植入，只需要变化引流场景就可以了。

我给大家提供了一个九宫格填空法，你如表 4-1 所示，你只需要将自己的优势找到并填写进去，并且通过各种方式将其植入自己的推广内容中。如果我们根据九宫格中的每一个关键词继续延伸，找出更多的优势和客户选择我们的理由并植入推广内容，那么引流效果会更佳。

表 4-1　九宫格填空法

价格优势	服务优势	平台优势
体验优势	产品优势	领导者优势
品牌优势	制度优势	附加值优势

4.5　明确客户定位

当我们对自己的目标市场、个人定位和竞争优势都了如指掌之后，接下来就需要通过这些特征去明确我们的客户是谁，他们在哪里。因此，我们需要结合自己的产品或服务明确客户定位。只有明确了客户定位，才能更加精准地开展引流工作并找到精准客户。

4.5.1　明确客户的基础属性

要想明确客户定位，首先要明确客户的基础属性。如果客户的基础属性不能和我们的产品或服务相匹配，那么对其进行引流的效果自然会不尽如人意。客户的基础属性包括性别、年龄、职业、收入。只有基础属性与我们所推广的产品或服务相匹配，这样的客户才能算得上是我们的目标客户。

我举例说明一下。如果你所销售的产品的价格是 700 ~ 800 元，而你所在的引流渠道中客户的消费能力是 100 ~ 300 元，那么引流的转化率自然会极低。如果你所销售的产品是男性保健品，而你却在女性社群中推广，虽然有一些女性客户可能会为其家人或朋友购买男性保健品，但因为目标客户的基础属性与你所销售的产品不匹配，也会导致引流效果不尽如人意。如果你所销售的产品普遍适合 35 岁以上的人群消费，而你却在大学校园中做引流，那么引流效果自然不会很好。

所以，客户的基础属性必须与我们所推广的产品或服务相匹配，否则我们的引流工作将会收效甚微。

4.5.2 明确客户的偏好属性

客户的偏好属性通常是指客户的特性和爱好。作为微商，仅了解到客户的基础属性就直接去引流，显然我们的准备工作做得还不够充分。因为每个客户都有自己的偏好，比如，有很多消费者喜欢用纯植物的护肤品；有很多消费者喜欢用科技含量较高的护肤保养设备；有很多消费者喜欢用懒人型的彩妆产品；有很多消费者完全不能接受保健品和护肤品中有任何的动物提取物，因为这违背了他们的宗教信仰。

因此，在引流之前，我们一定要了解客户的偏好属性，这能使我们更加精准地找到我们的客户。我们的客户定位越精准，引流的转化率就越高。

比如，刚刚提到有些客户是有宗教信仰的，还有一些客户平时只购买国外的保健品，这些都属于客户的特性范畴。再比如，在我们的客户中，有些人喜欢打电竞游戏，有些人有去美容院做保养的习惯，这些就是客户的偏好。如果我们不仅了解到客户的基础属性，还了解到客户的偏好属性，那么我们在引流工作的开展和引流平台的定位方面将会更加精准。

4.5.3　找到客户的痛点

人们在选择一个事物时通常只有两个理由：一是追求快乐；二是逃避痛苦。比如，我们买书，有可能是因为我们喜欢读书，喜欢阅读的快乐，也有可能是因为工作中必须用到这类知识，而自己不会，就只能买书去学习。如果学不会，事情做不好，老板就会扣工资，这其实就是通过买书来逃避痛苦。在营销心理学中，人们带着逃避痛苦的心态去选择一个事物的动力远远大于因追求快乐而去选择一个事物的动力。

举一个更为形象的例子。如果你减肥是为了更加美丽，你可能会坚持去减肥，以此换来同事、亲朋好友羡慕的眼光。如果你因为肥胖而受到同事们的嘲笑，每次聚会他们都会拿你的肥胖当笑柄，或者你经常因为自己的肥胖问题而影响工作业绩。这个时候你会非常痛苦，于是下定决心，一定要在一个月内瘦下来。可见，二者相比，后者的减肥动力明显大于前者。

专家点评：

痛苦一定是由问题产生的，但是有问题未必就有痛苦。不同的人对问题的看法不一样，感受也不一样。同样的问题，有的人觉得无所谓，有的人觉得痛不欲生。所以，我们只能把东西卖给有痛苦的人，而不是卖给有问题的人。与痛苦比起来，问题本身反而显得不那么重要了。

有些问题看起来很大，但是造成的痛苦却很小；相反，有些问题看起来很小，但是却会带来恶劣的影响，而这种影响才是客户产生购买欲望的真正动机。其实每个人都有这样或那样的问题，但是有问题不一定立刻要去解决，只有当这个问题给当事人带来的痛苦远远大于他花钱去解决问题的痛苦时，购买欲望才会产生。所以，结论是：有了问题才会产生痛苦，当痛苦足够大时才会产生需求，有了需求才会产生购买欲望，有了购买欲望才会产生销售行为。

现在我们不仅了解了客户的基础属性，还了解了客户的偏好属性，如果我们再找到客户的痛点，将客户的痛点植入我们的推广内容，制造客户强烈的内心共鸣。那么，此时我们所推广的产品或服务正好是客户所需的“解药”，可想而知，我们所推广的产品或服务的转化率必然会非常高。

4.6 找到客户群

当我们已经知道我们客户群的特征、偏好、痛点之后，接下来我们就需要找到客户群。哪里有我们的潜在客户群，我们就去哪里针对这类人群制定引流策略。

4.6.1 通过品牌的偏好属性找到客户群

事实上，品牌与品牌之间的战争，就是一场由营销传播与促销构成的消费者心理战，每个品牌都竭尽所能地想击败对手，获取最高的品牌偏好与忠诚度。每位广告主也都一样，不断地提高自己品牌的声音，只为引起消费者的注意与兴趣。

虽然很多消费者自己都没有察觉，但事实上每个人的潜意识都对品牌的选择有偏好。比如，有些女性偏好使用韩国的一些护肤品牌，而有些女性则偏好使用欧洲的一些护肤品牌等。假设我们的产品是通过韩国的某项技术生产制造的，那么哪些消费者会偏好我们的品牌呢？就是那些和我们的产品类似的品牌的客户群，而这些客户群就是我们的潜在客户群。我们只须稍加引流，就可以将这群人圈进我们的“鱼塘”，然后慢慢“钓鱼”。

4.6.2 通过产品的偏好属性找到客户群

曾有营销学家指出，消费者在采取购买行动之前，心中已有既定的品位及偏好，只有极少数的消费者会临时起意产生冲动性购买行为。从整体而言，即使消费者的购买行为是无计划的、无预期的，也会受到心中既有的品位与偏好的影响。

我就以自己为例来讲解一下如何通过产品的偏好属性找到客户群。我投资了一家软件开发公司，并在该公司内担任运营总监的职务。因为我们公司面对的客户都是企业主，而且我们的目标客户都对移动办公和微商、社群营销系统有一定的需求。所以，我们当时找到了市面上和我们公司研发的软件产品运用在类似领域的一些其他品牌产品。我们通过购买这些公司的产品，进入它们的产品服务群和售后联系群，以此获得了非常精准的客户定位。

通过在别人的软件群里经常与管理员互动，并提出一些自己对软件的建议和需求，以及顺便帮助管理员回复其他企业主的一些疑问，我很快就在这个群里成为一个“小达人”。很多企业主会主动加我的 QQ 号和微信号进行深入探讨。因为我们公司提供的产品和其他品牌的产品是有差别的，而且所应用的领域也不同，所以我不仅通过这样的方法引来了精准的流量，还签下了不少大的订单。

专家点评：

换个角度想问题——关注客户的客户，或许真的能使引流工作事半功倍。

我们去了解一下客户的客户所关心的问题是什么，通过了解他们的问题、要求和期望，也许就能知道我们的客户的需求。

4.6.3 通过客户的基础属性找到客户群

我们可以通过定位客户的基础属性来找到这类客户群。比如，我们所销售的产品适合 18 ~ 22 岁的人群使用，那么我们在高校比较集中的区域进行引流是最佳的；或者在 18 ~ 22 岁的人群比较密集的一些 App、网络社交平台、校园网去引流也比较合适。对于通过客户的基础属性找到的客户群，我们一般会用广撒网的方式去引流， 然后将人群集中到一个平台，再通过复合型营销活动去转化他们。

4.6.4 通过客户的偏好属性找到客户群

客户的偏好属性与产品的偏好属性、品牌的偏好属性是截然不同的。客户的偏好属性在本书中指的是对某些产品有需求的客户通常都会具备的共同特点。比如，你是销售韩国饰品的微商，你的大部分客户都有一个共同的偏好，那就是喜欢看韩国偶像剧。那么，你就可以通过百度联盟或者 360 联盟去投放相对应的韩国偶像剧视频播放网站的侧栏或者视频暂停时的广告。

4.6.5 通过客户的痛点找到客户群

每个产品或服务一定是用来解决消费者的某个问题的，而某个问题的背后一定会有一个痛点。假如我们销售的是祛痘产品，那么我们的客户群的痛点就是脸上有痘。如果我们通过社交网络或者社交平台发布一些解决此类问题的推广内容，自然可以吸引有类似痛点的人，进而引流成功。

4.7 制定引流策略

当我们非常明确自己能够为客户提供什么样的价值和服务，也清楚客户的需求和痛点，同时能够找准我们的潜在客户所在的“位置”的时候，需要有针对性地制定不同场景的引流策略来吸引我们的潜在客户，最终实现转化他们这一目标。

4.7.1 明确策略的目标结果

在制定任何策略之前，我们都应该明确自己想要的结果。以结果为导向去做策划，不仅使我们的目标更加清晰，也使目标结果与我们的期望值更加接近。假如我们只想做引流，先把潜在客户群圈到一个平台中，再通过下一步的活动去激活他们。换句话说，我们的引流是为了让他们参与我们准备好的一个互动性的活动。有时候，我们的引流目的并不那么单纯，我们还想通过一些诱导性的策略让这些流量可以快速裂变。

针对不同的目标结果，我们应采取不同的引流策略，下面是一些常见的引流策略。

（1）单纯引流：引流只是为了先和潜在客户建立初步关系。例如，通过一些软文或者视频推广让他们关注我们的微博、微信、微信公众号。

（2）活动引流：引流是为了让他们参与我们准备好的活动，体验我们的产品，了解我们的产品。

（3）社群引流：将用户引流到我们的社群中，通过社群为客户提供价值，在“孵化”客户的同时转化意向较明确的客户。

（4）裂变引流：不只是单纯的引流，更是在引流的过程中通过设定一些机制，使引流来的客户可以自动吸引更多的客户到目标平台中。

（5）成交引流：引流就是为了直接成交。这种引流在电商领域使用得最为广泛。

（6）造势引流：引流不是为了真的拥有和转化这些流量，只是为了制造噱头，以达到自己的其他目的。

（7）分流引流：引流不是为了自己，而是为了分流到代理商手中。基于不同的目标，我们需要制定相对应的引流布局和内容细节。

4.7.2　客户看到推广内容后的感觉

你所推广的内容可能是软文、图片，也可能是直播、视频、音频，其形式可以是多样化的。在什么样的前提下引流才有可能成功？答案是：感觉。潜在客户看到你的推广内容后，感觉很对味、很舒服、很爽、很有收获，这才是成功引流的前提，所以，在做推广时，让潜在客户看完你所推广的内容后感觉这是他所需要的产品或服务才是最重要的。

感觉很重要。看完你的推广后，如果他们感觉不对，你能引流成功吗？如果感觉很对，引流成功的概率就会大大提升。所以，我们要策划出自己想要的“感觉”！一般来说有以下几种感觉。

（1）成功的感觉：看完后会激发客户对成功的渴望，对你的膜拜，迫不及待地想与你建立关系。

（2）魅力四射的感觉：看完后觉得你本人或者你的产品或服务太棒了，迫不及待地想认识你、结识你。

（3）自由的感觉：看完后会释放人们追求自由、乐享无边的感觉，想要跟随你的脚步，实现他的目标。

（4）快乐的感觉：看完后会感觉到快乐、心情愉悦，迫不及待地想与你一起分享这份快乐。

（5）感动的感觉：看完后有种想痛哭流涕的感觉，触动到了潜在客户的内心，想与你一起分享这份感动。

（6）感恩的感觉：看完后觉得你就是他的恩人，你所做的每件事都对他的人生有巨大的影响，让客户有立即想添加你为好友的冲动，以抒发他对你的感恩之情。

（7）心有灵犀的感觉：看完后觉得你所做的和他想的简直一模一样。人的一生，知己难求，迫不及待地想与他的“知己”一醉方休。

其实还有很多种感觉，这些只是人们常有的感觉。我们一定要明确自己所策划和推广的内容，能否达到我们期望的目标。只有感觉对了，引流的结果才会更接近我们策划和期望的目标结果。感觉和结果是相辅相成的，若感觉不对，客户可能连我们所推广的内容都没阅读完就关闭页面了。

4.7.3　制定推广内容

结合我们的推广目的以及期望给客户带来的感觉，在策划推广内容时，尽可能地给我们的潜在客户提供对其有帮助的内容，这样他们才会在看到我们的推广内容后有与我们建立关系的冲动。

一篇好的推广内容，一般有七个特点。

（1）新颖性：新颖的东西，一般都会很突显，也很容易吸引人。

（2）知识性：没有知识的内容，如同没有灵魂的行尸走肉，无法让客户产生信任感，这样的内容也就失去了生命力。

（3）传播性：推广内容不仅要有很强的传播能力，而且其传播能力还要达到一定的程度。

（4）时效性：内容要紧跟时代、网络热点，关注大家所关注的，同时还要吸引大家来关注，这是推广内容的重要价值所在。

（5）隐蔽性：软文和一般的广告文有本质的区别，软文中不能直接出现关于产品的信息，否则用户很难相信你，甚至会很反感。虽然你没提一句该产品的优点，但用户却可以接受并记住你所提供的有效信息，那么你的目的就达到了。

（6）精准性：也就是说，制定的推广内容主要针对哪一类人群。你一定要有一个方向，不然很难达到好的效果。

（7）引导性：引导什么呢？引导客户过来和你交流，这才是最终的目的。推广内容若缺乏引导性，那么软文中的信息就不能被传递。

4.7.4　推广内容的展现形式

随着推广的手段和渠道逐渐丰富，推广内容的展现形式也呈现多样化，所以只有结合推广者自身的优势去选择一个适合的展现形式，才能让引流更加有效。具体的展现形式如下：

（1）短篇软文：140 字以内，通常用于发布 QQ 动态、微信朋友圈和微博动态。内容尽可能简洁易懂、生动活泼，生活化的软文更容易让人接受。

（2）短篇软文搭配的图片：手机拍摄的照片尺寸基本上符合发布微信朋友圈时规定的尺寸，微信会自动将太大的图片在发布朋友圈之后将其压缩。另外，图片的内容和形式，需要与你所销售的产品或服务的色系相匹配。

（3）中篇软文：1500 字以内。当下，移动互联网十分普及、知识大爆炸，人们的生活节奏变快，大多数人已经没有耐心去阅读长篇大论的文章。所以，我们的软文写作也要适应这种“快餐文化”，学会将我们要描述的内容核心点进行归纳，让客户花最少的时间阅读到他们想了解的内容。

（4）音频：音频内容的制定其实和文字内容的制定要求很相似。内容要尽可能精练、简短，你现在让人去听一个 1~2 小时的音频，大多数人已经没有这份耐心了，而且也很难一次听完。所以，不如将音频的内容控制在 10 分钟左右，让听众可以随时随地去听。因为内容简短，人们可以在等公交车的时候听， 在回家的路上听，在开小差的时候听，这样不会给人们带来太大的压力。

（5）视频：当下小视频的传播已经非常普及，从 6~10 秒的小视频，到 3~5 分钟的简短型视频，其传播速度都是非常快的。至于你想录多长时间，主要还是看视频的具体内容。通常 6~10 秒的视频只能传递一种结果，如果这个“结果”非常出人意料或者有爆点，可能会迅速走红，带来巨大的流量。而 3~5 分钟的视频，就非常考验其中的内容质量了，因为这个时长足够将你想要表达的观点彻底展示出来，以便让观众更深入地了解你想传达的内容。

4.7.5 确定推广内容的风格

当下被大众使用的推广内容的风格可谓五花八门。我将其做了一些整理，大家在策划内容风格的时候可以直接套用。

1. 悬念式

这种推广风格的核心是先提出一个问题，然后围绕这个问题自问自答。例如，“人类可以长生不老吗”“什么使她重获新生”“牛皮癣，真的可以治愈吗”等，通过设问引起话题和关注。但是在运用这种风格时必须掌握火候，提出的问题要有吸引力，答案要符合常识，不能漏洞百出。

2. 故事式

通过讲述一个完整的故事而引出产品，使产品的“光环效应”和“神秘性”给消费者的心理造成强暗示，使销售行为成为必然。例如，“1.2 亿元买不走的秘方”“神奇的植物胰岛素”“印第安人的秘密”等。讲故事不是目的，故事背后的产品线索才是关键。听故事是人类最古老的知识接收方式，所以故事的知识性、趣味性、合理性是推广内容成功的关键。

3. 情感式

这种推广风格由于其信息量大、针对性强，所以比较容易让人接受。例如，

“老公，烟戒不了，洗洗肺吧”“女人，你的名字是天使”“写给那些战‘痘’的青春”等。情感式的推广风格最大的特色就是容易打动人，容易走进消费者的内心。所以，“情感营销”一直是营销界屡试不爽的灵丹妙药。

4. 恐吓式

这种推广方式是一种反向思维。情感式推广诉说美好，恐吓式推广直击软肋。例如，“高血脂，瘫痪的前兆！”“骨质增生害死人！”“洗血洗出一桶油”等。实际上，恐吓形成的效果要比赞美和爱更能让人印象深刻，但是也往往会遭人诟病，所以在使用恐吓式的推广风格时，一定要把握好火候，不要过火。

5. 促销式

促销式推广常常是在上述几种软文见效时在推广内容的最后加上的一个促销信息。例如，“×× 产品已经在香港卖疯了”“一天断货三次，广东某厂家告急”“×× 公司免费制作网站”。这样的内容一般都是配合促销使用的，或者利用“托”造成产品供不应求的假象，通过“攀比心理”“影响力效应”等多种因素来促使潜在客户产生购买欲。

6. 新闻式

其实就是为了宣传产品找一个由头，以新闻事件的手法去写软文，让读者感觉仿佛是昨天刚刚发生的事件。这样的推广风格也是企业本身技术力量的一种体现，但是，我要告诫文案写作者一定要结合企业的自身条件，多与文案策划者沟通，不要天马行空地写，否则会造成负面影响。

7. 恶搞式

这也是当下比较流行的一种传播方式，通过一些搞笑的段子、视频、图片植入推广内容。我们可以使用这种方式，但一定要把握好尺度，分清主次，别让人们记住了段子，却忘记了我们的推广内容。

专家点评：

如果我们希望自己的引流效果能达到最佳，那么应该从内容上下功夫。要明确：我们是谁，我们能为客户提供什么服务，客户有什么偏好、有什么痛点，以及我们是否有治疗痛苦的解药。引流的难点在于当下推广的内容实在太丰富，我们还要结合潜在客户的胃口，策划出他们喜欢的、能接受的内容和风格。

本章所述的内容，都是引流前的准备工作，也都是基本功夫，需要大家努力去学习、实践和不断优化自身的技能，只有这样才能将引流做得更加出色。基本功如果扎实了，等真正到了引流的关键点时，其他的就都不是问题了。

第5章 主动引流

主动引流，顾名思义，就是我们主动去添加潜在客户为好友，并建立社交关系，以达到我们引流的最终目的。这是最容易上手的一种引流方式，因为所有的引流过程我们都将占据主动地位，它也是一种门槛极低、效果显著的引流方式。只要我们在主动引流的时候能找到一个好的“借口”，引流的效果会十分显著。有人说他很擅长主动引流，但是他用这种引流方式吸引到的潜在客户在转化成现实客户的效果上却不尽如人意。那么我只能说，这不是引流的问题，而是转化的问题。

引流只对与客户建立基础的社交关系负责，至于能否转化这些潜在客户，是由多方面因素决定的，不一定是引流的问题。

5.1 微信主动引流

微信是微商使用频率最高的手机 App 之一，之所以我们会称呼微商为“微商”，是因为大多数人仍认为在微信上做销售的商家就是“微商”。虽然这种关于微商的理解并不完全正确，但无论你怎么理解微商，要想做好引流，都必须先学会用微信去引流。这是微商引流的必修课之一。微信 App 作为中国移动互联网用户使用得最为广泛的手机软件，它所拥有的流量毋庸置疑。如果能巧妙地运用微信来引流，无论是维护客户，还是推送各种商品信息，微信的引流效率都是最高的。而且，无论将来我们通过何种方式去引流，大部分微商最终都会把潜在客户聚集到微信中进行成交和维护。

5.1.1 微信引流应先精心设计“门面”

生活中，我们被陌生人所吸引的大多数原因是第一印象还不错。如果我们想通过微信去主动引流，那么对方第一眼看到的就是我们的头像和昵称，第二眼看到的就是我们的签名，如果再看第三眼，那就是我们最近发的10条朋友圈。不要小看这个“门面”，如果我们能精心设计，它是可以包含非常多的信息量的。

（1）设置昵称：一些做微商的朋友为了让自己在好友通讯录中的排列顺序靠前，会在昵称前面加上字母A，我认为这完全是无用功。看微信时谁会看通讯录，而且一旦对方修改了你的备注名称，再多的A也无用。所以说，设置昵称一定要有技巧，可以用一些比较时尚或者有文艺范儿的名称。那么，昵称中要不要涉及自己的产品呢？我建议依照个人的情况做判断，若唐突地在自己的昵称中添加产品信息，会使其显得太商业化，容易引起别人的反感。

（2）设置头像：很多人都喜欢用动漫图片、宠物图片作为头像，显得比较可爱，可是这样会让别人觉得你很假。如果你的相貌还可以，就可以用自己的照片。如果你是卖化妆品的，自己的肤质和化妆技术也都还不错，就可以稍加修饰之后上传自己的自拍照。如果你是卖服装的，就可以上传自己的全身照，记住一定要拍得有艺术感，而且照片的像素一定要高。

（3）个性签名：在签名中可以稍微介绍一下自己所从事工作的领域，留下自己的QQ号、微博号或者手机号。更为全面的信息可以增加别人的信任度，让别人觉得你是真实可靠、值得信赖的。有些人喜欢在个性签名中写“招代理商”四个字，这四个字会让人产生一种不做你的代理商就不能交朋友的感觉，这样会影响你引流的成功率。

（4）朋友圈：大多数人都喜欢在朋友圈发广告，简单地上传文字和图片，然后点击发送，就等客户用户和订单主动上门。如果现在是微商发展的早期阶段，那么朋友圈发广告还有一点效果，但随着“霸屏”现象越来越严重，微信用户对这一现象开始产生了抵触和厌烦的情绪。所以，我建议大家在发朋友圈时，除了发广告，还可以发一些有趣的段子，带上热点话题，分享一些自己的心情，丰富自己的朋友圈内容，让别的用户看到后不会感觉枯燥。

专家点评：

我们一定要先设计好自己微信的“门面”，再进行主动引流，否则引流的成功率会降低不少，最终导致我们花了时间，却没有太多的成果。

5.1.2 导入通讯录朋友到微信中

登录微信App，点击右下角“我”—“设置”—“隐私”，开启“向我推荐通讯录朋友”，即可开通此功能。开启该功能后，手机通讯录中所有已经开通微信的亲朋好友都会自动匹配到微信通讯录中，我们只须向他们打招呼后，等待对方通过好友验证，即可成功添加对方为好友，实现引流的目的。

这种引流方法主要是将我们人脉中的朋友先导入我们的微信中。虽然这些人中，有些是我们十分熟悉的亲戚朋友，有些是只有一面之缘不太熟悉的普通朋友，但终归是和我们有直接或间接关系的，在未来的业务拓展上，或多或少能为我们提供一些帮助和支持。而且在未来的业务成交上，他们很可能是第一批支持我们的生意的人，所以需要先将这些流量导入我们的微信中。

5.1.3 导入QQ好友到微信中

我们的手机号可能会随着地域的变化而变化，导致一部分人从我们的通讯录中流失。QQ作为中国最早的社交软件，它的应用程度是可以和微信并驾齐驱的。我们的QQ中通常都包含着我们小学、初中、高中、大学及社会上的所有人脉，将QQ号与我们的微信号绑定，不仅可以使用QQ号替代微信号，还可以将QQ中的好友导入我们的微信中。若对方的微信号绑定了QQ号，可在微信主页面中点击右上角的“+”—“添加朋友”—输入QQ号搜索添加即可。

5.1.4 通过“附近的人”引流

微信“附近的人”这个功能，是微信最早能风靡一时的重要原因之一，因为当时这个功能能够满足人们的好奇心。如今，我们一样可以用这个功能进行引流。用微信“附近的人”功能主动引流，可以有目的、有目标地进行。

比如，先通过筛选附近的人的性别来做基础的流量过滤工作，再通过观察附近的人的头像、签名、朋友圈内容（陌生人可查看十条朋友圈），来评估哪些人可能是我们的潜在客户，通过我们已经掌握的一些基本信息主动打招呼引流。

5.1.5 通过“摇一摇”引流

“摇一摇”是微信中的一个随机交友功能，通过摇手机或点击按钮模拟摇一摇，可以匹配到同一时段触发该功能的微信用户，从而让陌生用户间产生互动，提高微信的黏度。所以，微商也可以借助这个功能来引流，不过使用这个功能吸引来的流量比较随机。这里需要注意的是，使用这个功能不要过于频繁，一天摇 10~20 次即可，摇多了可能会被微信后台判定为“异常账号”，从而限制你使用微信的部分功能。

5.1.6 添加微信群中的好友引流

我们每个人的微信号里，或多或少地会有一些微信群。这些群通常都是由我们朋友圈中的人组建的，其中也有可能包含一些由二度人脉（朋友的朋友）、三度人脉（朋友的朋友的朋友）组建的群。既然我们被拉到一些微信群中，我们就和这些群有了一些直接或间接的关系。如果我们以某些直接或间接的关系为媒介，主动添加群内的一些潜在客户，也是一种非常好的引流方式。

5.1.7 通过“雷达加朋友”引流

其实“雷达加朋友”这个功能在微信中已经推出好几年了，但是很多人可能从来都没有使用过。比如，朋友聚会或者去参加一些机构组织的活动，大家互动得很开心，就想着相互添加微信，可因为添加的人数太多，导致添加微信好友的效率偏低，就会流失很多流量。这个时候，你可以直接开启“雷达加朋友”功能，然后告诉聚会或活动中的朋友也打开这个功能。那么，在同一时刻所有已经开启“雷达加朋友”功能的人，都会出现在你的微信上，你可以一次性地选中几十个人直接添加为好友。

“雷达加朋友”只适合在一定区域内使用，具体方法是：在微信主页面中点击右上角的“+”—“添加朋友”—“雷达加朋友”，让在场的所有人点开，这时会有一个个朋友显示出来，你只要确认是否添加就可以了。

5.1.8　主动建立微信群引流

当出席某些线下活动或者聚会时，我们可以主动建立微信群，通过分享群二维码或者使用微信“面对面建群”的功能都可以，从而将流量导入自己的微信中，通过在群内的互动主动添加他们为好友，这样好友验证的通过率会高很多。

5.1.9　通过“漂流瓶”引流

“漂流瓶”是微信中一个具有社交功能的匿名聊天工具。通过微信中的“漂流瓶”，你可以“扔”一段语音或者文字到“大海”中，如果有人拾起你的漂流瓶，看到其中的内容并且对它感兴趣，他就可以与你进行匿名聊天，若沟通愉快，你们便可以相互添加对方为微信好友。你也可以主动到“大海”中“捡瓶子”，与他人建立联系。

5.1.10　微信主动引流的禁忌

无论是手机短信还是手机通话，现在都有很多十分先进的垃圾信息屏蔽系统和垃圾电话过滤系统。手机的短信功能就是一个被我们“抛弃”的功能。手机的短信功能刚普及的时候，我们还是非常喜欢通过发短信与朋友进行聊天的。可正是因为很多商家通过手机的这个渠道疯狂地推送垃圾信息，最终使我们“抛弃”了手机的这个功能。如今手机短信大多用于接收验证码等，已经很少有人使用手机短信进行聊天了。

专家点评：

任何一个社交渠道，如果掺杂了太多的商业气息，就会变得没有人情味，大家也就会渐渐地疏远它。

微信运营团队深知这一点的利弊，所以设置了非常多的“防火墙”来限制人们通过微信滥发垃圾信息。所以，无论是群发私信还是发朋友圈、主动添加好友、打招呼都有“潜规则”，如果我们违犯了这个“潜规则”，我们的微信号将会受到微信后台的“处罚”。这个“处罚”包括限制朋友圈功能、限制打招呼功能、限制聊天功能、限制登录微信，情节严重的甚至会导致微信号被封。所以，我们在通过微信主动引流的时候，一定要遵守以下几个基本规则，不要轻易触碰微信的“红线”。

1. “附近的人”功能：加人上限为 15 人 / 天，频率为 3 次 / 天，间隔时间为 1~2 小时。

2. “摇一摇”功能：加人上限为 15 人 / 天，频率为 3 次 / 天，间隔时间为 1~2 小时。

3. “通讯录搜索”功能：加人上限为 6 人 / 次，频率为 5 次 / 天，间隔时间为 1~2 小时，加人总量不超过 20 人 / 天。

4. “手机号码、QQ 导入”功能：只要能正常导入，正常显示添加，可加 20~50 人。关键是此功能会被限制，有时只显示邀请功能。

5. “漂流瓶”功能：加人上限为 5 人 / 天，频率为 3 次 / 天，间隔时间为 1~2 小时。

6. “群好友添加”功能：虽然表面上，微信对群内添加好友的数量没有限制，但是我亲自测试后，建议大家每天添加群内好友的数量不要超过 50 次，否则即使你继续打招呼，对方也收不到你的验证请求。如果继续添加，很有可能被微信后台侦测出你的微信号存在异常，最终受到降权处罚。

5.2　QQ 主动引流

QQ 是腾讯公司开发的一款即时通信社交软件。相信大家对 QQ 并不陌生，但随着微信的广泛使用，人们逐渐忽略了 QQ 的存在。然而，无论微信现在有多么火爆，QQ 的市场地位仍然不容忽视。QQ 是目前电脑端用户在社交沟通方面运用得最为广泛的软件，从诞生至今已有 20 年之久，不少人使用 QQ 的时间已超过 10 年，所以不可能丢弃 QQ 而不用。所以要想做好微商引流，QQ 引流也是一个重要的途径。如果我们掌握了微信的主动引流技巧，那么 QQ 的主动引流也非常容易上手。

5.2.1　QQ 附近的人

QQ“附近的人”比微信“附近的人”的功能更加多，因为它更加“社区化”。当我们在 QQ 中启用“附近的人”的功能时，除了可以显示头像、昵称、签名，还可以显示更加丰富的个人资料。比如，去过的地方、爱吃的美食、常用的品牌、喜欢的运动、交友宣言、情感状态、职业、公司、学校、故乡、星座、年龄、喜欢的电影、喜欢的歌手、喜欢的游戏，甚至还可以直接进入对方的 QQ 空间去获取更多对我们的引流有价值的信息。

专家点评：

QQ“附近的人”这一功能对于希望借此主动引流的微商而言，无疑是有巨大好处的。我们希望找到更加精准的流量，而 QQ“附近的人”可以显示如此丰富的信息，因此能够帮助我们筛选出哪些人是我们的潜在客户。

当你选定了一些潜在客户后，就可以主动与其打招呼。不过要记得，不要一上来就和对方聊你的产品，这样很容易引起对方的反感。你应该先通过他的个人信息找到你们之间的共同话题，消除陌生人的隔阂后，再进一步去主动引流，使其成为你的目标客户。比如，你从他的个人信息中看到他喜欢的歌手是张学友，那么在第一次聊天的时候，你就应该从你们的共同点开始寻找话题，这样更容易建立彼此之间的信任感。

5.2.2 QQ 附近的群

QQ“附近的群”这个功能，简直就是为微商引流量身定制的。在本书第 4 章中我们提到过，引流应该先明确我们的潜在客户的特征、偏好、爱好、痛点等信息，而 QQ“附近的群”这一功能，已经替我们把潜在的引流对象分好了类别。

当我们点击“附近的群”时，我们可以看到在我们的真实生活圈附近有各种各样的 QQ 群。而且，我们不仅能看到群名字、群介绍、该群所在的地理位置，还能直接看到群主以及群成员的资料、群内男女成员的比例、群内年龄段的分布、群成员地理位置的分布，甚至连该群往期组织的活动都一目了然。

除了这些群内的信息我们可以一目了然，QQ 还帮我们把群直接进行了分类。我们可以直接筛选自己想要找的群，比如，交友类、生活类、娱乐类、运动类、行业细分类、游戏类、车友类、粉丝类、旅行类、美食类等。我们可以根据自己所从事的领域选择与我们相符的 QQ 群，并添加好友。

并且，QQ“附近的群”功能中的地理位置已经帮我们精确到了住宅小区、写字楼等信息。这除了能够让我们更加有目标地添加 QQ 群进行社交引流活动，还有利于我们通过线上的 QQ 群友互动，走到线下进行“邻里互动”。

既然 QQ 有这么好的引流功能，我们就不能浪费这么好的引流机会。所以，一旦群主通过了我们加入群的验证请求，我们应尽可能多地在群内与群友互动，积极配合群主组织各种活动，成为群主的好帮手、群友的好知己。这样的话，将来无论是我们私下添加群成员为好友，还是希望群主帮我们推荐一些业务，都会变得轻而易举。接下来，我列出 8 个 QQ 群内引流的具体方法。

（1）搞定群主：先和群主搞好关系，然后在群内积极互动，辅助群主做好群内的互动和管理工作，这样一来，说不定群主会将你设为群管理员，那么你就在群内拥有了一定的“权力”。然后，你再通过一些其他的合作方式，与群主达成一致意见，进行引流和推广。

（2）多分享多互动：在一些专业技术群或者具有明显的兴趣指向性的群中，总会有人提出各种各样的问题，你可以把你所知道的知识分享出来，这样一来就可以获得对方的信任。那么，此时添加对方为好友自然不在话下。

（3）群聊转私聊：在群内，你主动与群友互动，可以将群内的一些互动内容延伸到私聊中去，这样就可以很自然地将对方添加为你的好友。

（4）群邮件：通过群邮件来发布一些“包装”过的软文推广，以达到引流的目的。

（5）群文件共享：如果这个群具有明显的兴趣指向性，你可以准备好一些群友感兴趣的内容的压缩包，上传到群共享中。只要有人下载了，看到里面的内容，很可能会留意其中你的联系方式，从而达到引流的目的。

（6）群图片：QQ 群也有独立的群相册，你可以设计一些与本 QQ 群兴趣指向相关的图片，上传到群里，此时你可以在图片中植入自己的联系方式以实现引流。

（7）群论坛：通过在群论坛内发布与本 QQ 群兴趣指向相关的软文以实现引流。

（8）群动态：在群动态中发布推广内容以实现引流的目的。

总的来说，只要我们尊重 QQ 群，尊重群主，尊重群成员，不恶意地推送垃圾信息，这些引流方式都是可取的，关键是要持续地做。

5.2.3　QQ 运动

实际上，QQ 的各种功能相对于微信而言设计得更为“开放”，微信则相对“闭塞”，因为在微信中大多数用户只能和互为好友的人互动，不能与陌生人互动。

在微信中，我们只能看到互为好友的伙伴们每日的“运动”情况，而 QQ 则不然，当我们进入 QQ 运动中，发现天南地北的人都在一起，他们使用 QQ 运动功能，这样不仅可以记录自己每日的运动信息，还可以分享自己的运动记录、生活点滴、途中美景，甚至可以相互点赞、评论。我们可以看到所有人的消息、评论、点赞，并且我们可以点击所有用户的头像，看到他们的昵称、签名、介绍、动态和他们感兴趣的运动。

通过在对方发布的动态中留言互动，同时发布我们的联系方式，就可以实现非常精准的引流。另外，我们也可以通过在昵称中直接添加我们的微信号或者 QQ 号进行引流。

5.2.4 QQ 兴趣部落

“兴趣部落”是腾讯手机 QQ 推出的一个基于兴趣的公开主题社区，并与拥有共同兴趣标签的 QQ 群实现了互通和关联。QQ 用户可以在兴趣部落里交流讨论，也可以加入相关的 QQ 群进行实时聊天；同时，还可以从相对私密的 QQ 群里走出来，加入公开的兴趣部落，扩大社交边界。

与 QQ 群相比，兴趣部落的功能更加强大，它更像微信公众号与百度贴吧的一个结合体。兴趣部落拥有非常全面的一级分类：游戏、明星、生活情感、爱好、动漫、体育健身、星座、搞笑闲趣、影视娱乐、品牌科技、校园等，而每个一级分类下面的二级分类又有几十种甚至上百种。它几乎涵盖了我们生活中所有的兴趣爱好、偏好、职业、话题，同时也覆盖了“70 后”“80 后”“90 后”“00 后”等巨大用户群体。

无论我们要从事微商中的哪一个细分领域，都可以在兴趣部落中找到相对应的部落版块。只须点击关注即可成为某部落成员，也可以关注部落中的用户，与他们进行互动和对某一话题展开讨论。同时，我们还可以发帖、发起活动等。如果我们在兴趣部落中推广的内容非常有价值，那么引流的效果就会非常好。

5.2.5 QQ 空间

QQ 空间是腾讯公司于 2005 年开发出来的一个具有个性空间且兼具博客功能的 QQ 附属产品，深受用户喜爱，“80 后”和“70 后”是使用 QQ 空间的主流人群。在 QQ 空间，用户可以写日志、写说说，上传个人图片，听音乐，写心情，通过多种方式展现自己。网上有很多种 QQ 空间引流的技巧和方法，但由于 QQ 软件的不断升级，很多技巧已经无法使用了。这里，我分享一个简单的利用 QQ 空间主动引流的方法。

我们知道，人与人之间存在着“同质化”现象。一个微商大咖的 QQ 空间，必定有很多他的粉丝、同行、客户去关注。同样，一个销售护肤品的人，如果她经常在 QQ 空间发一些内容，也一定会有很多人去互动、关注、点赞、转发。QQ 空间是完全开放式的互动平台，谁评论了，谁点赞了，都能够清楚地看到。我们可以通过进入他人（同行或者竞争对手）的 QQ 空间去主动添加他的 QQ 粉丝为好友。这种方法十分简单便捷，而且引来的流量都是精准流量。

其实，QQ 空间最常见的引流方式就是坚持写空间日志和多多上传图片，更多地展示我们的个人魅力和我们在微商领域的从业经验。同时，更多地去他人的 QQ 空间与其进行互动，因为我们会在别人的 QQ 空间留下自己的足迹，同样也会产生流量。当然，别人也会根据我们留下的足迹而找到我们的 QQ 空间，因此我们自己 QQ 空间的内容也需要丰富一下。

专家点评：

不要觉得在 QQ 空间上传内容很难，微商已经不是刚刚兴起的行业了，网上有非常多的攻略、各种心得体会及培训资料。我们只需要在网上搜索一些比较适合自己的内容，稍加改动后重新优化一下标题上传到我们的 QQ 空间日志即可。

另外，在我们的 QQ 空间日志中一定要尽可能地完善我们的自我介绍，这样别人才会知道我们是做什么的，做得怎么样，而且尽量将自己的优势、所擅长的领域都展现出来，这样我们的潜在客户才会被吸引。关于 QQ 空间其他的引流方法，我做了如下总结：

1. 发表有价值的内容。这样不仅能给读者带来价值和帮助，也能增加你 QQ 空间的黏性，与此同时也会带来大量的转发或转载。

2. 每天发 QQ 说说。与微信朋友圈的发送频率同步即可，你的动态越多，流量就越多。

3. 每天更新空间相册，尽可能多发一些有趣、有料的图片，吸引了读者的兴趣。记得在相册中添加自己的微信二维码，如果别人喜欢你的QQ空间，可能就会顺手扫码加你的微信。

4. 在自己发表的QQ说说和空间日志结尾加上引导性的语言，引导别人添加你为好友，实现引流。

5. 利用设置把QQ说说和空间日志同步到微博。

6. 利用设置把QQ说说同步到QQ签名。

7. 把QQ说说和空间日志分享到微信朋友圈。

8. 到别人的QQ空间截取流量。

9. 发空间日志或QQ说说的时候@其他人。

10. 在文章中提及相关内容的时候，可以做超链接。

11. 在文章的末尾加上相关文章的推荐。

引流的方法虽然有很多，但你不可能把每一种方法都用得很好。所以，你在决定采用一种或几种方法后便要很好地去执行，这样你的流量很快就有了。

5.2.6 QQ说说（好友动态）

QQ说说（好友动态）功能与微信朋友圈类似，QQ用户可以在此发布自己的心情、动态。前文曾多次提到过，QQ是开放式的，即使我们不是对方的QQ好友，也可以在他人的QQ说说中互动，并且对于所有参与互动的人，我们都可以一目了然。同时，我们还可以查看他人的粉丝的资料、头像、签名、QQ空间、QQ说说等。我们想吸引哪一类的流量，就直接找到这类人的QQ，通过与其QQ说说中的朋友互动，或者直接添加其QQ说说中的好友，实现主动引流。

在QQ说说中我们也要尽可能地多发一些图文消息，用于装点我们的“门面”，至于内容，可以直接参考我们的微信朋友圈，同步去发布就行。其实只要有网络的地方，就有流量，只是流量能否被我们吸引和转化，取决于我们的内容。所以我们要养成一个习惯，那就是去哪儿都要留下我们的内容，长此以往地坚持下去，流量自然会越来越多。

5.2.7　QQ 引流的意义

其实更多的时候，微商用 QQ 引流的目的是将流量导入自己的微信中，尽管 QQ 和微信都是腾讯公司旗下的品牌，但是现在微信的应用程度还是高于 QQ 的。既然它们都隶属于腾讯公司，那么可以说 QQ 和微信是关联性最强的两个软件，因此学会 QQ 引流是微商引流的一门必修课。而且，微信引流的一些方法和思路基本上与 QQ 引流是相通的。无论是 QQ 引流还是微信引流，它们都有相互促进、相互弥补的作用。

5.3　微博主动引流

微博如何快速增加粉丝，想必是很多微商都特别想学会的一种技能。要想微博聚集人气并且取得潜在客户的信任，你需要先认证微博，而要想通过认证，你一定要先符合一些基本要求。目前，网上也有很多增加微博粉丝的办法，但基本上都是教你如何用一些程序刷“僵尸粉”，然而，你做微商不是为了光撑门面不干事，“僵尸粉”对你来说没有任何用处，而且也无法成交。下面我总结了一些增加微博粉丝的技巧。

5.3.1　微博互粉增粉法

通过合理利用微博互粉工具增粉引流，是微博新手增粉最快的方法。我们只需要在百度上搜索“微博增粉工具”或者“微博互粉工具”，就会出现非常多的微博互粉工具。大家不要以为这里加的都是“僵尸粉”，其实这类微博互粉工具的工作原理很简单，我们自己也可以操作，即选择好我们的潜在客户类型，通过微博互粉工具，批量地关注这些潜在客户的微博。通常，当人们发现有人关注自己的时候，大部分人也会去关注对方，达到“相互关注”的状态。

如果我们觉得自己的微博里关注了太多的人，看不到自己想看的信息，那么可以通过使用工具开启批量取消关注的功能。同理，我们也可以不使用工具，每天手动去关注一些人，实现互粉。使用工具的意义不在于破坏一个软件的规则，而在于帮助其提高效率。对于一些“流氓”软件，我建议大家还是少用为妙，以免到时候自己的微博账号被封，得不偿失。

这里，我推荐几个比较好的微博互粉应用软件给大家：互粉大厅、互粉加加、互粉小助手、优客中心、新狗网、推米。通过百度搜索，你可以轻易地找到这些应用软件，而且它们的操作方法也不复杂，你只须按照操作步骤点击鼠标即可。

5.3.2 粉丝头条

粉丝头条是新浪微博官方推出的轻量级推广产品，如果你的某条微博使用了粉丝头条，那么在24小时内它将出现在你所有粉丝微博信息流的首位，增加你的微博阅读量，扩大微博的影响力。这也是我微博推广方法中使用得最多的一个付费产品。推广价格完全可以由自己控制，从几元到几十元甚至几百元不等。

粉丝头条的功能也是不断更新的，时至今日，它不仅可以将我们的某条微博显示在我们所有粉丝的微博首页的首位，还可以选择行业、类别，显示在我们想要显示的任何类微博用户的微博首页的首位。它是有一定经济基础的微博引流用户使用得最多的一种引流方式。现在的粉丝头条功能更强大，它还能指向性地选择多名微博用户，将我们想要推广的微博直接显示在其他微博用户的粉丝的微博首页的首位。

1．如何使用粉丝头条

电脑端的使用方法：在自己的个人主页，点击我们已经发布的单条微博下方的“推广”按钮，选择“粉丝头条”功能。

移动端的使用方法：在自己的个人主页，先点击我们已经发布的单条微博右上方的小箭头，再点击“推广”。

2．粉丝头条的优势

（1）突显头条信息

微博是当今最火的网络媒体之一，它能快速地把信息传递给消费者，但是每个微博用户关注的账号也很多，与微信的朋友圈不同，微博的信息流动速度极快，如果你发布微博的频率不是很高，那么你的微博发布后很可能会被“淹没”在滔滔信息流中。粉丝头条可以使博文展现在粉丝信息流首页的首位，让粉丝不再错过你发布的重要信息。

（2）提高营销效率

许多微博主为了提高粉丝对其微博的关注度，一天内多次重复发微博，引起了粉丝的不满，久而久之，粉丝会对微博主产生反感，导致粉丝量流失。粉丝喜欢看到十分精彩的微博内容，所以只要内容精彩，即使只有一条微博信息也能传递到每一个粉丝那里，引起他们的共鸣，这也比你多次重复发布的效果好得多。

（3）跨平台发布信息

不论是通过电脑还是通过手机登录微博，你的粉丝都能看见你发布的信息，了解粉丝登录微博的习惯，有助于你更好地传递优质的信息。

3．粉丝头条的展现形式

你的账号发布一条微博内容后，粉丝若在 24 小时内首次刷新微博，该微博就会出现在其信息流的首位。头条微博和正常微博的展现形式一样的，只是在右上角位置会有“头条”的标识。

4．粉丝头条如何计费

粉丝头条的购买价格与你的粉丝数量、博文质量有关。粉丝数量越多，影响力越大，价格就越高；博文质量越高，越容易引发粉丝转发、评论、点赞，价格就越低。粉丝头条在计算价格时会除去“垃圾粉”“机械粉”“僵尸粉”及不活跃的粉丝，以确保价格真实合理。另外，如果博文中附带内生服务链接，就可以享受到较大的优惠。如果你是微博会员或橙 V，也会享受到一定的优惠。

5．粉丝头条的展示规则

（1）只投放给粉丝，只有公布了微博账号的粉丝可见，不会展现给其他用户。

（2）针对同一用户的一次粉丝头条推广只会显示一次，用户看过头条信息后，再次刷新时，该条微博不会继续置顶，而会随着正常的信息流滚动，不会对粉丝产生干扰。

（3）有效期为 24 小时，即自使用粉丝头条之后的 24 小时内有置顶的效果。

5.3.3 新浪微群

新浪微群是服务于新浪微博现有的微博用户，并提供给用户小圈子内的聚集、沟通、交流的一个平台。它能够聚拢有相同爱好或者相同标签的人们，将所有与之相关的话题全部集中在微群里面。其实，新浪微博群与 QQ 群类似，它可以让志趣相投的朋友以微博的形式更加方便地进行交流。

我们只需要在进入微博的“消息”界面后，点击左上角的“发现群”，即可进入微群。进入新浪微群后，我们可以看到城市区域、行业分类等版块。新浪微群和 QQ 附近的群功能一样，分类非常细致。找到我们的潜在客户所属的类别后，添加新浪微群和博友活动或者互粉即可实现引流。

5.3.4 评论微博

评论他人的微博是微博中一种非常重要的引流方式，尤其是在比较热门的微博下面评论，引流效果会更佳。我们可以在评论时讲述我们的价值、产品、服务，一旦有博友看到这条消息，他若有兴趣就会私聊或者关注我们的微博账号。

同时，因为阿里巴巴已经入股新浪微博，所以新浪微博的评论处是允许发广告和附带淘宝商品链接的，所以优质的评论很有可能会直接为我们带来订单。前提是我们一定要把握好“同质化”这一原则，也就是说，我们评论的内容要尽可能地与热门微博的话题融合为一条软广告或者硬广告，同时这个微博主也尽可能是与我们有关联的，这样转化率才会高。

如果那个微博主是做微商的，那么你在他的热门微博下面评论，这样引来的流量会相对精准些。如果你去一位政治评论家的一条关于中国航母的热门微博下面评论并推广你的面膜，那么引流的成功率和转化率就会很低。

有人问我，如果一条微博有很多人评论，那我的评论不就被淹没在茫茫人海中了吗？我能否反复评论同一个内容，将自己的评论以霸屏的形式展现出来，这样引流成功的概率是否会大一些呢？我的答案是“不能”。

这里我建议大家，不要一味地反复评论同一条内容。如果要反复评论，里面的文字和标点符号都应稍微修改一下。你可以隔一个小时在同一个热门微博下面评论一次，不要反复评论。这样至少可以保证你每个小时都有一条微博评论暂时处于某热门微博评论的顶部。坚持用这种方法刷流量，效果会非常明显。当然，你评论的内容也十分重要。

5.3.5 转发微博

转发微博和评论微博的引流方式其实很相似。我们要尽可能多地转发一些热门微博，在转发的过程中要勾选“同时评论给 ×××”的选项。这样在转发微博的同时还可以对转发人、原帖发布者进行同步评论，效果会更好。另外，如果我们转发评论的内容比较有料，还可能有机会获得发帖人的转发回复，这样的引流效果绝对很不错。

评论和转发微博，是那些想通过微博引流的伙伴们每天必须做的两件事。绳锯木断、水滴石穿，只要我们勤发、多发，引流的效果会越来越明显。如果我们“三天打鱼，两天晒网”，那么再好的方法也无济于事。

5.3.6 搜索微博

新浪微博底部的第三个选项是“发现”，点击进去后最上方有一个搜索栏，我们可以在里面搜索任何关键词，既可以搜到人，也可以搜到相关的微博内容。通常，微博系统会自动推荐与我们搜索内容相关的红人和热门微博给我们。这类通过搜索关键词搜出来的热门微博下面的互动场面一般都比较火爆。

如果我们搜索的内容是与我们的产品、服务或者与我们的潜在客户相关的，那么搜索出来的红人和热门微博就会与我们想要的结果相关。我们除了可以跟这些红人和热门微博互动，还可以直接关注搜索出来的红人的粉丝，与这些粉丝互粉。因为这个微博红人是我们所从事的领域的专家，所以他的粉丝也对我们所从事的领域有潜在的需求，即我们的潜在客户。

同时，通过搜索关键词搜出来的热门微博，在下面评论和点赞的一些用户，也可以说是与我们所从事的领域相关，因此我们也可以在评论中与他们互动、相互关注，实现引流。这种方法与之前提到的QQ说说、QQ空间的主动引流方法类似。

其实，微博搜索中还有很多可以搜索的类目，如找人、周边、游戏、股票、电影、直播、音乐等。如何借助这些精准的类目去引流呢？想必大家已经猜到答案了，那就是在这些可能会有我们的潜在客户的类目中，直接与在那些热门话题、热门微博中互动的粉丝进一步互动和相互关注。

这里额外提一下“周边”这个类目，“周边”的玩法，和QQ“附近的人”“附近的群”的主动引流方法类似。在这里，我们会看到与我们同城的，甚至在我们家附近的博友发的微博。如果我们留心其中的博友，说不定还能从中找到很多潜在客户。

5.3.7 微博活动

新浪微博有很多活动，但是我观察，被广大自媒体、红人、游戏主播、品牌官方微博使用得最为广泛的工具就是“转发抽奖”。几乎每一个拥有人气的微博账号，都会定期做转发抽奖的活动，用来增加微博的曝光率，同时回馈粉丝，以达到维护粉丝和增粉引流的目的。

那么，我们该如何发起一个微博转发抽奖的活动呢？以手机新浪微博App为例。打开新浪微博，点击右下角“我”—“粉丝服务”—“抽奖平台”。找到我们已经发布的一条微博后，点击“转发微博”按钮，即可针对我们已经发布的某条微博设置抽奖规则和奖品。微博系统会根据我们设置的规则，帮我们直接抽出获奖用户，接下来我们只要按照流程发送奖品就可以了。参与规则也很简单，参与者只要按照我们设置的转发规则，在转发微博的同时@几位微博好友，即可完成参与步骤。

转发抽奖是最简单的一种微博增粉、增加曝光率的活动方式，粉丝们几乎不需要动什么脑筋，跟着转发就行，所以这也是最普遍的一种微博活动。为了使转发活动更加成功，我们也需要一些具有吸引力的文案。比如，我们的活动是什么，奖品是什么，产品是什么，为什么要举办这样的活动等，只有直击内心的文案再加上奖品的诱惑，才能成为一个完整的活动策划。

至于奖品数量和中奖概率的设定，我认为既不要太多（因为这类活动需要我们定期和长期做，这样会增加我们的运营成本），也不要太少（比如，只有一个名额，这样大家会觉得获奖的机会特别渺茫，会降低参与的积极性）。所以，我建议每次抽5个幸运粉丝即可。活动周期不要太长，建议多频次、小活动，每个月做4次转发抽奖活动，效果会比较好。

在策划微博活动时需要注意下面几个问题。

1．规则简单

要想使活动取得最好的效果，一定不要让参与微博活动的用户阅读长长的文字介绍，要尽可能地简单描述。活动规则越简单，越能吸引更多的用户参与，最大程度地提高我们的曝光率。因此，我建议微博活动的说明应控制在100字以内，并配以图片。配图要设计得美观、清晰、尺寸合适。

2．激发粉丝的欲望

只有满足了粉丝的某种需求，激发他们内心的欲望，他们才会积极地参与我们的活动。激发欲望最好的方法就是奖品的诱惑。

3．控制传播渠道

如果没有足够多的粉丝参与我们的微博活动，就很难达到病毒式传播的裂变效果。所以在一个微博运营的初期，我们要尽可能地结合内部渠道和外部渠道两种方式去解决我们的活动传播问题。内部渠道就是发动我们微商团队中的成员、公司同事、亲戚朋友，让他们一起帮忙参与转发活动。只有在初期积累了一定的资源，才能裂变到更多的陌生粉丝，也才能形成裂变效应。外部渠道就是主动联系一些微博大号，通过他们有影响力的账号去转发，或者以付费的方式让其参与我们的转发活动，帮助我们裂变粉丝。

4．沉淀粉丝

一个微博活动的成功开展并不意味着引流就此结束，而是一个新的开始。有流量和粉丝，我们应通过什么样的方式去保持住他们的黏性呢？通过什么样的内容持续地吸引他们去关注我们的微博呢？这需要我们持续不断地在微博中产出内容，进行互动，只有这样这些潜在客户才有可能被我们转化为目标客户。

5.4 面对面引流

面对面引流，其实就是线下引流，即在现实中我们应该在哪些场景把握机会与他人建立关系，进而达到引流的目的。其实在本章中，我们已经或多或少地提到了一些线下的引流方式，如微信“附近的人”以及QQ“附近的人”“附近的群”等。其实对于线上和线下而言，只是在空间和时间上有差别，其他的仍要靠坚持展示我们的内容来获得流量。

如今，移动互联网已经打破了空间和时间的限制，事实上，我们在线下做的引流活动，可以直接搬到线上去做，这样也能提高我们的引流效率。但是，相对于线上的引流渠道而言，线下面对面的引流方式依然有其不可替代的优势。

专家点评：

无论是传统商业、电商还是微商，始终都离不开“和人打交道”这一主题。尽管面对面的引流方式无法与线上引流的效率相比，但是在线下与潜在客户进行面对面交流，是与潜在客户培养情感和建立关系最快捷的方式，而线上引流则不具备这一优势。

在线上，无论是图片、文字还是语音、视频等展现形式，永远不如现实中面对面“看得见、摸得着”的这种展现形式来得更直接、更快速、更有效。

5.4.1 线下沙龙、会议

线下沙龙、会议等通常会聚集一批有共同特征的人，如果我们能够在这样的公共场合获得分享内容和展现自己的机会，一定不要错过。往大了说，那就是线下课程、线下分享，如果有机会展示自己，就一定要把握机会。往小了说，那就是在别人的会所、别人的沙龙、别人的聚会中，尽可能地展示自己的魅力和特长，并让自己脱颖而出。最为重要的是，主动和大家认识，打招呼，添加微信好友，这是非常好的引流方式，而且，这样引来的都是很精准的流量。

虽然你的引流是从线上说起的，而且线上的引流场景和方法十分多样化，但事实上它始终离不开一点，那就是找准潜在客户。为什么要在现实中这么做呢？因为即使你在网上引流成功了，但事实上，大家仍然没见过你，也不认识你。

但是在现实中，你却有这样的机会展示自己，表达自己的“内容”，为自己引流。如果在一些场合你愿意主动结识一些新朋友并加他们的微信的话，那么从这里引流来的好友，比线上引流的要牢固得多。毕竟有过一面之缘，说不定人家对你的印象还不错。

其实，通过面对面引流的方式与潜在客户建立的关系比线上的更加牢固。

这种引流方式的四字箴言是“主动出击”。积极、阳光、开朗的人，善于表达和愿意与他人分享的人，总能快速地与他人熟悉和建立关系，也能给他人留下一个好的印象。

5.4.2　积极参与社交活动

有人的地方，就有流量。我们能否达到引流的目的，取决于我们去过多少有人的地方，也就是曝光。只有我们先曝光出去，才有机会引流。前文说到的QQ引流、微信引流、微博引流，都是在我们有内容、评论、消息发布或者主动和对方建立关系的前提下进行的，这也是曝光。那么，在现实中我们要想有更多的面对面引流，就应该多曝光自己，而曝光自己的渠道是多样化的。

我们可以多去参加朋友聚会，积极响应公司组织的活动，参加社会上的一些公益活动、做义工，参加免费论坛，参加培训班等。只要我们的曝光率提高了，再加上主动与潜在客户结交朋友，就能实现非常精准的引流。

专家点评：

虽然这种线下的引流方式的频率可能不会很高，但是其引流的精准度是线上引流无法媲美的。而且，通过合理地利用互联网工具（如微信、QQ、微博等），将流量导入进去，线下的面对面引流未必就一定效率低。

例如，我们可以利用微信的面对面建群功能、雷达加朋友功能，在现实中实现快速的引流。所以，线上与线下相互结合、相互辅助是最佳的引流方式。

针对线下引来的流量，我们可以通过线上的社交软件去维护、交易、服务；而针对线上引来的流量，我们可以转到线下去建立更加牢固的关系，培养深层次的信任感和建立持久的影响力。

5.5 地推引流

地推，顾名思义，就是在现实中的“地面”做推广工作，这是传统商业经常使用的一种引流方式。我们经常会收到健身房、餐饮店、美容养生馆派发的宣传单，在电影院我们也会经常看到很多商家在做促销活动，例如，关注扫码即可拿到赠品。

诸如此类的线下营销活动，我们在微商领域统称其为“地推”。为什么地推是传统商业最常见的引流推广方式之一？原因在于这种引流方式最为简单，也最容易复制，如果整个地推方案策划得当，效果是立竿见影的。

5.5.1 地推的目的

在做地推之前，一定要弄清楚这次活动的目的。其实地推做起来并不难，但是对于那些没有销售经验的微商从业者来说，难之处不在于方法，而在于心态。因为很多人都是带着成交的目的去做地推的。我并不是说这个目的是错误的，而是有很多产品本身并不适合现场成交，例如，短期内无法立竿见影的养生产品等。所以，这让很多人对地推的效果产生了怀疑，也让一部分人因为地推的效果不佳而丧失了引流的信心。其实这一切都是因我们自己对地推的目的不明确导致的。

因此，明确地推的目的很重要，我将地推的目的分为四个。

第一个，以销售产品为目的。

第二个，以招募代理商为目的。

第三个，以宣传和展示品牌、产品为目的。

第四个，以引流为目的。

专家点评：

其实大多数做地推的微商，都是带着第一个和第四个目的去做的，只要产品属性适合地推这种方式，那么现场成交和做一些互动引流就非常简单。若以招募代理商为目的，要想现场成交就会有一些难度，因为很多人不会贸然地成为我们的代理商。若以宣传和展示品牌、产品为目的，更多的是起到品牌在线下造势，再通过现场宣传增加线上伙伴的信任感，从而促进线上成交的作用。

带着不同的目的去做地推，自然会产生不同的效果和预期目标。如果我们以不可成交为目的做地推，也就没有现场销售，自然也不会感到特别失落和沮丧，而且在这种情况下，若真的能成交一两个订单，反而会使我们更加有信心去做地推。所以在做地推之前，我们要先明确自己的目的，然后策划相应的地推方案。

5.5.2 策划地推方案

如果我们已经明确了自己做地推的目的，那么我们需要围绕这个目的去拟订一个地推的方案，以助力我们实现自己的目的。

（1）以销售产品为目的：这类地推方案需要倾向于做现场的产品展示，以及与客户互动，让客户轻松地、零门槛地体验我们的产品效果。在现场，通过我们的产品卖点展示和客户的亲身体验强烈刺激客户的潜在需求，从而达成交易。

（2）以招募代理商为目的：这类地推方案需要在我们的盈利模式、团队规模、品牌成就、运营管理等方面做文章。当然，产品的展示和客户的现场体验环节也是不可或缺的。

（3）以宣传和展示品牌、产品为目的：这类地推方案需要在外部装扮上更加用心，如产品摆放、展柜、灯光、模特、“围观群众”等。

（4）以引流为目的：这类地推方案应该在现场设计更多的活动和互动环节，通过在一些奖品和互动环节中设置“门槛”来实现引流的目的。这个“门槛”通常就是扫一扫微信二维码，而这也是随处可见的引流模式。

总而言之，只有对地推的目的进行针对性的策划，地推结果才能更加接近我们的预期目标。

5.5.3 地推选址

开一家实体店首要的准备工作就是选址，地推既然是在地面上进行的，那么选址就显得尤为重要。因为不同的地址会拥有不同性质的潜在客户，所以相对应的策划方案和地推流程也会随着地址的改变而发生变化。

关于地推的地址，很多人都会选择在电影院、商业中心周边、广场、沿街小铺，或者与实体店合作等。

专家点评：

做地推需要注意的是，如果我们所选择的地推地址是有物业归属的，那么一定要事先和物业或者业主打好招呼。如果我们是在公共场合做地推，那么也要向管理这个区域的城管人员确认是否可以做推广活动，否则我们的地推活动就很难有序地开展。

我们在做地推时，千万不可与他人在地推现场发生冲突，这样不仅会让我们所有的策划和准备工作变得无效，还会给潜在客户留下非常差的印象。

5.5.4 准备地推物料

当我们明确了地推的目的，也做好了地推的策划工作以及整个地推活动的流程与选址后，我们需要根据这个地推策划方案准备相应的地推物料，以备在现场地推活动中使用。

通常地推的物料有桌子、椅子、横幅、易拉宝、产品样品、产品包装盒、小礼品、与产品体验相关的辅料、产品宣传册以及相关的精美摆饰。具体物料的选择应该在地推活动策划和流程中有明确的罗列和用途说明。

5.5.5 确定地推人员及其分工

所有的策划工作和流程以及物料都准备好后，就需要根据我们的策划方案，明确该地推活动需要多少工作人员参与，以及现场如何分工。例如，A负责引导周边的潜在客户参与我们的地推活动，B负责现场与潜在客户互动，C负责产品的讲解等。

分工一定要明确，否则在现场手忙脚乱也会降低客户的现场体验感。

5.5.6 最简单的地推方式：扫码送礼品

地推中最常见的、最简单的且效果最显著的方式，就是扫微信二维码送礼品。假如现在是炎热的夏天，你可以去批发一些矿泉水，每天准备30瓶或50瓶，在你所选择的地推目标区域，若有人扫描你的微信二维码你就送一瓶冰爽的矿泉水给他。你也可以采购一些小礼品，有人扫码你就赠送小礼品。你若想寻找高端人脉，就去高档写字楼附近或者高档住宅小区附近做地推。

专家点评：

有人会在扫码之后立即将你删掉，这时你也不要泄气，还是要乐观一些。那些没删掉你的人就是你的精准客户。因为你并不知道哪些人会删掉你，所以只能先加好友，那些一个月后没删掉你的人，就是你的精准客户了。对于大多数没有很强的专业背书的微商来说，精准客户是筛选而来的，不是添加而来的。

采用这种方式，可以让你事半功倍，你可能花费了几百元钱的成本，不过随便成交一两个人你就回本了，绝对不会亏，但前提是你要足够勤奋和努力。

按照这种方式做地推，你每天花费一个小时左右，一天加一两百个人不成问题。按照一天送 100 瓶矿泉水或者 100 个小礼物（成本为 0.5 元）来算，你一天花费 50 元，就可以加 100 个好友，那么一个月就有 3000 个好友。只要你有选择性和针对性地去做这样的地推活动，引来的流量还是相对精准的。比如，只加女性，或者只加男性；只加白领，或者只加学生。

这种地推方式的缺点是需要你本人亲至现场去做，会相对辛苦一些。有人喜欢在微信上做转发推广，然后送礼品加好友，而那种好友，也很容易删掉你。关键是，你送出去的礼品还要自己付运费，而地推方式至少节省了运费。

5.5.7 引流后的维护比引流更重要

有些微商可能会说，很多粉丝通过这样的地推活动加了你的微信号，领了奖品，可仍会删掉你。其实没关系，那些一个月下来没删掉你的人不就是精准客户了吗？只要你不是刷屏刷得让人厌烦，有些人看看你的朋友圈，觉得你人还不错，也就会把你留下来。

所以，引流后的维护工作也很重要，若维护得不好，引流工作的努力就会付诸东流。

5.6　组织线下峰会

很多人都参加过各种线下峰会、招商会，那些能应邀到场的人一般都是精准客户，同时这些人又有非常强的学习能力和分享精神，因此组织和参与线下峰会也是一种非常好的引流方式。

5.6.1　举办一场自己的微商领袖峰会

很多人看到这里可能会觉得不可思议："这是我想都不敢想的！"其实这一切并不是那么遥不可及的。我也是从一名普通微商一路通过自己的努力成为整个微商行业颇具影响力的领袖的。一开始，别说举办自己的微商领袖峰会了，就算能参加别人举办的峰会成为演讲嘉宾，也是我梦寐以求的事情。可是这一切就好像是做梦，我竟然在两年内把这些从前想都不敢想的事情变成了现实。

其实举办一场微商领袖峰会并不难，我们只需要想好在峰会上演讲什么内容即可。如果条件允许，我们可以自己拟定主题，制作PPT，谈谈我们对某一个领域的理解，然后通过网络和朋友圈宣传推广就行。如果我们自己并不具备演讲的能力，可以邀请一个讲师帮助我们演讲，只要在峰会的最后环节，我们亲自上场来做峰会的成交以及现场促销环节就行。

没错，举办一场微商领袖峰会就是这么简单！

专家点评：

举办一场峰会，如果参会人数不多，我们可以租一个酒店的会议厅，只要不是顶级酒店的会议厅，费用其实也不会很高，50人以内的会议厅可能只需要3000元左右，稍微好一点的也不会超过1万元。如果我们在二、三线城市举办峰会，费用可能会更低。如果参会人数比较多，我们就可以租一个大的会场，可以容纳几百人甚至上千人。如果真的能来这么多人，一场峰会举办下来，我们想亏本都很难！所以举办一场峰会并不难，就看我们敢不敢去做。其实只要峰会能办起来，我们肯定不会亏本。

如果我们通过人脉能得到一些会所的支持，那么有些会议场地甚至可以免费使用。据我所知，因为现在很多会所的生意不好做，只要有一定的人脉，得到这种支持并不难，关键得看这些会所愿不愿意干。它们为什么会免费让我们使用场地？原因很简单，因为它们那里缺少客流量，我们带人去，也是间接地给这些会所做宣传。

5.6.2 线下峰会的造势

实际上，微商领袖峰会的造势比传统营销的造势简单得多。因为我们只需要一个"高大上"的美工人员和一个"精神分裂"的文案人员即可。

文案人员通常负责撰写软文，他需要结合我们的峰会目的来撰写相关的软文，再通过提炼软文中的核心词汇进行标题的美化，最后由美工人员制作出"高大上"的峰会海报，在朋友圈和媒体发布。

5.6.3 线下峰会的推广

如果我们觉得几万元的峰会费用负担不了，那么我们可以找人合作。

找几个微商团队的大佬一起合作！有钱的出钱，有力的出力，最重要的是，我们要举办一场自己的微商领袖峰会！以合作的方式去做这件事，我们的投入就会很低，这样我们的风险也会很小。只要有两三个团队一起合作，其实举办一场 50~100 人的峰会就会变得轻而易举。

5.6.4 急什么，到现在为止你一分钱都没花

通过我们的内容策划、造势和推广，已经确定有上百人来参加我们的峰会了。可是到目前为止，我们还没和酒店确认我们是否租用场地呢！如果参会人数较

多，我们可以找更好的酒店和会场；如果参会人数较少，我们可以实时缩减费用，去找更加适合我们这场峰会参与人数的酒店和会场。

5.6.5　拥有成交环节的峰会才是成功的峰会

当造势、推广、会场等问题全部解决后，我们就需要根据应邀参加峰会的人群策划适合他们的成交环节了。我认为，善意的成交，并不是骗取他人的财物。好的产品、好的项目，是可以为他人带来美丽、健康和财富的。所以，我们不需要在台上大声呼喊着“我们一定能成功”这类空泛的口号，只须将我们的产品和利益点心平气和地分享出来即可。只要我们真心为参会人员考虑，而且这个成交的门槛又是他们可以接受的，我相信这次峰会必定不会亏本，只是赚多赚少的问题。

5.6.6　哪怕成交不理想，引流的精准度也很高

虽然到场的人未必全部能成交，但是线下峰会一旦举办了，我们引流的目的也就达到了。很多的潜在价值可能并不会直接体现在现场成交上，而体现在未来的某些合作机会上。只要我们勇敢地展示自己，付诸更多的行动，我们就能获取更多的价值。

很多时候，创业就是这样的，你想做 A，但是做着做着就做成了 B，结果在 C 上赚了钱，最后你又通过做 D 成了名。所以最重要的是，要去做！不做，你连触摸梦想的机会都没有。

主动引流的核心思维就是，找到可能有潜在客户的地方，主动出击！做人做事，都要积极主动才行。如果人人都想着被动引流、被人添加，没人去主动，那么流量从哪儿来呢？所以，主动引流和被动引流一定要相互结合，才能使引流达到最佳效果。

第6章　被动引流

被动引流，即通过在特定的区域内发布内容，通过内容找到客户的痛点和需求，让其主动地联系我们，并与我们建立社交关系。被动引流也是微商行业最常用的引流方法之一。通常，一个颇有成就的微商，一定在被动引流的技巧和内容输出形式上都有自己的独到之处。

6.1　百度知道

百度知道是百度旗下的一个问答式产品，百度之所以能在中国互联网得到广泛使用，百度知道功不可没。作为百度旗下的拳头产品，百度知道在百度搜索的排名权重上占有极大的优势。巧用百度知道来推广自己，不仅可以建立自己在网络上的权威和可信度，还可以极大地增加自己的曝光率，进而实现被动引流的目的。

6.1.1　百度知道的引流原理

百度作为中国最大、用户最多、应用最广的网络搜索引擎，被所有网民所熟知，所以百度在全网引流中所占的重要性可想而知。要想用百度知道引流，我们要先明白为什么要这样做，同时也要弄清楚它的引流原理。

通常，我们在使用百度这个搜索引擎的时候，不会直接去搜索一些名词，比如××面膜。因为当我们对一个事物的搜索拥有明确指向性和目的性的时候，通常会直接去这个商品的官网或者电商平台搜索该商品。因为百度不是一个购物平台，它只是一个搜索引擎，所以很多人会在百度中这样搜索，比如，××面膜怎么样，××面膜好用吗等，这类加上谓语和宾语的长尾词有助于增强我们搜索的指向性。

我们在百度上搜索关键词时，如果范围过于宽泛，其实引流效果并不好。比如，我们在百度上搜索“面膜”这个关键词，事实上，当使用百度去搜索“面膜”的用户没有在所搜索的这个名词后面加上明确的谓语和宾语的时候，我们会发现虽然有很多流量，但大部分都是无法转化的流量，因为单单一个名词的指向性太弱。

因此，我们自己在做百度知道引流的时候，尽可能地把问题的指向性设定得强一些，只有有了明确的目的性，通过百度知道被动引流才会更加精准。

6.1.2　注册多个百度账号

要想通过百度知道引流，先要注册多个百度账号，因为我们需要“自问自答自采纳”。百度知道是通过一问一答的形式展现出来的，因为我们无法控制别人的问题，也不确定别人是否会采纳我们的答案，所以我们需要自己提问。自己提问的好处在于我们可以控制问题的关键词，正是问题的关键词，才会为我们带来搜索同样问题的用户的流量。因为问题是我们自己提出的，所以在采纳答案的时候，自然会采纳自己其他账号对该问题的回复意见，进而实现被动引流。

注册百度账号的时候需要注意，账号注册好以后，一定要认真填写资料，做好各种身份验证工作。资料填写的完整度越高越好，这样百度的审核人员会认为我们的百度账号是真实的账号，而不是“水军”。

账号注册好以后，不要随意地发布广告内容，多回答别人提出的问题，多参与百度奖励积分的后台活动，以确保我们的百度账号在百度后台中有良好的评分。

如果你的百度账号等级偏低，我建议你购买几个等级较高的百度账号，提问时用小号，回复时用大号。这样审核的通过率才会高。

6.1.3　百度知道的引流核心

因为百度知道具有较高的信任度和传播力，而中国大多数用户都会通过百度去了解一些未知的领域，所以百度必须对其官方所有的功能进行有序的管理。

这导致了目前百度知道问答中不能直接出现联系方式、电话，或者是有广告嫌疑的问答，否则系统会对该问题或者答案自动屏蔽。所以，我们现在很难在百度知道的问答中植入广告，因此只有通过昵称的设置进行引流。

虽然在问题和答案中不能植入广告，但我们可以通过巧妙地设置百度昵称来展示我们的联系方式。如果我们的回答非常有价值，让看到的人受益良多，他们就会通过这个昵称找到我们的联系方式。我们可以用“微信号＋数字”或者“QQ号＋数字”的方式来设置昵称，也可以用电话号码或者微博号来设置，例如，“电话号码＋数字”或者“微博号＋数字”。只要是稍微聪明点的人，就会通过我们的昵称找到我们，从而实现被动引流。

因为被动引流具备持续的引流能力，所以我们应尽可能地通过绑定微信的那个QQ号来引流。如果我们使用了微信号引流，那么一个微信号加满后，就无法继续添加好友了。QQ号引流的好处在于，若绑定这个QQ号的微信号加满了人，我们可以解绑这个QQ号，再将QQ号绑定到另外一个新的微信号上继续引流。

6.1.4 通过提问进行引流

百度知道的组成部分其实非常简单，即提问和回答两个部分。如果我们希望从百度知道进行引流，那么学会提问就是我们需要做的第一件事。就百度中的搜索权重而言，当我们在百度上搜索一个问题时，百度会自动匹配出网友们已经提问过的相关问题，所以要想通过百度知道引流，应该学会通过百度知道去提问。

另外，百度知道中的提问环节，也是有一定规则的。如果这个问题具有明显的广告特征，那么这个问题将会被屏蔽。所以，你要合理地根据百度知道的规则去提问，才能达到引流的目的。

你要巧妙地设置提问的关键词，当网友在百度上搜索同类问题的时候，若你提问的关键词匹配度高就会显示在对方眼前，如果对方对你感兴趣，就会看到你在昵称中留下的“联系方式”，从而达到引流的目的。这种引流方式之所以可行，是因为大家都有同样的问题，属于“同道中人”，和同道中人交个朋友一起讨论，或者询问一下你是否已经有答案，也是很寻常的事情。

6.1.5　通过回答进行引流

百度知道的另一个组成部分就是回答。巧妙地回答网友的提问或者我们的“自问”，并在其中留下我们的联系方式，也能起到相应的引流效果。在百度知道中回答问题有两种引流方式，第一种引流方式是在答案中添加自己的微信号或者其他联系方式。但是，切记不要直接使用微信号、手机号、QQ 号等，可以使用英文、符号或者近似字等方法植入联系方式，这样审核的通过率会高一些。一旦提问方采纳了我们的回答，并且百度也没有发现我们的回答有任何的违规行为，那么当网友搜索相关问题的时候看到答案中的联系方式，就会联系我们，从而达到被动引流的目的。

第二种引流方式是在昵称中添加自己的联系方式，巧妙地设置醒目的头像去吸引网友的注意力。所以，即使是同样的引流方式，只要用心，就会做得更好，因为方法总比困难多。纵使百度千方百计地通过修改规则杜绝广告出现，只要多想想办法总能找到对策来为自己引流。

至于这种“投机取巧”的引流方式到底是好事还是坏事呢？依我看，一切以结果为导向吧！只要不坑蒙拐骗，用不违规的方法去完成自己的梦想，就是自己的本事。

6.1.6　百度知道引流的注意事项

每个人生存在这个世界上，都会受到他所在国度的法律的约束。我们在百度平台上进行引流，也要遵守百度的规则。换句话说，虽然我们不能随意地打破既定的规则，但可以合理地对规则进行优化和调整。因此，在做百度知道引流的时候，我们必须遵守以下规则：

1. 同一时间、同一账号，不要多次提问。

2. 提问或者回答时不要出现明显的联系方式或者类似联系方式的阿拉伯数字。

3. 不要发布任何带有广告特征的图片、号码，以及没有被百度收录的网站链接。

4. 不能有明显的抄袭行为。

5. 不要频繁地将自己的个人主页或者某网址作为参考答案的网页地址。

6. 不要仅留下联系方式，而不正面回答问题。

7. 不要在短时间内频繁地提交同类问题。

8. 不要在短时间内频繁地采纳同一回答者的答案。

9. 不要用相同用户的相同答案去频繁地回答不同的问题。

10. 答案回答得越详细越好。

如果能做到以上几点，在运用百度知道进行被动引流的时候，被百度采纳的可能性就会提高很多，而且我们的答案会被永久保留，这样被动引流的效果会更好。

我有一个习惯，只要空闲下来，就会用手机打开百度知道回答几个问题，几乎每天我都会回答 5~10 个问题，而且平均每天都会有 2~3 个答案被采纳。其实很多答案我们在百度中都可以搜到，只需少许的修改，就可以作为自己的答案。只要坚持这个习惯，流量每天都会进来。

6.2 百度经验

百度经验是百度旗下的一个经验分享平台。它与百度知道的不同之处在于，百度知道是以一问一答的形式呈现的，而百度经验没有“问”的环节，是将投稿网友对某一领域或某一事物的处理经验展现出来的一种知识呈现形式，它主要针对网友的某些问题告知他们“具体怎样做”，重在解决实际问题。我们大多数人在生活中遇到问题时，之所以习惯在百度上搜索，就是因为百度经验中有很多热心的网友分享了“具体怎样做”，使我们的问题得以迅速解决。

6.2.1　百度经验引流的核心

百度经验引流的核心与百度知道的相仿，其核心也在于用户昵称的设置，广告、联系方式也是不能被植入文章中的。不过，因为百度经验与百度知道、百度贴吧等同属于百度系列，所以针对这些百度账号，只要我们设置好了用户名，就可以在百度经验中通用，不需要我们进行重复设置。不过，百度经验引流还有另一个核心，即百度经验的标题。我们的标题设置得越精准，有需求的客户就越容易通过百度搜索到我们创建的百度经验。另外，我们在百度经验所发布的内容也尤为重要，因为这决定了潜在客户对我们的信任度。

6.2.2　百度经验的标题

我建议用长尾词做百度经验的标题。何为长尾词？即要突出关键词的“长尾巴”。例如“微商如何做推广”，如果我们将它优化成“长尾词”，那么它将可以呈现为“微商如何通过微博做推广”“微商通过视频直播做推广的技巧”等。关键词的“尾巴”越长，就越精准，从而使吸引来的潜在客户也越精准。

6.2.3　百度经验的内容

百度经验的内容质量一定要高，而且一定是发布者的原创文章。如果我们实在没有什么原创的内容，可以通过百度或者其他相关的网站、公众号等平台去搜集素材，结合自己的经验将这些文章进行重新编辑、排版，拼凑成一篇更加完善的文章。

我们在百度经验上传文章时，要注意选好“类别”，这个类别就一定要与我们的潜在客户类别相符。如果不相符，那么不仅不会有人关注我们的文章，甚至有可能会被百度的管理员删除。

百度经验的内容包括工具、原料、步骤、方法。所以，我们要尽可能地通过图文并茂的形式来呈现我们的内容，这样就更容易让我们的潜在客户读懂他们想要了解的问题。需要注意的是，我们的“工具”和“原料”应尽可能地避免出现水印和广告，但是可以适当地使用我们所代理的品牌或者产品来解析问题，这样就能起到软广告的效果。

6.2.4 如何提高百度经验的通过率

首先，百度更加青睐图文并茂的展现形式，并且步骤要简单、易懂。其次，我们可以通过寻找第三方来帮助我们发布百度经验的内容，比如淘宝或猪八戒等。因为有些机构和公司是专业从事此类工作的，它们非常有经验，所以让它们帮助我们发布，通过率将会提高很多。只要是正规的商家，如果百度审核不通过，它们是可以退款的。

所以，我建议大家使用拥有第三方支付担保的平台下单，这样会更加安全和有保障。

6.3 百度文库

百度文库是一个在线互动式的文档存储分享平台，在这里我们可以和很多网友分享自己的精品文档，通过分享自己的文档的价值，让更多的人受益。百度文库与百度经验有两个不同点，其中一个不同点是用户可以直接在百度文库上传多种格式的源文件，常用格式的有 Word、PPT、TXT、PDF、XLS 等，如果其他用户搜索到我们上传的百度文库文档，并且觉得有用的话，就可以直接下载这个文档到他的电脑中。

百度文库与百度经验的另一个不同点是，百度文库可以下载源文件，而百度经验只是提供问题的解决方法和步骤。因为百度文库同样是百度旗下的产品，所以搜索权重也非常高，通常我们只要将标题优化得好，用户在搜索相关问题时，我们上传的文档就可以出现在百度首页。

6.3.1　百度文库引流的核心

上传到百度文库的文档中的图片是可以添加水印、二维码、微信号、微博号、QQ 号、网址等联系方式的。因为百度文库上传的是源文件，所以我们可以适当地在所引用的图片或者 PPT 中添加我们的联系方式。但是不要过多地添加，因为百度文库依然是以内容为核心的。如果出现了创建失败的提示，只要按照系统提示进一步修改即可。

另外，我们仍需要注意一点，就是百度文库的标题关键词。百度系列推广引流的核心都在于关键词，因为百度本身就是一个搜索引擎，所以使用百度相关功能的引流和推广方法的基础永远都离不开关键词。

专家点评：

文章的标题，决定着我们这篇百度文库文档的展现率，所以我们在拟定标题时，一定要用心。除了要客观地思考关键词，还可以用一些站长工具查看我们想要使用的一些关键词的搜索权重。

当然，百度文库的用户昵称，依然是一种引流方式，前文已经提及，在此不再赘述。

6.3.2　通过评论进行引流

百度文库评论引流与百度知道的引流思路类似。对于有些微商来说，通过上传百度文库文档引流难度太大，不妨试试在评论区进行诱导，从而实现被动引流。我们可以试着在评论区回复“我这里还有一些更好的方法哟”等诸如此类的内容。另外，我们仍然可以通过设置我们的评论昵称来引流。

6.4 百度图片

百度图片是百度中排名第二的常用搜索工具。通常，我们会在百度网址栏中搜索我们想要的内容，如果我们想找图片素材，就会从百度顶部的分类中点击“图片”按钮进入百度图片界面中去搜索自己想要的图片。

例如，我想通过百度搜索“微商运营模式”，这就意味着想要微商运营模式图片的网友只要在百度中搜索“微商运营模式”这个关键词就能找到这张图片。只要图片的内容做得还可以，想了解微商运营模式的网友就会添加我在图片中留下的微信号。

换句话说，如果我们卖其他的东西，是不是也可以这么操作呢？答案是肯定的。

如何把添加了自己的QQ号、微信号、网址等联系方式的图片搜索引擎优化（SEO）到百度图片搜索页中去呢？只需要三步就可以实现。

第一步，搜集图片。在百度上你就能搜到一大堆图片。

第二步，用美图秀秀或者其他修图软件把你的QQ号、微信号、微信二维码、网址PS到图片上。

第三步，申请一个百度账号，去百度个人中心把这些修好的图片上传到百度相册。这里需要注意一点，要将你所选择的关键词作为图片的名称，比如，我上面举的那个“微商运营模式”的例子，其实就是把那张图片的名称改为“微商运营模式”。你认为你的潜在客户会在百度搜索哪个关键词，你就用哪个关键词作为图片的名称，然后上传到百度相册就可以了。

百度图片是中国最大的图片搜索引擎，它不仅收录了百度相册中的图片，还收录了各大网站或者一些文章中的图片。所以，当我们上传一些图片到某些网站时，我们可以在图片下面的描述页中优化一下关键词，这样我们的图片也会被收录到百度图片中。

6.5 百度贴吧

百度贴吧是一个在线的交流平台，也是全球最大的中文社区，它让那些对同一个话题感兴趣的人们聚集在一起，方便开展交流活动和互相帮助，现在的一些网络用语大多起源于贴吧。贴吧是一种基于关键词的主题交流社区，它与搜索紧密结合，巧妙运用百度贴吧也是一种指向性较强的引流方式。

6.5.1 百度贴吧引流的准备工作

众所周知，每个贴吧都有自己的主题，能够来到同一贴吧的吧友，肯定对这个主题有着共同的兴趣。知道了对方的喜好，就能更好地为接下来的沟通和交流找到切入点，我们可以根据对方的喜好快速地融入对方的情感世界。

我们知道只有贴吧首页的帖子才会有较高的曝光率和点击量，而且只有别人回复自己的帖子，这个帖子才可以展示在贴吧首页。当自己发布的帖子没有人关注或回复的时候，小号的重要性就体现出来了，我们需要自己给自己顶帖，来提高我们帖子的曝光率，所以我们要同时拥有几个百度账号。因此，在前期我们需要先找到想要展示自己的贴吧，然后进去“养号”。

专家点评：

我们为什么要“养号”？因为百度账号的级别越高，被百度后台删帖的概率就越低；账号的级别越高，百度就越信任你。很多初玩贴吧的网友会遇到发帖后被秒删的情况，同一个帖子，高级别和低级发出来的效果是截然不同的。

所以，一开始我们就要用几个百度账号每天在贴吧手机用户端签到，随意地给别人回帖子。注意，回复的内容应控制在15字以内，并且最好附带图片。多回复，多签到，积分越多，升级就越快，当级别升到3~5级时，我们就可以在百度贴吧发帖了。级别高的用户发帖，除非吧主看你不顺眼，否则一般是不会删你的帖子的。

6.5.2 百度贴吧发帖引流

前期，你不要一上来就发广告帖。即使你的账号级别高，百度后台不删你的帖子，但如果吧主看你不顺眼，也会删了你的帖子。如果你一定要发广告帖，可以以软文的形式呈现出来。每个贴吧都有自己的规则，刚进入一个新的贴吧，应该先熟悉该贴吧的规则和注意事项。弄清楚哪些帖子能发，哪些不能发；什么内容可以写，什么内容不可以写。弄清楚规则后再发布帖子，才能避免被删帖。

在帖子内容的撰写方面，你可以参考在百度经验、百度文库中我曾介绍过的方法，将标题和内容稍加修改、优化和重新排版就可以发布出来与吧友互动了。这里需要注意的是，无论你的帖子写的是什么内容，都不要出现联系方式和网址等广告特征太明显的内容，否则不管内容有多好，被删帖的概率都是极高的。

发帖的内容一定要有可讨论、可回复的点。因为只有点击量和回复量高，才会让后面看到的人有点进去看的动力。你可以从别的地方搜集优质的内容然后加上自己的见解，整理加工后发到贴吧，去引起大家的共鸣，或者搜索热点话题引发大家的讨论。优质的内容容易激起大家互动的欲望，只有互动多了，大家对发帖人的信任感和认知度才会逐渐提高。

专家点评：

在贴吧里，我们可以看到很多优质的内容，因此我们可以将这些优质的内容整理一下并发布到别的贴吧，毕竟贴吧有很多个，不太可能出现重复现象。在前期，我们需要用一个互动效果较好的帖子在这个贴吧里占有一席之地，所以不要以为只能发自己的内容，只要是好的内容我们都可以发布，但一定注意不要侵权。

在贴吧中，我们要尽可能地多发一些有价值的内容，这样才能引起吧友们的关注，而引流的任务，同样交给了我们的用户昵称，这个方法会自始至终贯穿所有百度系列引流的平台。不过，如果前期我们能和吧主搞好关系，成为朋友，后期就算我们发布一些广告帖，他们有时也会睁一只眼闭一只眼。

同时，发帖的标题也很重要。关于标题的重要性，我在前文中已经反复提到过。比如，你是卖减肥药的，你可以使用“减肥 5 年的心酸路，我终于瘦了”类似这样的标题。同样，在发帖时广告痕迹不能太重，而且也不能直接留下微信号，否则很容易被删帖。写得尽量真实、接地气，然后分段发布，人们对这类帖子的反应一般会比较强烈。最后你可以来一句“若感兴趣的话，可以加我微信 (贴吧用户名称)”，一篇帖子吸引 10 多个人加你的微信应该不难，如果这个帖子能持续被顶在前面，就会天天有人加你。

6.5.3　百度贴吧签名引流

我们还可以把产品信息和个人联系方式或者网址放在个人签名中，同样有引流的效果。完善自己的个人资料、签名，或者最好以水印的方式把自己的微信号加在图片或者图像上，这些都是可取的引流方式。只要我们发帖的内容得当，就几乎没有被删帖的风险，而且内容好的帖子，还会有非常不错的引流效果。

6.5.4　百度贴吧回复引流

与百度知道引流、百度经验引流、百度文库引流类似，巧妙地回帖同样可以起到引流的作用。大家都喜欢乐于助人的人，如果我们能抢占到帖子的“沙发”或者前三名的位置，通过昵称和签名去引流，就会有不错的效果。在一个贴吧里，只有互动、有认知度或者回复、评论足够精彩，我们的潜在客户才愿意主动与我们建立联系，而多多回复是很有必要的，只有积攒了足够的人气，后期我们发帖的点击率和回复率才会高。

6.5.5　自建百度贴吧

我们可以自己去创建一个百度贴吧做吧主，这样发布信息的信任度和权威度都会比较高。有很多百度贴吧都是没有吧主的，我们可以去申请做吧主。

其实百度贴吧不仅可以引流，还可以让我们学到很多知识，实现自我价值，甚至还可以帮助很多人。真诚是最能打动人的，所以使用百度贴吧时心态要放平，我们不是为了流量，而是为了感受世界，实现自我价值。

6.5.6 百度贴吧引流的注意事项

在利用百度贴吧进行引流时，还有许多细节需要注意，若能把握住以下五个细节，将会使我们的贴吧引流效果更佳。

1．选择贴吧要有侧重点。在选择贴吧时要有侧重点，如果只是为了留下联系方式，那么最好选择一些冷门的贴吧。有吧主的贴吧，其管理制度一般都比较严格，留下联系方式、发广告都容易被删帖，而冷门的贴吧很少存在这样的问题。

2．要学会利用实事热点。利用当时的热门事件，再结合自己的宣传信息进行推广，往往这样的帖子的推广效果较好，能够提高点击率。

3．发帖要有技巧。相同内容的帖子不要在不同的贴吧中重复发布，如果想在多个不同的贴吧中发布，那么至少改一下标题和部分内容，不然很容易被百度贴吧后台删帖。

4．帖子的内容要有讲究。引流推广一定要用软文，一篇好的软文不仅会赢得网友的赞赏，还会让系统管理员对你产生好感，将你的文章或者帖子推荐到首页。如果你能将你的推广内容写得既有价值又看不出有广告的痕迹，那么你的帖子或许就会长久地保存在贴吧里。吧主和系统管理员说不定还会帮你宣传，所以要好好做内容，说不定会带来意外的惊喜。

5．标题要有吸引力。标题对于一个成功的帖子而言非常重要。发帖子时，你应该把 90% 以上的时间用来拟订标题，10% 的时间写内容。在拟订标题时要利用人性的两大弱点——好奇心和贪婪心。让每一个标题看上去都那么诱人，让人产生立刻想点击查看的冲动。

6.6 百度百科

百度百科是全球最大、最具权威性和最有信服力的中文百科全书平台。如果我们的名字或者品牌能够被百度百科收录，不仅会给我们带来巨大的社会信任力，也会让想了解我们本人或者品牌的人可以迅速地了解我们的个人信息或者品牌信息等。因为百度百科具有较高的权威性，所以我们的潜在客户在百度百科看到我们的信息后，会对我们有更加深刻的认识，同时信任度也会提高很多。

6.6.1 创建百度百科词条

百度百科的主要功能是通过创建词条实现的，而建立一个百度百科的基础也是围绕着这个词条展开的。所以，你应先知道如何创建词条。具体的操作步骤是：进入百度百科首页后，先搜索你想要创建的词条，如果这个词条没有被收录到百度百科里，那么百度会提示你创建一个新的词条。

创建百度百科词条有两个渠道和三种方法。两个渠道分别是：一、以网友的个人身份来创建词条；二、以百度企业客户的身份来创建词条。接下来，我讲一下创建百度百科词条的三种方法。

1. 自己创建词条。点击“我来创建”后，根据百度系统的提示上传相关内容。我们需要将非常详细的、可信度高的资料提交给百度去审核。一般来说，账号级别太低或新手就很难通过审核，因为百度百科的审核非常严格。

2. 通过企业快速通道创建词条。我们知道开通百度企业账户是需要付费的，而且创建企业百度百科词条也是需要额外付费的。但是内容可以自定义编辑，而且通过率很高。

3. 通过第三方创建词条。有不少拥有丰富创建经验的第三方公司，如果能让它们帮我们创建词条，那么通过率肯定比我们自己去创建要高很多。事实上，这些公司也是通过网友的个人身份来创建词条的，只不过因为它们了解其中的创建规则，而且拥有高级别的百度账号，所以通过率可能会高一些。这种第三方公司有很多，它们一般是通过审核后再收钱，若不通过也会退钱。我认为在正规的有第三方担保的平台上购买这类服务会更有保障。

6.6.2 创建词条的关键

在百度百科创建词条之后，你需要根据这个词条上传其相关信息，并且所有与这个词条相关的信息描述都需要有公信力的资料做参考。因为百度百科的权威性很高，所以它要求对词条和词条背后的信息描述都是真实的，而不是上传者随意捏造的。词条能否顺利通过百度系统的审核，你提供的参考资料是关键。不少人抱怨百度百科的通过率太低，那是因为他们没有提供特别全面和可信度高的参考资料。

专家点评：

百度在审核参考资料来源时比较认可的网站有新华网、人民网、中国政府网、新浪网、搜狐网、腾讯网、网易网及各大日报，如《人民日报》《光明日报》等。所以，我们创建的词条只有在这些平台或网站被报道过或被提及，才有被审核通过的可能性。

百度不太信任的参考来源主要有广告性太强的网站链接、网页中带有免责声明的网站链接、可靠性太差的网站链接，以及与该词条的关联性较小的网站链接。

在创建词条的时候，我们应尽可能多地提交参考资料，并且引用的来源要可靠，这样才能提高通过率。只有让百度百科看到我们所创建的词条是客观、真实的，我们才有可能创建成功。

6.7 百度网盟

说到百度网盟，大部分人认为它就是在“烧钱”，没有什么效果，但事实却不是这样的。网盟还是有很多好处和优点的，尤其对于竞争激烈的行业来说，搜索推广的单价每条可能高达几十元甚至上百元，而网盟推广的单价每条只需几元，并且如果操作合理，效果也是非常好的。下面我为大家总结了几个做好网盟推广的关键点。

6.7.1 选择投放地域

网盟推广的地域选择可以具体到地级市，所以我们在建立网盟推广组时，要分析我们的潜在客户主要集中在哪些地区，然后相对应地推广到这些地区。大家一般不会忽略推广的地域选择，如果忽略了，即使网盟推广带来了流量，也是无效的。

6.7.2 选择投放网络

网盟后台的投放网络有几十个行业可供选择，我们可以根据自己行业的情况，分析哪些行业与我们所要推广的产品或服务比较接近，然后有针对性地选择这些行业。比如，我们是做竞价托管的，我们首先要过滤掉的行业就是小说、游戏、网址导航、网络购物、移动设备应用。部分行业是非常“烧钱”的，比如，休闲娱乐、小说、游戏，若把握不好，广告费会花费巨大。不过，这部分的流量也是非常巨大的，一天花掉几千元、几万元很正常，也许你现在就能明白为什么网盟推广太“烧钱”了吧。不过，这种投放方式对于部分行业的产品或服务的推广来说还是很有成效的，关键是要合理选择投放网络，最好是与自己的行业相关。

6.7.3　选择用户行为

在网盟推广后台，你可以选择用户行为，在这里务必选择“关注指定关键词”。如果你选择“不限”，那就是要针对所有的上网用户推广你的产品或服务。如果是那样的话，估计“烧钱”的速度你会受不了。

何为“关注指定关键词”，即我们可以直接导入搜索推广的关键词，然后设置行为有效期是 7 天，关键词定向方式分为搜索、当前、历史，推广系统一般将搜索、当前和历史分别建立一个推广组，便于数据的统计分析。如果用户在百度搜索过这个关键词或者浏览过包含这个关键词的网页，那么在这 7 天内，百度网盟都会对这部分用户展现我们的广告，其实这样的转化率也是非常高的。

6.7.4　屏蔽垃圾推广网站

做网盟推广，如果广告上线之后我们就放任不管，不分析网盟后台数据，只是屏蔽部分网站的投放，那么很大一部分广告费就会浪费在垃圾网站上。比如，一些网站为了提高收益，在网页上投放了很多广告，使客户根本分不清什么是广告、什么是正文。导航栏、相关文章、下载地址、弹窗、悬浮框等到处都是广告，整个页面没有几处是正文。这样会让很多客户质疑这个网站的可靠性，从而浪费了大量的广告费，针对这样的网站我们需要及时屏蔽。

另外，还有一些既没有好的内容、网速也特别慢的网站也是需要被过滤掉的。我们可以统计一周的网盟投放数据，对于那些点击率不超过 20% 的网站，可以果断地屏蔽它们。

6.7.5　自选网站投放

为了避免垃圾网站和站长刷流量，还有一种比较好的方法就是我们自己选择要投放的网站。我们可以根据自身的行业特点选择一些知名的、大型的、与我们的行业相关度较高的网站去投放广告。网盟推广后台还会提供网站选择工具，我们可以根据网站评分、日展现量、独立 IP 访问量、新加盟网站等属性过滤掉很大一部分垃圾网站，从而大大提升我们的广告投放效果。

6.7.6　减少同行点击

和搜索推广一样，网盟推广同样存在同行点击这一问题，尽管没有搜索推广那么严重，但还是会浪费我们的广告费。比如，即使我们设置了关注指定关键词，而同行同样每天也会搜索这些关键词，所以当他们在浏览投放有网盟广告的网站时，网页上也会出现我们的广告。那么，如何避免同行点击呢？我们可以使用统计工具，分析一个月的数据，找出点击网盟广告访问网站 5 次以上的 IP，然后屏蔽这些 IP。我们还可以分析同行主要出现在哪些城市，然后放弃这些城市的广告投放。

6.7.7　数据跟踪与分析

影响网盟推广效果最重要的一个因素就是数据跟踪与分析，即使我们前面所有的工作都做得很好，但是如果没有数据跟踪与分析，也会浪费大量的广告费。跟踪与分析数据是一项庞大而烦琐的工作，因为网盟推广每天的展现量非常大，仅每个图片推广组就有 18 种图片尺寸，何况网盟推行有上百万个联盟合作网站，所以做好数据跟踪与分析是一项重要的、长期的工作，需要我们每天不断去调整和监控。

6.8　百度竞价

虽然很多人对百度竞价不太熟悉，但是一定都见过或者使用过它。只要在百度中搜索一个关键词，通过百度竞价优化过的链接就会优先展示在搜索结果的顶部。

要想开通百度竞价功能，我们需要先花钱开通一个百度企业账号，然后在百度竞价后台对一些关键词设置价格。我们想要推广的内容链接就会在用户搜索这些关键词的时候优先展示出来，这样的推广效果是立竿见影的。

专家点评：

百度竞价是按点击量付费的，即不管成交与否，只要用户点击了你所推广的内容链接，就会产生费用。所以如果你想大规模地通过百度竞价来做推广，成本是一定要考虑进去的。

我们需要利用前文中百度网盟的一些投放技巧和注意事项，尽可能地精准投放，来提升被吸引流量的精准度，降低成本。

但是百度竞价的好处也有很多，比如，它能够优先展示我们的链接，只要我们的关键词设置得恰当，被吸引而来的流量就会非常精准。另外，因为推广的链接是我们自定义的，所以可以更加全面地展示我们想呈现给潜在客户的内容。

事实上，百度竞价和百度网盟这两种付费的推广方式并不太适合普通的微商，它们更加适合大型团队和品牌商。原因有三个：第一，价格不菲；第二，需要有企业资质和企业网站，才能开通这个功能；第三，需要专业的团队来运营和管理。所以，普通的微商从业者必须量力而为之。

第 7 章　精准引流

找到适合自己的精准引流方式，不仅是每一个微商从业者的梦想，而且是所有与销售相关的传统企业和电商企业一直在探索的一个目标。其实对于大多数微商从业者而言，精准引流是很难做到的，即使是非常优秀的微商从业者，他们所实现的引流也只能是相对精准的引流。

只有在微商行业中威望和知名度非常高的人或媒体带来的流量才能被称为精准流量，因为每天会有很多慕名而来的人期盼与其合作或者建立关系。由此我们可知，对于大多数微商从业者来说，精准流量绝对不是单纯地靠吸引而来的，只有通过一些方式吸引到相对精准的流量后，再通过一些复合型营销活动将其筛选、过滤，最终沉淀下来的用户，才能被称为精准流量。

所以，对于微商从业者来说，真正的精准流量是靠筛选而来的，而不是单纯地靠吸引而来的。要想得到精准流量，我们需要先掌握一些相对精准的引流方法，这也是本章的重点内容。

7.1　淘宝店引流

淘宝和微商同属于 C2C、B2C 产业，它们各有优势，淘宝的服务体系更完善，微商的社交引流更便利。随着淘宝电商平台对 C 店（即个人店铺或集市店铺，与天猫商城相区别）管控的力度不断加大，淘宝店的经营变得越来越艰难，而且由于微商市场的迅猛发展，使其不经意间变相地冲击了淘宝的 C2C 产业。

我认为，淘宝与微商看似是竞争的关系，其实它们是合作的关系。若能将它们合理地配合利用起来，会取得事半功倍的效果。干淘宝的需要通过微信社交提升客户的黏性，而做微商的则可以通过淘宝推广将流量引入我们的微信，所以二者的结合会让我们的微商道路更加好走一些。那么，该如何利用淘宝去实现引流呢？

7.1.1 开一个淘宝店

众所周知，淘宝的店铺类型分为C店和天猫商城（即B店），天猫商城我们先不讲，只讲C店。C店也就是我们所说的集市店铺，我们每个人凭身份证就可以在淘宝开一个C店，除了交点押金，几乎没有其他费用。开了淘宝店后，我们还需要购买一个店铺装修模板，将我们的店铺装修得美观一些，因为我们的店铺装修得越高大上，通过淘宝找到我们的那些代理商就会越信任我们。

7.1.2 淘宝搜索引擎引流

淘宝是阿里巴巴旗下的一个电商平台，淘宝自身是不销售任何产品的，它只服务于在淘宝上开店的店家。因此，各个店铺之间的竞争，就表现为在淘宝站内搜索引擎上的排名竞争，要想利用淘宝做引流，就要优化我们的店铺和店铺宝贝的搜索关键词，让我们的潜在客户能够通过淘宝搜索功能更加容易地找到我们。

要想做好淘宝站内的搜索引擎，关键在于我们如何优化自己店铺宝贝的关键词。

微商从业者要想使淘宝搜索引擎引流的关键词设置不同于普通商品的关键词设置，就需要将关键词设置得尽量精准一些，即尽可能多地设置长尾词和一些微商常用的关键词。比如，我们做的是护肤品，那么就需要添加更多的针对产品功效的长尾词，例如，保湿、美白、补水、微商代理、微商爆款货源等词汇。最后，告诉用户我们是做微商的，他们若有需求，可以添加我们的微信。因此，在淘宝上搜索这些关键词并以此找到我们的那些人，对于我们来说就是相对精准的客户了。

同时，我们可以在产品说明中和横幅广告位上更多地展示我们的微商实力，并且尽可能地在图片中植入我们的联系方式。不过，不要过于密集和草率地用文字来描述我们的微商信息、微信及联系方式，因为在淘宝中这是违规的行为。

利用淘宝搜索引擎引流时，我们应该遵守淘宝的运营规则，只有这样，才能长久地进行引流工作，从而达到我们的预期目的。

7.1.3 淘宝直通车引流

我们之所以要通过长尾词来优化淘宝搜索引擎的关键词，原因就在于我们很难仅靠通用的关键词在淘宝搜索引擎中占有排名，没有排名就意味着没有展示，没有展示也就很难有流量进来。如果我们的推广预算充裕，那么可以利用淘宝直通车进行推广，直接购买一些关键词，通过竞价强制性地提高我们的搜索排名，以达到让更多潜在客户找到我们的目的。比如，在淘宝中搜索“微商”一词后，横向排列显示的是通过自然排名展示出来的宝贝，而竖向排列显示的则是通过淘宝直通车付费竞价展示出来的宝贝。

直通车是一种通过关键词竞价强制提高我们在淘宝中搜索排名的方式，也是最直接、最粗暴的引流方式。如果我们有足够的推广预算，不妨试试它的推广效果。不过，使用淘宝直通车引流的前提是关键词的设置一定要和我们的推广目的相匹配，否则被吸引的客户精准度会降低，从而导致推广成本被浪费。

7.2 淘宝论坛引流

淘宝论坛，是以淘宝网为依托的、最具人气的淘宝店铺推广社区论坛。淘宝论坛所包含的类目也特别适合微商来做推广，例如，卖家经验、创业访谈、营销活动、众多商品等类目。所以，选择进入淘宝论坛某个版块的用户，其需求的指向性都是非常强的。

因此，在淘宝论坛上找到与我们所销售的产品或服务相匹配的类目，并在其中进行推广，这是效率和用户精准度都非常高的一种推广方式。我们不难发现，淘宝上热门的类目和微商的匹配度确实是挺高的，例如，美妆、洗护、饰品、内衣、箱包等，这些在微商营销中也十分常见。

如果我们想做得更加优秀，那么可以参考百度文库、百度经验在引流方面的做法，比如，分享一些营销技巧、护肤技巧、育婴知识等，让大家真正地从我们的软文中有所收获，这样的引流效果会更佳，用户精准度也会更高。一篇好的软文，除内容外，即使是在淘宝论坛上，其标题也同样很重要！我们知道，淘宝论坛中的软文中的图片是可以添加水印的，并且积极地回复他人的帖子也可以起到引流的效果，在回复的内容中我们可以添加 QQ 号或者微信号。

淘宝论坛是一个购物平台论坛，所以选择逛淘宝论坛的人，具有明显的目的性和指向性。因此，在淘宝论坛中找到与我们所销售的产品类目相符的版块，然后精准地发布信息，这样的话，一旦引流成功，这些客户都是比较精准的流量。

7.3 阿里旺旺引流

阿里旺旺是淘宝用户与店家之间使用得最频繁的即时通信软件。微信、QQ 等都是即时通信软件，既然 QQ、微信可以用于引流，那么阿里旺旺同样也可以成为一种引流渠道。虽然通过阿里旺旺引来的流量没有微信、QQ 的那么大，但是能够被成功引流的那部分流量却是比较精准的。而且我们知道，现在有一大批淘宝店家已经转型做微商了，所以，不仅淘宝中的消费者是我们的潜在客户，就连同类目的淘宝店家也是我们的潜在客户。

7.3.1 阿里旺旺个性签名引流

这种方法更加适用于淘宝店家。在个性签名中公布自己的微信号，以及添加微信号后可以获得的福利，从而为之后与客户建立持续而稳固的社交关系提供可能。比如，我们可以在阿里旺旺的个性签名中写："加我微信 35114062 可获得微信会员和分销价""加我微信 ×××× 可免费做代理商"等。这样，买家在和我们沟通时，他们若有兴趣就会加我们的微信。

7.3.2 淘宝论坛加好友引流

QQ 有"附近的人""QQ 空间""QQ 说说""兴趣部落"等公开平台，可以让我们迅速地找到我们想要找的潜在客户，而阿里旺旺是没有这种多元化社交功能的。不过，淘宝论坛是开放式的，并且有明确的类目区分，所以我们可以到与我们经营产品类目相符的论坛版块，去添加那些发帖人和回复人的阿里旺旺账号。添加后，可以与其找到共同话题进行沟通，这样既可以通过个性签名引流，也可以在沟通后相互交换微信号。例如："你好，我是在淘宝论坛中找到你的，看到你非常了解育婴方面的知识，可以加你的微信便于日后相互交流吗？"

7.3.3 旺旺群引流

旺旺群引流是淘宝系引流技巧中唯一一个可以批量找到同好消费者的渠道。很多淘宝店铺都有粉丝群、售后群、特价活动群、经验分享旺旺群等。我们可以通过阿里旺旺主动搜索不同类目的群并进行添加。成功加入旺旺群以后，我们可以主动添加其中的好友，但是请注意在同一时间节点内不要频繁地与潜在客户打招呼、添加好友，这样会被淘宝屏蔽。

与微信群和QQ群引流类似的是，我们可以在旺旺群内主动地帮助群内的用户解决问题，这样他们自然就愿意与我们主动联系，从而实现被动引流。当一些用户主动添加我们的时候，我们不妨告诉他们："旺旺聊天不太方便，我也经常不在，你可以加我的微信聊。"

我们很清楚地知道，旺旺并不是一个非常棒的社交软件，尽管这里的用户可能会非常精准。所以，在旺旺上成功引流的这些潜在客户，应该尽可能地将他们转移到我们的微信中，这样更方便相互交流，建立关系。

7.3.4 淘宝评论引流

淘宝买家在选购一件商品的时候，一般都会打开商品评论看一看网友的评价。其目的是想了解商品介绍与实物是否相符，以及其他网友的一些商品使用感受。所以，淘宝的商品评论处也是一个非常棒的引流渠道，它能够让更多对某产品感兴趣、有需求的人看到我们的真实评论和专业点评。我们若能对一些爆款商品巧妙地进行评论，也能为我们带来不少的精准流量。

一般来说，商品评论有三种展现形式：一是文字；二是图片；三是图文。如果我们的评价能写得更加用心和精彩，凸显一些个人的才华与魅力，再在文字和图片中加上我们的联系方式，那么引流效果肯定会更佳。当然，评论写得越用心、越精彩，评论被置顶的概率也越高，展现率也会越高，引流效果也会越好。

总之，我们对一件事做得越细致入微，效果就会越好。做微商，其实这些方法也不是什么秘密，要想让效果更好，就要更加认真地去执行这些方法。

7.4 微信公众号引流

微信公众号是以微信为基础的媒体平台。目前，企业或个人利用微信公众号开展媒体或商业活动已经变得非常流行了，大大小小的商店、品牌、媒体、平台几乎都有自己的微信公众号。微信公众号，简单来说就是进行一对多的媒体性行为的平台工具。无论是个人还是企业都可以申请微信公众号。

微信公众号的用户来源于微信用户，而微信的用户与用户之间大多是关系相对亲密的亲戚、同学、同事、朋友，因此，通过微信公众号推送的内容，一旦被传播到强关系和具有共同属性的关系链中，就很容易产生连锁反应和裂变式传播。所以，微信公众号是一个非常有效的传播和聚集粉丝的平台。

专家点评：

现在微信公众号已经泛滥，所以它不再像一开始那样容易聚集粉丝。不过，因为微信本身就拥有巨大的流量，所以对于大多数微商从业者而言，不一定非要聚集几十万、几百万个粉丝，其实我们只要能有几千、几万个粉丝，也就足够了。所以，若能将一个微信公众号运营好，也是一种低成本、易分享、精准度高的引流方式。

很多人认为微信公众号运营起来特别复杂，其实非常简单，只需要简单的注册就可以完成。一般，注册完成后3~5天就可以开始运营了。

7.4.1 微信公众号的分类

我们在注册微信公众号的时候，后台会提供三种微信公众号类型让我们选择。

1．订阅号

无论是企业还是个人，都可以申请开通订阅号，但微信在很早的时候就关闭了订阅号的个人认证通道，所以个人无法通过订阅号去认证。订阅号可以每天推送一次群发消息，而所有推送的消息都不会在微信客户端提示有未读消息，而是被收进一个叫作“订阅号”的折叠文件夹中。订阅号因为注册门槛低且可以大量地推送内容，是个人微商和企业微商在传播信息时的主流通道，也是运用得最为广泛的微信公众号类型。

2．服务号

只有企业才能申请注册服务号。因为服务号的第三方接口比订阅号更丰富，而且可以申请微信支付，所以服务号更多地被运用在服务领域，为用户提供便捷和多样化的服务。不同于订阅号的是，服务号推送的消息会像个人微信一样直接跳出未读消息提示，因此服务号推送消息的阅读率比订阅号的要高。不过，微信为了防止企业滥发消息，所以限制服务号一个月只能推送四条消息，这样平均算下来一周只能推送一条消息。

3．企业号

个人微商基本上不会用到企业号，它主要用于企业的流程管理和移动办公。

因为微信订阅号的操作门槛低，并且每天都可以推送内容，所以对于大多数微商从业者而言，选择订阅号是比较合适的。个人微商的公众号集聚的粉丝虽然少，但是很精准，容易在目标用户中产生持续的影响力，这样不仅能够实现价值变现，还能够树立和提升个人品牌形象。

7.4.2 微信公众号的定位

精准引流的前提是做好精准定位，不管我们销售的是什么产品或服务，都要找到与之相匹配的目标人群，所以做好目标人群的定位是十分重要的。比如，我们销售的是养生产品，如果我们去运营一个搞笑类的微信公众号，即使人气爆棚，但因为它的定位与我们所处的行业类型相去甚远，所以其精准度和转化率也是极低的。因此，我们需要做的第一件事就是找准目标人群。

那么，如何找准目标人群呢？我们首先要十分清楚自己的产品或服务，这样才能根据自己产品或服务的特点，找准有此类需求的用户群，而这一类人群就会对我们公众号里推送的内容十分感兴趣。所以我们定位的目标人群范围不是越宽泛越好，相反，范围越小，定位越精准。例如，“脸上有痘痘的人群”和“喜欢保养护肤的人群”这两个人群范围相较而言，显然“脸上有痘痘的人群”范围更小，需求也更加明确，如果我们根据“脸上有痘痘的人群”的特征去推送内容，就更加容易抓到他们的痛点。

定位目标人群后，接下来我们需要定位的是自己的赢利方式。我们是希望通过公众号销售产品，还是招募代理商，抑或是开设培训课程，都要有一个明确的定位。因为与不同的赢利方式相对应的是不同的内容输出模式。

如果我们想通过公众号销售产品，那么推送的内容就应该倾向于针对一个问题去推荐对应的产品，来为用户直截了当地解决问题。如果我们想通过公众号开设培训课程，那么推送的内容就应该突出美容保养的方法，同时引诱客户通过付费来获取更多的方法和技巧。如果我们只想通过微信公众号招募代理商，不在微信公众号中变现价值，那么推送的内容就应该倾向于简单实用的干货和技巧。

7.4.3 做优质的内容，吸引粉丝

订阅号的核心功能是推送内容。我们推送的内容质量越高，被传播和转发的概率就越大，所以微信公众号引流的核心在于推送内容的质量。不管是吸引

粉丝还是维护粉丝，都离不开优质的内容。

想要创作出优质的内容，并让我们推送的消息得到广泛传播，首先，应该选择我们行业内能迎合潜在客户的热门话题，这样才能引起他们的共鸣。其次，标题要诱人，标题设计得越诱人，就越能引起潜在客户的好奇心和兴趣。可以说，一篇好的文章，若标题足够吸引人，就算成功了一大半；若标题不够吸引人，那么用户连点击的兴趣都没有。再次，正文要精练，尽量控制在 1500 字以内，虽然要求的字数不多，但内容一定要有重点和亮点，没有重点和亮点，即使能将用户“骗”进来，也是留不住的。最后，要有一个完美的结尾。小时候我们写作文，老师要求首尾呼应，如今对公众号的内容要求也一样。如果作者有独到的见解，通常也会被放到内容的结尾。所以，在文章的结尾我们应该利用不一样的观点吸引粉丝去关注和转发。

7.4.4 转载的内容要避免侵权

对于那些没有写作能力的微商从业者来说，你让他写一篇公众号文章，这对他来说简直就是一场噩梦。可是若没有优质的内容，如何吸引粉丝呢？此时，聪明的微商从业者就会将网上的内容转载到自己的公众号中。以前这种方法还是行得通的，不过现在国家对知识产权的保护越来越严格，所以即使转载别人的内容，也需要一定的技巧，否则造成侵权就十分麻烦了。

在转载别人的内容之前，我们首先要了解一些采集内容的渠道，有了固定的采集渠道，再去重塑内容，这样维护公众号的效率也会高很多。最简单的转载方式是关注几个与我们推送的内容相符的微博大号和微信公众号大号，挑选它们推送的精品内容，然后进行重塑，再发布到我们的微信公众号中。同时，查看微信热搜榜、微信热门推荐和其他垂直平台中的热门内容，这样也可以让我们快速锁定当下的热门事件进行内容推送。

当我们找到了适合自己的内容后，应该学会重塑这些内容，把别人的内容再加工，然后将其变成我们的。这里一定要注意，要以原创的态度来编辑他人的内容，对于转载的文章，我们不能随便地复制粘贴一些内容，然后直接推送给我们的粉丝，因为这些内容还没有融入我们自己的灵魂，久而久之，粉丝会觉得这些文章写得不够用心，长此以往，肯定会影响我们微信公众号的推广效果。如果我们实在不知道该如何借鉴他人文章的内容，请尊重他人的劳动成果，转载时一定要注明出处。

借鉴别人文章的内容，其实并不是什么难事，只要我们用心地读完整篇文章，然后在中间和结尾加上我们自己对这篇内容的真实理解即可。只要我们足够用心，其传播效果甚至会超过原作。

7.4.5 公众号文章的写作技巧

除了一些转载技巧，要想真正地利用好一个微信公众号，我们就要创作真正属于自己的内容，并将我们的情感融入内容中。然而，并不是只要写一篇原创的且抒发了自己情感的文章，它就一定会火，这里依然需要掌握一些写作技巧，才能够达到事半功倍的效果。

每一个优质的公众号都应该有自己独特的风格。既然粉丝关注了某个公众号，就会对这个公众号有一定的期待。因此，公众号在内容的输出上一定要拥有并保持自己的风格。我们要坚定不移、始终如一地将公众号的内容固定在一种风格上。这并不意味着我们放弃了创新和创造，而是要在一贯的风格定位的基础上进行创新。

1. 讲案例不如讲故事

学会讲故事是撰写公众号文章必备的写作技巧之一。不过在讲故事之前，我们首先要弄清楚自己想要给粉丝传达什么样的核心观点，然后让整个故事都围绕着这个核心观点来展开。其实，所有粉丝关注公众号的最终目的都是在关注自己，因此我们一定要明确我们的粉丝定位，进而从他们的角度来反思和书写我们的故事内容。

专家点评：

在讲故事时，我们还要注意几个问题：我们的故事能让粉丝接触到他们未知的领域吗？我们的故事对他们有什么好处和价值？我们的故事能让粉丝产生情感共鸣吗？我们的故事能让他们听完就立即采取某种行动吗？

2. 讲道理不如讲痛处

很多人喜欢在文章中谈论人生道理和人生哲学，其实对于现代的年轻人来说，对于老套的道理他们提不起任何兴趣，所以文章的内容一定要直击痛点。只有他们被你讲“痛”了，他们才会期盼得到解药，才会乖乖地把文章一字不落地看完。

3. 讲文化不如讲俗话

现在在互联网上流行的段子，其语言大多是简单的、粗俗的。然而，这并不代表现代人的文化水平和道德标准降低了，而是中国的语言本就博大精深，语言本身的魅力就在于它的巧妙运用。因此，巧妙地运用一些网络用语，会使我们的内容更接地气。

视觉的冲击力有时比文字更强，所以在内容的创作上，能用图的地方，我们尽量少用文字，这样既能使粉丝阅读起来更加轻松，也能使文章内容的展现更加生动形象。不过除图片外，短视频也具有非常强的传播力。巧妙地在文章中穿插美图和小视频，也是一种吸引粉丝的方法。

7.4.6　易被分享的文章的特点

我们建立微信公众号的目的就是引流，所以我们更加希望自己推送的内容能够被粉丝广泛分享和传播，从而使我们的流量最大化。那么，到底什么样的文章才最容易被粉丝传播呢？

1. 触动情感的

人是感性动物，所以我们所做的每一个决定都是以感情为基础的，那些能够触动我们感官的事物更加容易激起人们的情感反应，并以情感为基础来刺激我们产生分享行为。

2. 与用户相关的

大部分人喜欢分享与自己的生活、爱好、工作等息息相关的内容。因此，我们一定要让粉丝感觉到我们的文章内容与他们相关，这样才有可能促使他们去分享。

3. 激发正义感的

每个人心中都潜藏着一股正义感，对真善美抱有一定的渴望和追求，所以人们会对周围所发生的事情进行道德评判，并以此来寻求理解、认可和尊重。因此，那些激发读者正义感的文章也很容易被分享和传播。

每个人心里都有自己的道德评判标准，对与自己切身利益相关的内容也会很敏感，所以只要抓住了粉丝的这种心理，就可以激发他们主动分享我们推送的内容，从而使我们的文章得以不断传播。

第 8 章 广撒网引流

在前面的章节中，我们相继学习了主动引流、被动引流和精准引流，虽然引流方法都很简单，但在执行上，还需要我们开动脑筋。所谓的广撒网引流，是指不需要我们拥有特别高超的引流技术，只需要我们按部就班地坚持做、坚持执行，先把我们的“网”编织好，编织得足够大，持之以恒，就能看到不错的引流效果。

就拿发帖来说，很多微商从业者说，发帖引流这种方法的效率太低，不值得推荐。确实，就目前来说，发帖的效果远远不如以前了，但是，一篇帖子没人看见，若是 10 篇呢？100 篇呢？1000 篇呢？10000 篇呢？只有先量变，才会有质变。即使关注帖子的人不如以前那么多了，也并不代表没人看帖子了。一天发一篇帖子，确实没什么人能看到，但我们每天坚持发 30 篇帖子，一个月就有 900 篇，三个月就有 2700 篇。试想一下，如果我们能坚持一年，最后得出的数字不容小觑。

所以，只要每天花一点点时间来做这件事，坚持下去，效果也是惊人的。如果有人认为技术性和思维性比较强的引流方式实在难以操作，那么广撒网引流就是这些人的最佳选择。引流不是靠想出来的，而是靠干出来的！

8.1 博客引流

我们先来说一说博客引流。现在，手机软件越来越智能化和多元化，用户的体验也越来越好，原来火爆的博客在当下的影响力也是大不如前。但是凭借它出现较早这一优势，目前它依然有非常大的影响力，依然拥有一定的人气。而且，有些博客网站在搜索引擎上的搜索比重是比较高的，所以博客引流也是大家必须学会的一种引流方式。

8.1.1 博客引流的核心

博客引流的核心在于通过将一些原创的知识分享在博客中，建立信任和权威，形成个人影响力，进而影响读者的思维和判断。虽然博客引流不像其他方法那样立竿见影，见效相对较慢，但是我们在拥有一定的专业知识能力的基础上去做这样的价值分享，如果能坚持下来，就能成为行业的意见领袖。

如果我们确实没有什么原创的内容，也可以转载其他的博客内容，将其他意见领袖的内容收集并重新整理，然后分享给大家（转载时最好注明出处，这是对原创作者的尊重），这样也是可行的。

专家点评：

我们可以注册多个博客账号，无论是在同一个平台还是在不同的平台，都可以拥有多个账号。同一篇文章，我们可以将标题略微改动一下，然后通过不同的账号在同一平台或者多个平台反复发布，这样这篇文章被搜索到的概率会更高。

8.1.2 选对平台很重要

不是所有的博客都可以被用于引流，只有那些在搜索引擎中搜索权重比较高的，或者本身人气就很高的，才能用于引流。

我们在选择引流博客平台时，尽量选择那些百度权重较高的博客，这样的话，我们的文章就很容易被百度收录，在别人搜索的时候就很容易显示出来。

如果一个博客平台，既不能被搜索引擎收录，自身也没有多少活跃用户，那么即使我们上传10000篇文章，也不可能产生任何流量。

8.1.3　博客的基础设置

博客的基础设置包括博客名称、基本介绍和页面装扮。在设置博客名称时，一定要注意关键词的设置，如果我们是做微商培训教育的，那么博客名称最好包含“微商”“培训”“教育”“技巧”“成交”“打造”“引流”等与培训教育相关的关键词，这样当潜在客户搜索这些关键词时，我们的博客才有可能被搜索到。如果我们是做护肤品的，那么博客名称中最好包含“美白”“保湿”“护肤”“面膜”等关键词。我建议，博客名称不要起得太长、太乱，并且尽可能地与我们所从事的领域相匹配，这样容易让人记住。

专家点评：

在博客的页面装扮上，我们应尽可能多地展示一些有意义的内容，不要放一些无关紧要的图片和模块。同时，在一些图片和模块上适当地添加我们的二维码或者其他联系方式，这样便于对我们的内容感兴趣的人找到我们。

总之，页面的设置不仅要美观，而且要符合我们所从事的领域的风格，不是越详细越复杂越好，而是越合适越好。

博客设置好以后，将我们的博客网址提交给百度，这样能提高我们被搜到的概率和权重。

8.1.4　定期发布博文

利用博客引流，其关键点在于我们所发布的博文。空有博客，不发布任何博文，自然不可能产生任何流量。在博客发布博文，一定要定期更新，不要突然想到了就发一发，想不起来就不发。若长期不更新博客，搜索引擎的搜索权重就会慢慢降低，久而久之，我们的博客就会无流量进入。

8.1.5 发布博文的技巧

除了定期发布博文，还要注意每一篇博文的标题也是十分重要的，因为标题是最容易被百度搜索到的，而且好的标题更容易引起网友的关注。所以，发布博文的第一个技巧是做一个称职的“标题党”。那么如何才能称职呢？其实只要我们多留心，多关注几个新闻网，如网易新闻、新浪新闻、腾讯新闻等，还有一些垂直领域的资讯网站，就能在它们推送的新闻或者文章中看到很多好的标题。只要看到好的标题，我们就截屏或者拿个本子记录下来，当我们需要的时候，修改一下就可以使用。

发布博文的第二个技巧是内容要丰富、实用。如何使文章的内容丰富，我在前文中已提到过很多次：只须多找一些素材，还可以借鉴其他平台的文章。

专家点评：

博客不像百度或者贴吧，规则那么多。在博客上，我们可以在文章中添加个人的联系方式，而且一般都会添加在文章末尾，不过，在博客的首页焦点图和博文的第一张焦点图上添加是最醒目的。

标题设置好了，内容也编辑好了，我们不要马上发布出去，而要再设置一下文章的标签。设置了标签的文章，更容易被潜在用户搜索到。另外，因为博客旗下有很多个应用平台，只要是能同步内容的平台，我们都要同步，这样曝光率会高一些。这就和修改 QQ 签名会同步到 QQ 空间的说说是一样的道理。

8.2 论坛和贴吧引流

论坛和贴吧是中国最早出现的在线社区，各种垂直领域的论坛和贴吧不仅拥有庞大的用户基础和较高的活跃度，同时也给推广者提供了多样化的渠道和平台。而且，它不需要高额的推广费用，只要我们在论坛和贴吧的宣传能够与我们潜在客户的需求和兴趣点契合，就会引起广大论坛、贴吧好友的关注和互动。一个能够引起共鸣的优质互动话题或者内容，能够为我们带来巨大的精准流量。

8.2.1 找到适合自己的论坛和贴吧

虽然每个论坛或贴吧都有其固有的用户，但并不是每一个论坛或贴吧的用户都是我们的潜在客户，所以我们需要先找到适合我们去做引流推广的论坛或贴吧。

我们可以通过百度搜索、网站排行榜、网站分类目录来搜集大量的论坛信息。假如我们是做护肤品的，我们可以在百度上搜索“护肤论坛”或者“护肤论坛排行榜”，就会出现一些比较热门的与护肤相关的论坛。

有些论坛除了论坛本身比较热门，还在百度占有一定的搜索权重，如天涯论坛、网易论坛、猫扑论坛、搜狐社区、威锋网、瑞丽论坛、爱美网论坛、闺蜜网论坛、妈妈网论坛等。若能在这些在百度占有一定搜索权重的论坛中发布内容，我们不仅可以和论坛或贴吧内的粉丝互动交流，其他用户也可以在百度中搜到我们的帖子，从而起到引流的效果。在这些人气高、百度搜索权重高的论坛或贴吧里发布内容，引流效果会非常好。

8.2.2 多账号管理

做好上述工作以后，我们就需要去各大论坛或贴吧注册会员账号了。这里的账号注册要求与百度系列引流的账号注册要求类似，将我们的昵称尽可能地与我们的产品或者联系方式关联起来，因为很多的论坛或贴吧对广告十分反感，所以昵称引流也是我们要做的基本工作。

我们尽量在每一个论坛都申请3~10个账号。因为论坛或贴吧是网友公共的内容输出平台，会有大量的网友甚至“水友”发帖，如果我们发布的帖子由于内容不够突出或者同一时间内发帖的网友很多，不一会儿就沉下去了，那么我们就需要通过多账号发帖去“顶帖”。

所谓“顶帖”，其实就是利用大多数论坛或贴吧的共有规则——拥有最新回复的帖子会更新到论坛或贴吧的首页，以此使帖子的曝光量更高，从而获取更多的流量。

8.2.3　发帖引流

大部分正规的论坛或贴吧要求帖子中不可以出现外部的网址链接，所以在发帖的时候，如果想要获得较高的关注度，就要尽可能地去炒作热门话题来取得网友的关注。因为大部分人都有凑热闹的心理，所以我们要时刻关注与自己的产品或服务相关的热门话题，通过发帖吸引周围的人来关注、参与和互动，以此达到引流的目的。

很多网友都非常喜欢看娱乐新闻，而且现在具有娱乐性的内容也很容易被人接受，所以我们也可以将文章写得具有娱乐性，这样可以为网友提供更加广阔的讨论空间，以此达到吸引眼球和引流的目的。要知道，在当今社会，一个毫无争议的文章是不可能“热”起来的。

专家点评：

发帖时切忌目的性太强。大多数人都喜欢听故事，因此发表带有故事性内容的帖子是吸引用户关注的重要方法之一。适当地在文章中穿插带有故事性的描述，不仅可以提高文章的可读性，还能与潜在客户产生共鸣，从而达到引流的目的。

现在是一个“信息大爆炸”的时代，很多广告帖、垃圾帖给许多论坛带来了不好的生态环境，这也是论坛和贴吧热度逐渐下滑的原因。因此，现在很多论坛和贴吧对内容的质量越来越重视，某些帖子一旦被发现含有广告成分，几乎就会被秒删。所以切记，发帖的时候一定要以内容为中心，只要内容好，流量就大，不要盲目地去发广告，因为垃圾帖是很难吸引到流量的。

发帖后，我们要主动控制顶帖的频率。一旦顶帖行为过于明显，一经发现，帖子很容易被论坛或帖吧视为广告帖或垃圾帖，最终导致被封号或者帖子被删。

所以发帖时一定要以内容为中心，在与网友真实互动的情况下，人工顶帖的频率不要太高，这样会比较安全。

8.2.4　回帖引流

虽然贴吧和论坛规定帖子中不可以出现外部的网址链接，但是在回帖的时候是可以添加的。不过有些论坛规定在回帖中若留下微信号或者其他联系方式，帖子也会被删除，所以在回帖的时候，我们可以以真实的回复为主，同时留下用于引流的一个链接地址，可以是我们的博客地址，也可以是我们的微博地址，抑或是用一些特殊的、不容易被系统侦测到的字眼来替代我们的联系方式，例如，VX35114062、薇信仨伍妖妖四零六贰等。

在回复别人帖子的时候，关于回复的顺序一般有四种互联网俗称，即沙发、板凳、地板、地下室。在帖子下面第一个回复的叫沙发，第二个回复的叫板凳，第三个回复的叫地板，第四个回复的叫地下室。所以，在一些论坛或贴吧的帖子下面，很多第一个回复帖子的网友都会在留言处感慨说："抢到沙发了。"如果我们回帖的时候，能抢到一些热门帖子的沙发、板凳、地板等，再加上内容回复得当，引流的效果也会很好。

8.2.5　内容的维护与管理

在论坛或贴吧发布内容，不是发完帖子就完事了。如果我们对自己所发布的内容不进行统一的管理和运营，那么也会收效甚微。这里我建议大家发完帖子后，一定要保存好帖子的网址链接，便于后期对帖子进行维护。同时，每天要对这些已经发布的内容进行维护和监控，查看帖子是否沉底了，如果帖子沉底了，就用小号进行回复，把它顶上去，或者找版主或吧主付费设置置顶。

在发帖子的过程中，我们要注意新的账号一般不适合直接植入明显的广告，可以先去论坛参与一些能获得积分和经验值的活动，将账号的等级升上去。同时，注意不要每天在论坛里发布太多的广告帖，因为那样可能会被删帖，甚至被拉黑。

专家点评：

只有经常去管理和维护帖子，查看帖子是否被删除或者沉底，我们之前付出的努力才不会白费。每个论坛或贴吧都有自己的规定，我们首先要做的就是了解规定，在规定范围之内进行创新和运营，提高发帖质量。这样我们的帖子才能在论坛中受到欢迎。

当然，任何帖子都有过时的时候，一个当时热门的帖子并不能让我们一直受益。所以，我们需要做的是坚持维护和管理——对于没有过时的帖子，要进行细节上的维护；对于过时的帖子，要及时更新；对于新帖，要尽量让它变成热门帖。

8.3 分类信息网引流

分类信息网站一般是和人们的生活结合在一起的，因为它所包含的版块多数是为人们的生活服务的。

专家点评：

对于普通老百姓而言，分类信息比娱乐新闻有用得多。因为它直接面向老百姓，并且与老百姓的生活息息相关，所以老百姓不但不会反感，而且会主动去看它，若能成为老百姓主动看的广告，这对广告主来说是最大的喜事。

分类信息网站就是这样一些分类平台，它们通过让用户免费发布和查看信息，以此获得用户的青睐。一般情况下，分类信息网站的版块有房产、交友、车辆、买卖、招聘、生活、教育、商务等方面。

国内比较有名的分类信息网站有：赶集网、58同城、百姓网、中国分类信息网、列表网、易登网、口碑网、今题网、天涯分类信息、手递手网等。我们可以在百度上搜索“分类信息网站排名”来获取最新的排名信息。巧妙地在分类信息网站发布相关信息，这也是微商常用的引流方法之一，而且这种方法的操作难度较低。

8.3.1 主动添加发布者

事实上，分类信息网站中的所有内容我们都可以理解为广告。因此，在分类信息网站中会出现两种人，即广告发布者和产品或服务的需求者。那么，是否意味着广告发布者就不可能变成我们的客户呢？答案是“未必”。既然有人在分类信息网站发布了相关信息，就会留下联系方式，我们可以搜索他们的 QQ 号、微信号、手机号，并且添加他们为好友，先咨询他们所发布的信息，通过一系列的沟通来相互认识，继而成为朋友，进一步建立关系。之后再一步步地吸引他们的注意力，挖掘他们的潜在需求，最终达到成交的目的。

8.3.2 发布招聘信息

在分类信息网站中，招聘算是最热门的版块了，而这一版块在分类信息网站中是非常容易操作的，它并不需要像智联招聘或者前程无忧那样要求企业认证和充值才能发布招聘信息。在分类信息网站中，发布招聘信息或者兼职信息全部是免费的。它只需要我们找到招聘版块，选择好招聘的行业和职位分类，细化到某个省、市、区域，然后点击“发布职位”，就可以直接发布招聘信息。

我们可以在招聘信息中写明我们销售的是什么产品，还有对应聘人员的资质有什么要求，比如，懂得基础的护肤知识，从事过销售工作等。如果他们有兴趣，就会通过我们发布的联系方式找到我们，此时，我们就可以告诉他们具体的要求，比如，每天要发多少条朋友圈消息，按照什么方式发，商品销售出去后给多少提成，等等。如果沟通顺畅，说不定就可以直接将其发展成为我们的代理商。

注意，在发布招聘信息时不要忘记优化招聘信息的标题。标题的吸引力越强，关键词的设置越精准，吸引来的人也就越符合我们的要求。比如，我们要招聘了解护肤品相关知识的兼职销售人员，在这个标题中包括了“护肤品”“兼职”“销售”三个关键词，这样至少能保证吸引来的人是有一定销售经验、护肤常识和兼职意向的人。

8.3.3 发布二手商品转让信息

二手商品转让信息也是分类信息网站中的热门版块之一。在与我们所代理的产品相关的类目中上传一些二手商品转让信息，也会吸引到对这类商品感兴趣的伙伴。当有人对我们发布的二手商品感兴趣的时候，我们就可以直接让他们添加我们的微信，在微信中给他们看实物的照片或视频，让他们来查验商品，通过微信进一步建立关系。

说到这里，也许很多人会有疑问，我确实没有二手商品，怎么办呢？难道这个方法就用不了吗？当然可以使用，只不过此时这个方法就有点“挂羊头卖狗肉”的意思了。我们可以发布一些比较热门且“诱人”的二手商品，这样就会吸引很多人来咨询我们，按照上面的方式，引导他们通过添加我们的微信来查验商品。在给他们看过一些资料后，我们告诉这些有意向的买家，因为有很多人咨询，所以我们需要考虑一下。然后，过几天告诉他们，这个商品已经销售出去了，再转移话题，聊聊其他话题，建立友好的关系，为以后的产品推广和销售搭建一个桥梁。

8.3.4 发布租房信息

在分类信息网站除了发布招聘信息、二手商品转让信息，租房信息也是一个非常热门的版块。我们可以发布一条租房信息，如果我们的目标客户是女性，可以在租房信息中注明：因为房东是女性，所以仅租给爱干净的女性，年龄最好在 25 ~ 35 岁之间，没有不良嗜好。房子有空调、洗衣机、家具、冰箱、热水器等。房子支持长期或者短期出租，有诚意的可加微信联系房东，因怕被骚扰，所以只留微信号，男士勿扰。这样我们就能找到自己所需的目标客户，至少年龄和性别会比较精准。

如果我们发布的是合租信息，我们也可以以希望有共同话题为由，对房客的职业、爱好等提出要求，以达到更加精准的引流效果。

对目标客户有了一定的了解之后就要结合分类信息平台的房产业务版块去获取和过滤用户，然后根据对目标用户的理解去策划推广内容。比如，一个 30 多平方米的小公寓，配套设施完善，有独立卫生间，有阳台，能做饭，房主由于各种原因短时间内不在本地，因房主为女性且爱干净，所以限爱干净的女生租住，价格为 800 ~ 1000 元。像这样的内容发布出去，每天的点击量一定是非常可观的。

怎么提高点击量？除了设置比较有吸引力的标题，我们还可以使用低价策略，把价格定得低一些，58 同城和赶集网都有这类筛选功能。很多人都希望花较少的钱租到好的房子，但是也不能太离谱，价格太低会被认为是骗子。房屋设施填写得完善一些，支付方式可以选择月付，因为很多租房子的人都是上班族，手头没有什么钱，所以他们更喜欢月付这种支付方式。

这样，一个引流帖就做好了。但是，只有一个帖子肯定是不行的，需要我们批量地发布，多发一些类似的帖子才会有更好的引流效果。

8.3.5　分类信息网引流的注意事项

如今，很多分类信息网对帖子的管理和审核都非常严格，所以已经无法在文章内容中直接添加 QQ 号或微信号等联系方式了。这就需要我们机智地通过一些符号来替代 QQ 号或者微信号。另外，有签名档的地方，也可以添加我们的联系方式。如果签名档也被限制了，我们就可以通过插入图片来添加我们的联系方式。如果在图片中添加联系方式也被限制了，我们还可以通过在图片中添加微信二维码来引流。总之，方法总比困难多。不过，要注意的一点是，如果我们想添加图片，最好插入一些真实的图片，这样不仅能增强帖子的真实性，也能提高帖子的审核通过率。

第9章 “不讲道理”的引流

事实上，引流就是在传播内容，内容越精准，传播的范围越大，为我们带来的流量就越精准、越多。就目前来说，在内容上，主要有三种展现形式：一是视频；二是音频；三是图文。在本章中，我主要和大家阐述一下如何通过视频、音频、图文的传播，为我们带来精准且可观的流量。

9.1 视频

视频，作为移动互联网时代主流的内容传播载体，具有非常强的可传播性，如果我们能将一些推广信息，比如，联系方式、微信二维码、产品信息植入视频中，通过视频本身的内容进行传播，给我们带来相应的广告流量，就非常棒了。不过，如果你只看到这一段文字，你可能依然不清楚如何进行视频引流，到底该怎么做，才能既不需要花什么钱，又能收到很好的引流效果。

9.1.1 搜集相关的视频素材

作为个人微商，我们一般没有那么多的资金去做专门的视频媒体、视频节目，那是不是意味着我们就不能通过视频引流了呢？当然不是。我们可以搜集与自己所销售的产品类目或者服务相关的视频素材并下载到电脑中，比如，我们是销售护肤品的，那么我们就可以在网上找到很多护肤小知识、护肤小技巧、日常护肤常识等视频。再比如，我们是做微商培训的，目标客户是那些想学习更多微营销知识的微商从业者，那么我们就可以将各个视频网站中优秀的培训视频链接复制到我们的电脑中。这里要告诉大家的是，我们需要准备足够多的内容素材，这将是我们后续引流工作最有杀伤力的武器。

另外，在视频内容的选择上也要注意以下五点。

（1）简短

为了符合现代人的阅读习惯，我们应尽量将视频的时长控制在 1 分钟以内。如果视频内容较为丰富，应尽量控制在 10 分钟以内，以简短且能突出要点为好，否则用户会没有耐心看完视频。

（2）完整

内容简短并不意味着内容是残缺的，所以视频的内容一定要讲述一个完整的故事或者情节，否则会引起用户的反感。

（3）娱乐

现在的用户更加喜欢轻松、搞笑的内容，他们希望能在欢乐中有所收获。所以，视频中最好能适当地添加一些娱乐性的内容，这样更加容易被用户接受，并且用户也很乐于传播。

（4）大众化

视频的内容必须是大众所能接受和认可的。否则，不仅达不到引流的效果，反而会遭到人们的反感和厌恶。

（5）专业

如果我们所从事的领域非常专业，那么视频也尽量保持一贯的严谨性。

9.1.2 下载视频源文件

当我们搜集了足够多的视频素材后，就要着手将这些视频下载到我们的电脑里。现在很多视频网站的视频都是被加密过的，有些是成为会员后可以下载的，有些是没有下载地址的。对于那些无法下载的视频，有一个方法可以解决这个问题，只需在我们的电脑中（Windows 系统）下载 QQ 浏览器、搜狗浏览器或者 360 极速浏览器即可。在这些浏览器中，只要安装一个网页视频下载插件，我们在浏览器中播放的任何视频、音频，就都可以一键抓取。

专家点评：

有些视频的加密技术比较复杂，会出现通过上述方法也无法下载的情况，这时我们就可以在淘宝网找一些专门的技术人员，把视频链接发给他们，让他们通过专业的技术帮助我们获取视频源文件。

淘宝网有非常多的视频教程，我们可以直接向淘宝卖家购买，一次购买几十或者几百个培训视频云盘或者文件，这样更有利于我们快速下载视频源文件。

9.1.3 重新编辑视频的片头和片尾

既然我们要利用别人的视频引流，就需要在视频中添加我们独有的元素甚至广告来帮助我们达到引流的目的。任何视频都有片头和片尾，而在我们下载的视频中，片头和片尾都是别人的，如果我们将别人的视频原封不动地上传到各大平台，就无法起到引流的效果。所以，我们需要先编辑好视频的片头和片尾，再将我们已下载的视频重新进行加工，这样才能用这些视频去引流。

我们可以找身边专业的朋友或者在淘宝找视频编辑人员帮忙制作片头和片尾，我们只须设计好自己的广告语，找个声音好听的朋友录一段片头和片尾的语音，再准备几张图片，很容易就能制作并合成一套片头和片尾。

制作一个简单的视频，其实并没有我们想象中的那么复杂。我们只须准备一张图片和一个录音文件即可。在这张图片中，有我们公司的介绍及联系方式，有比较吸引人的宣传语（如“想要获得更多的教学视频，可添加微信号、二维码、QQ 号”）；在录音文件中有一些语音介绍。

录音文件和图片都准备好之后，我们只须找一个视频剪辑软件（如爱剪辑），将我们的图片和已经准备好的录音文件插入进去，设定好时间即可。比如，要制作一个视频的片头，就可以直接在视频的开头插入录音文件，录音文件的时长如果有 10 秒钟，那么我们就设定图片的显示时长为 1~10 秒，然后再插入已下载的别人的视频源文件。

总的来说，就是要让我们已下载的视频的片头和片尾都为我们所用，这样我们就可以通过这个视频来引流。

如果大家觉得制作专门的片头和片尾很麻烦，也可以使用视频加水印软件，这种方法也比较简单，即在视频中直接添加带有我们联系方式的水印。

9.1.4　优化视频标题

准备好视频素材后，针对每一个视频，我们可以再写出 10 个标题。我们可以选择最近热搜的一些与我们所销售的产品或服务相关的关键词作为标题，这样引流的效果不仅更高，而且粉丝的转化率也会大大提升。按照这个思路，如果我们准备了 100 个视频素材，针对每个视频我们都写出了 10 个标题，那么相当于拥有了 1000 个视频。如果我们把这些视频上传到 10 个视频平台（如优酷、酷 6、56、土豆、爱奇艺、腾讯视频、搜狐视频等），那么网上就会出现 10000 个我们的视频，推广效果可想而知。

9.1.5　视频的上传与维护

接下来，我们需要注册多个各大视频网站的账号，将准备好的视频素材发布到这些网站中，然后用小号进行评论和点赞，提高互动性。同时，也要将我们已经上传的视频归纳到表格中，定期去检查和维护这些视频，看是否被删除，时刻确保视频的有效性。

由于各大视频网站大量地分布着我们的视频，因此会吸引大量有意向的潜在客户，接下来，我们就可以通过一些方法慢慢地将这些潜在客户转化为我们的粉丝。在上传视频时，我们可以先批量上传一部分，然后定期去更新一些视频，这样可以持续保持我们账号的热度。

9.1.6 视频引流的其他小细节

前文提到的利用昵称和评论的引流方式在这里同样适用。比如，可以将我们上传视频的账号直接换成我们的微信号。在视频评论区，我们也可以抢先去评论。因为有很多用户喜欢在看视频的同时，顺便看看评论区的留言，及时地维护网友在视频下方的留言，也能提高引流的效率。另外，我们还可以了解和利用视频网站的排名机制和权重去炒作我们的视频，使其提高排名位置，以此获得更高的点击量。

9.2 音频

国内比较知名的音频电台有喜马拉雅 FM、荔枝 FM、蜻蜓 FM、考拉 FM、网易云音乐等。

对于很多人来说，开通一个属于自己的音频电台是一个梦想，同时也是一件很难实现的事情，然而，如今事实并非如此。学会运营网络音频电台，不仅能通过电台传播资讯、产品、服务及品牌信息，也能使其成为非常好的引流和销售渠道，所以目前才会有这么多的商家和品牌愿意与 FM 电台合作进行推广。

专家点评：

在传统电台做节目确实是一件非常专业且很难操作的事，然而在移动互联网时代，这一切都变得非常简单。因为你只须用手机下载一个 FM App，然后注册账号登录 App，接着点击开始录制，你的电台就已经在路上了，随时随地可以引流和吸粉。

那些通过电台找到我的粉丝，他们会兴奋地告诉我他们太喜欢听这个电台节目了，非常愿意和我交朋友，或者报名学习我的付费课程，甚至想和我一起创业。

网络电台摒弃了传统的图文传播方式，转而用音频来传播，我们可以通过声音展现不同维度的魅力。有些人不一定会对我们的内容感兴趣，但是会因为我们的声音以及个人魅力而喜欢上我们，从而使我们与更多的陌生人建立情感联系。这就是网络音频电台的魅力所在。

9.2.1 定位音频内容的输出风格

移动互联网时代的媒体与之前的媒体有太多的不同。当下，现代人更喜欢“快餐文化”，他们没有太多的耐心去读长篇大论，他们更喜欢在不花费多少时间的前提下，就能读完、听完那些看起来特别有道理的内容，他们对于枯燥的、篇幅过长的内容毫无兴趣。

如果我们想做一个网络音频电台用于引流，就应该先对我们的音频风格进行定位，每一期节目都要有趣、生动，要足够打动我们的潜在客户。假如我们是做养生产品的，我们就可以在电台中分享一些养生知识、保健知识、生活小技巧等。假如我们是做护肤品的，我们就可以在电台中分享一些诸如如何保养肌肤、如何护理日常肌肤、如何护理敏感肌肤、祛痘有哪些禁忌和技巧等相关知识。因为我从事的是微商咨询工作，所以我更多的是在电台中分享一些做微商的心得体会和营销技巧。

除了像上述那样通过我们的产品和服务来定位我们的音频内容，我们也可以通过我们的用户类别来定位音频内容。比如，我们是做母婴产品的，那么我们可以在电台中传播育儿知识。再比如，我们是做护肤品的，那么我们在传播护肤知识的同时，也可以分享一些爱情故事、两性知识等。虽然音频内容的风格有很多，但这并不意味着这些不同的内容所针对的用户是完全不同的。这一点对于我们定位自己的风格尤为重要。

9.2.2 四种音频制作方法

一说到制作音频内容，可能很多人都会觉得头疼。其实，录制音频并不难，只要学会制作方法，每个人都可以制作电台节目。这里，我将制作者分为四类，并总结出了四种不同的音频制作方法。

（1）声音好听但无法产出内容的人。这种人犹如外表美丽的女子，虽美但没有什么内涵。针对这种情况，我们可以在网上找一些短文或者买几本与我们输出内容相匹配的书，分章节照着读即可，就是一档非常棒且十分专业的电台节目了。

（2）声音不好听但能产出很棒的内容。这种人犹如专家学者，学富五车，但是不善于表达。针对这种情况，只要找一个声音好听或者专业的兼职 DJ 做我们的“御用 DJ”就行。我们可以把内容罗列好，然后发给我们请来的兼职 DJ，让他一次性地录很多期音频，我们分批更新到我们的电台即可。

（3）声音好听又能产出内容的人。这种人则完全有能力自己产出内容和录制音频。我们只需要将目录做出来，再细化一下内容，找个安静的环境，定期通过手机或者电脑进行录制，然后上传到音频电台即可。另外，也可以一次性录制很多期音频，然后分批上传发布。

（4）声音不好听又不能产出内容的人。针对这种情况，我们就只能投机取巧了。也许大家已经猜到答案了，那就是类似上述视频的制作方法，只不过音频的制作方法比视频的更加简单，很容易学会。总的来说，就是我们可以搜集很多别人已经录制好的音频，然后我们在那些音频中添加“水印”即可。

那么，音频的“水印”该怎么添加呢？我们只须找人帮我们录一个专门的片头和片尾，然后插入到我们下载的音频文件中即可。如果我们能找到 1000 个音频节目，然后在这 1000 个音频节目添加我们的“水印”，就等于我们自己拥有了 1000 个音频节目。如果我们把这些节目上传到 10 个平台，就意味着我们发布了 10000 个音频节目，这将会给我们带来无数的用户和粉丝。

9.2.3 如何录制和编辑音频

无论我们选择哪一种内容输出方式，我们都需要学会录制和编辑音频。其实，音频的制作并没有我们想象中的那么难。如今，我们几乎每天都会用到音频录入的功能，比如，我们每天都会用微信发送语音信息，只是很多人从未关注过这些细节。

对于音频的录制，我们既可以用手机录制也可以用电脑录制。用手机录制有两种方法，第一种方法是直接利用音频电台 App 录制。比如，喜马拉雅 FM、荔枝 FM 等电台，它们都自带录制功能，使用起来非常方便。我们只须插上耳机线，找一个安静的环境就可以了，录制的同时还能插入背景音乐，录完后一键上传到电台即可。具体的使用方法在各种 App 中都有具体说明。

用手机录制的第二种方法是利用手机自带的录音功能录制。现在，所有的智能手机都有录音功能。我们只须找一个安静的环境，插上耳机线来录，注意在录制的时候，尽量少咽口水，不然会影响音频效果。因为现在的智能手机配置都比较高，只要录制环境足够安静，后期稍微做一下降噪和添加混响工作，效果就应该不会太差。

用电脑录制的话，若是 Windows 系统一般常用 Adobe Audition 来录制，若是苹果电脑可以直接用系统内置的 GarageBand 来录制。这两个软件不仅可以录制，还可以进行后期制作和拼接。拼接的方式很简单，我们只需要插入音频文件，再拖动音频文件进行拼接，就可以完成片头、片尾和主要音频内容的重新编辑工作。

关于后期制作，我们可以在网上找一些教程，一般对于熟悉电脑的人来说，半天就能学会。

9.2.4 优化音频节目的标题

准备好音频内容后，我们在每一个音频电台都申请 10 个账号，再给每个音频节目拟订 10 个不同的且吸引人的标题。如果我们拥有 100 个音频素材，再通过这 10 个账号上传到 10 个不同的电台，就等于我们上传了 10000 个音频节目，那么接下来的引流效果可想而知。

9.2.5 音频节目的上传与维护

音频节目的上传与维护和视频节目的上传与维护类似。接下来，我们需要用小号进行评论和点赞，提高互动性。同时，我们要将已经上传的音频节目归纳到表格中，定期去检查和维护这些音频节目，时刻确保音频节目的有效性。在上传音频节目时，我们可以先批量上传一部分，然后定期去更新，这样可以持续保持我们账号的热度。另外，我们也可以请一些提高我们音频节目热度的专业人才帮助我们操作，这样会让我们的电台更具可信度和热度。

9.3 图文

在移动互联网时代，最早流行的是图文媒体，它主要以1500字左右、中短篇、图文并茂的文章形式呈现在读者面前。读者如果觉得这篇文章很好，就会帮助我们传播；读者如果觉得内容对他们有帮助，就会主动与我们联系或者产生互动；如果我们能提供他们所需的产品或服务，他们还会与我们发生交易。

时至今日，无论时代如何变迁，图文的展现形式依然没有过时。虽然图文引流与视频引流、音频引流的方法大同小异，但是在具体的操作上，它还是与音频引流、视频引流有所不同的，相比之下，图文引流对个人的技术要求没有视频和音频引流那么高。

9.3.1 搜集图文素材的渠道

图文内容的输出风格定位与视频、音频内容的定位方法类似，这里就不再重复叙述了。有文采的推广者，可以自己输出内容，而没有文采的推广者，就需要掌握一些采集图文素材的渠道。

要想通过图文引流，获得更高的粉丝量和更精准的粉丝定位，除了要做好推广，搜集 / 创作优质的内容也是很关键的。搜集优质内容的渠道有四种：一是利用微信热搜榜；二是利用微信热门推荐；三是利用搜索引擎；四是利用第三方软件。

1. 利用微信热搜榜

微信热搜榜所展示的就是当天搜索量最高和最热门的内容，通过微信热搜榜，我们可以了解当下人们最喜欢和最关心的话题和热点。

2. 利用微信热门推荐

微信热门推荐所展示的大都是微信大号的内容。既然它们是大号，肯定有值得我们学习和借鉴的地方，比如，它们的内容、封面和版式等。这些大号通常在发布一篇文章后短短两三个小时的阅读量就可以突破10万条以上，不仅体现了其粉丝质量的价值，同时也说明它们的内容引流做得很好。其中的热门推荐都是当日的热点话题，我们可以从中选择与自己公众号相关的内容，然后加以充分利用。

3. 利用搜索引擎

利用搜索引擎寻找图文内容资源，即确定自己的内容风格后， 在搜狗搜索框中输入相关的文章或者公众号。例如，搜索与护肤相关的内容。

4. 利用第三方软件

利用第三方软件也可以找到很多资源，但是那些好用的软件都是收费的。对于有一定经济基础的人来说，可以尝试一下这种搜索方式。常见的第三方软件就是“西瓜助手”。西瓜助手在寻找素材方面的选择性比较大，如果我们想寻找视频素材，可以直接选择视频类素材。此外，利用第三方软件还可以帮助我们发现素材中违规的内容。以西瓜助手为例，它会用浅色字体将违规内容标记出来，方便我们查看。

总之，要想找到好的资源和渠道，我们就要下苦功夫进行研究，只有通过不断的积累和再加工，才能做出优秀的内容。

9.3.2 写好文章的标题

有不少人会遇到这样的问题：虽然文章写得很好，但是阅读量就是提不上去，这种情况的问题出在哪儿呢？出在标题上。特别是图文类内容，好的标题是提高阅读量的重要前提。那么，到底该如何设计标题呢？我总结了五个关键因素。

1．抓住用户的痛点

要把用户最关心的内容体现在文章的标题上。例如，“快速祛斑小妙招，我真实的祛斑经历，朋友圈疯传！”这种用户极为关注的痛点，被我们巧妙地运用在标题上，脸上有斑的人想不点进来都不可能。

2．找出矛盾点

将一些具有争议性的矛盾点体现在文章的标题上。例如，“优步和滴滴火拼，最终受害的是出租车司机”这样的标题，用户看到后会产生质疑：优步和滴滴火拼，为什么受害者反而是出租车司机呢？难道他们不是最大的受益者吗？带着这样的疑问，还怕看到的人会忍住不点开文章的链接吗？

3．激发用户的欲望

不要将文章全部的关键点展示给读者，否则谁还愿意点开链接读下去呢？例如，“网红真的是微商未来的发展趋势吗？”这个标题，很多微商看到后会思考利用网红引流这条路到底能不能坚持走下去。总之，我们要在标题中展现人们关心的问题，让他们去文章中寻找答案。

4．引起用户的共鸣

让用户感同身受，让他觉得这篇文章就是写给他的，这样才能俘获用户的心。例如，“你有没有玩命地爱过一个人？”“谁没有过青春？谁没有过回忆？”这些小小的提问引发了无数人的感想，触动了无数人的内心。

5．文字要干净利索

虽然做到让文字干净利索这一点并不很难，但对于一些写作能力比较差的人来说，还是比较困难的。

有时，删除几个无关紧要的字词就会使标题读起来顺畅很多。当我们想要加强语气的时候，还可以使用反问句句式。总之，设置一个好的标题是一门艺术，我们要抱着严谨和学习的态度，多观察、多练习，才能写出真正令人印象深刻的标题和文章。

9.3.3 将内容投放出去

当我们设计好标题与内容后，就需要通过流量较大的媒体和平台全力地推广出去。与音频和视频的推广方式类似，我们同样可以将这些内容投放到各个图文平台、社交平台如微信公众平台、微博文章、简书、论坛等去引流。另外，我们也可以针对同一篇文章，通过优化标题和重新调整版式，重复投放在同一个平台。有流量的以图文为主的媒体平台比音频和视频平台的内容形式更加丰富，如微信公众号、微博、豆瓣、今日头条、百度贴吧、天涯论坛及各类社交 App 等。

内容的生产只是一个“点”，我们通过连接不同的人脉和资源将其形成“线”，最后进行大范围的传播，进而形成“面”。从推广引流的角度来说，内容的生产只是其中一个环节，更重要的是如何布局线和面。所以，如何将策划好的内容合理并巧妙地发布到各个媒体和平台是非常重要的。

9.3.4 维护已发布的内容

我们知道，发布内容很重要，但是维护已发布的内容是一个更加重要且需要每天持续做的事情。定期地对已发布的内容进行维护并加以分析是非常重要的事情。

1. 定期检查已发布的内容的状态

因为各大平台的发布规则、排名规则、内容规则都不尽相同，所以我们发布的内容有可能不久就会被删除或者沉帖，只有定期检查，才能保证我们已发布的内容是真实存在的并且能被用户搜索到。针对被降权和被删除的内容，我们需要通过分析这些问题帖来总结我们发布的内容是否违反了平台规则，以求在后续的发布过程中尽可能地避免违规。

2. 查看已发布内容的实时数据

这是对我们已发布的内容进行数据分析的一个过程。在互联网时代，所有的内容背后都会留下大量的数据，这也是大数据的魅力所在。通过各个平台的后台，我们可以看到自己已发布的内容背后的阅读数据、转发数据、评论数据，这些都是最基本的数据。通过这些数据，我们能够分析出哪些文章内容的质量比较好，哪些文章内容的质量比较差，以便在后续优化内容和标题的时候更加精准。

因此，每天去监控我们已发布的内容的数据是非常重要的，这也是电商运营的基本要求。微商也是电商的一种表现形式，只是支付场景不同而已。所以，实时地监控数据是微商运营中很重要的一个环节，它能让我们的引流更加精准和高效。

3．定期去维护我们已发布的内容

我们一定要掌握维护已发布的内容的方法和技巧，比如文章沉帖了，如何重新把它顶上去；百度上搜索不到我们已发布的内容，如何去优化搜索引擎；如何才能让帖子有更高的曝光率；等等。所以，需要我们在掌握各大平台规则的情况下定期去维护已发布的内容。

第 10 章　社群引流

随着移动互联网的普及，越来越多的行业与移动互联网结合了起来，而微信用户的爆炸式增长，使得社群营销成为当下流行的营销模式之一。那么，如何进行社群营销呢？首先，你要有足够多的粉丝；其次，你的粉丝愿意去参与；最后，要有一个便于粉丝互动的平台，使大家形成一个群体，在这样一个群体中，大家更容易形成相互感染的群体效应。

我在 2014 年建立了一个微商教育培训类社群。这是一个 90% 的群友不会去屏蔽消息提醒的社群，也是一个不允许聊天、发广告的社群，它从 2014 年开始运营，一直存活到现在。

在这一章，我将全面地向读者揭秘我的这个社群是如何成为中国最有价值的付费教育类社群之一的。

10.1　社群定位

微商团队发展到一定阶段后，自然而然地会向社群营销转型。很多人之所以无法理解这种转型，是因为他们没有深层次地思考过这一点。例如，很多做护肤品的微商团队，他们很早就建立了属于自己的护肤知识培训群、分享群。微商团队发展到一定阶段后，也会建立不同层次的培训分享群、讲师培训营；随着消费者数量的不断增加，微商团队也会建立互动群、活动群去批量地管理客户，以此来提高管理效率。

其实这就是社群。但那时大多数人并没有社群管理的概念，也不知道社群有哪些管理方法。例如，很多人的手机中可能有好多个群，但大多数人只会注意到其中的一两个群，其他群就成了“僵尸群”。那些群之所以成为“僵尸群”，原因就在于其社群定位不准确，最终导致社群管理混乱。所以，我们先要了解社群的定位及其核心价值。

1. 知识分享类社群

这是国内目前最活跃且最容易变现价值的一种社群类型。上文中提到的我的那个社群，就属于这种类型。它主要以分享某些领域的细分知识为核心内容，将对某一个领域有强烈求知欲望的用户聚集到社群中进行集中管理。

这类社群有很多表现形式，如读书会、护肤知识分享群、养生保健知识分享群、身心灵成长群、导师训练营、财经知识分享群、投资理财知识分享群、股票知识分享群等。

2. 团队管理类社群

微商团队通常会通过社群来管理全国各地的代理商，而社群不仅在微商领域常见，很多传统企业也已经开始通过社群来管理公司。现在很多传统企业也建立了员工微信群，用于发布公告，甚至连各个部门也都建立了部门微信群，用于向员工分发日报、周报以及安排各部门的协调工作等。

3. 兴趣爱好类社群

这是基于一批有相同兴趣爱好的人为方便相互交流和组织活动而建立的社群。比如，英雄联盟基友群、办公室吃货群、羽毛球爱好者社群、车友会社群、健身打卡群、美食交流社群、电影交流群、粉丝交流群等。还有一些垂直的社交类 App，比如片刻 App（这是文艺青年聚集的一个平台）。

4. 吃瓜群众类社群

这类社群，其实就是一些关系特别好的朋友，为了方便无聊时调侃而建立的社群。这种社群通常人数不多，但是非常活跃，而且大家都不会去屏蔽消息。最重要的是，这类社群的存在价值很高，一旦有什么好的项目或活动，要么都不参与，要么都整个群的人一起参与。

10.2　用户定位

只有清晰地定位我们的社群，我们才能准确地定位我们的潜在用户。假如，我们的群是一个养生保健知识分享群，那么我们要去相关的养生保健知识论坛或贴吧，为我们的社群引流，而不是去自拍吧、美女吧、车友会等社群中挖掘我们的潜在用户。

例如，我曾经服务过一家做芳香疗法（简称芳疗）的培训学校，它想通过建立线上芳疗培训社群来裂变芳疗爱好者，然后通过培训芳疗知识去转化其中的优质用户成为芳疗师，最后将有兴趣做销售的芳疗师转化为该学校旗下品牌的代理商。

这个学校有清晰的社群定位，即芳疗爱好者。于是，它通过各种有关芳香疗法的线上渠道开始传播全新的芳疗知识，从而获得了这个社群的第一批种子用户。

10.3　群有群规

一个社群的运营成功与否，首先要看社群输出的内容质量，其次就要看群规。群规虽然十分重要，但却很容易被大多数社群管理者忽略。一个社群的群规就是这个社群的管理制度，例如，不能发广告，本群在哪个时间段禁言，本群只能讨论哪类话题，不能讨论哪类话题，等等。拥有一套完善的管理制度和群规的社群，一定是有序的。

10.3.1　有价值的社群才有话语权

如果一个社群没有群规，就会毫无秩序。久而久之，群中的成员就会渐渐忽略这个社群的存在，甚至屏蔽或退出这个社群。那么这个社群就失去了存在的意义，成了一个不折不扣的“僵尸群”。

专家点评：

是否制定了完善的群规，就意味着这个社群能够运营得非常有序呢？那也未必，因为群里的成员未必会遵守群规。那么，如何让用户愿意遵守我们的群规呢？答案是，我们社群的内容输出必须有核心的竞争力，要能满足用户的需求，要与其他免费社群或者竞争对手有明显的价值区分和提升。

只有让用户觉得我们社群输出的内容很有价值，他们才会重视这个社群，尊重社群内容的创造者。只有这样，我们才能拥有管理他们的砝码。

10.3.2 付费入群

虽然我的那个社群（上文已提到）建立于2014年，但那时社群的概念还是非常模糊的，更谈不上什么科学的社群管理方法，然而，当时我就坚持了创造有价值的社群这样一个原则，于是创建了一些奇怪的群，比如付费入群等。从目前的情况来看，这些群规还是有一定参考价值和意义的。

现在，很多社群在新成员入群时都需要付费，为什么要付费呢？其实，付费并不代表我要赚取会员费，我在乎的是谁愿意为我的社群付费。那些愿意付费入群的人，至少能让我筛选出哪些人是真的认同我的人品、认同我输出的内容，愿意与我建立关系。

专家点评：

有些人一生碌碌无为，但这不一定代表他没有能力，只不过他确实浪费了太多的精力。很多人将80%的精力投放在了大部分无法为他产生价值的事情上，所以他的大部分付出，其回报都是微乎其微的。

如果我建立一个免费社群，它可能很快就能加满500个人，可是在这500

个人中，与我产生关系的、产生价值的，到底能有多少呢？我不知道。如果有人即使付费也愿意加入我的这个群，那么至少这个人很有可能会与我产生价值和互动。可能付费以后加入群的人会很少，可是我筛选出了精准用户，我宁可为少数真正认同我的用户去服务，也不愿意把精力花在这辈子都不可能与我有交集的用户身上。

所以说付费是一种筛选，也是一种能让我们的投资收益最大化的行为。付费能让我们真正地服务好需要我们提供服务的用户，而不是把精力浪费在那些对我们毫无认同感的人身上。

10.3.3 制定群规

我这个群的群规是：不准说话！

当初制定这个群规的时候，很多人不理解地说："我花钱进你这个群，就是为了交流和扩展人脉，你不让发广告，我还能接受，为什么还不让说话？"而我让他们愿意遵守"不准说话"这个群规的砝码就是我持续地在社群中输出的内容是有价值的、在外面学不到的，所以想听的人就要遵守我的群规。可见，一个社群一定要输出有价值的内容，否则就没有人愿意服从你的管理和指挥。

专家点评：

为什么在我的群中不准说话？因为我是一个非常喜欢反思的人，在建立这个社群之前，我加入了很多群。我发现这些群几乎全部被我屏蔽了，因为群里面的内容毫无价值。我当时就在想，我除了要用社群服务好那些愿意付费且认同我的用户，还不能让我的群沦为被人屏蔽的群。

后来，我仔细地分析了我为什么会屏蔽那些群，答案很简单，就是因为那些群中有太多人说话，即使说的内容有价值，也一样会沦为"僵尸群"。因为只要是一个没有群规的群，即使它很有价值，人们也会因为各种主观原因屏蔽这个群。一旦这个群被用户屏蔽，它与用户的距离就会渐渐疏远，那么这个群的价值就会降低。其实降低的不是输出内容的质量，而是信息的传达效率，久而久之，由于人们不能及时地接收这个群的最新信息和有价值的内容，因此就会逐渐失去对这个群的关注。

所以，我建的那个群是绝对不允许任何成员在群里说话的。即使我本周五要开课，在发通知的时候，我也是小心翼翼地编辑课程预告，然后告诉群里的所有人，不要在群里回复“收到”，而是在收到课程预告后去我朋友圈的第一条点赞，若有问题，在那条朋友圈下留言或者私聊。

不光是禁言，我连一句废话也不敢在我的社群中多讲，包括开课前5分钟的签到，我都是发一个红包，告诉所有人，领了红包就表示签到了，不需要在群里说“签到”。我担心无效的信息太多，会打扰到那些喜欢安静学习的人。

因为这一条群规，我的社群从建立一直存活到现在，而且群消息的屏蔽率低于10%。为什么？因为在这个群中，要么不说话，要么一说话就是我分享的极其有价值的内容。

有人可能会问，什么时候可以说话呢？在我分享课程的过程中，大家可以互动，课程结束后半小时，可以发表你听完课程后的感想，用发表课程感想这种有话题的活动内容来与群友互动，确实比那些没有话题的闲聊效率高很多，而且大家发表的课程感想也可以提醒其他群成员了解他们未曾注意到的内容重点。

专家点评：

很多人无法理解为什么我不让群成员在群里讲话，我之所以这样做，其实是在维护这个社群的生态健康，也就是在维护社群用户的利益。我希望他们付费进群后，都能收获满满。

我本来是想写几条群规的，但发现没什么可写的。因为不准说话，等于说除了我，社群中的用户什么都不能干，只能定期来获取有价值的培训内容。所以，整个社群都在我的掌控之内。而且有了这一条群规，我根本不需要花时间去管理这个群。因为我本人比较懒，所以我制定群规的原则是能让我懒惰的同时还能让工作有效率。也许正是因为这样一条群规才让我的这个社群活到现在吧。

10.4 社群流量裂变

2014 年，我设计了一个社群流量裂变方案帮助一个企业在 30 天内招募了上百名核心代理商。这个方案在当时几乎是最前沿的社群流量裂变方案，即使到了如今，这个方案也极少人使用。下面，我就以之前提到过的芳疗项目为例讲解一下我是如何进行社群流量裂变的。

10.4.1 获取种子用户

社群流量裂变，其实就是一个以内容为核心不断引导用户帮助我们传播和裂变的过程。这个方案的具体做法是：首先，建立一个免费的芳疗培训社群，这个免费的社群主要用来聚集初级的芳疗爱好者。其次，给这个社群制定一系列群规，将培训内容设计得非常吸引人，用培训内容激发用户进一步探索芳疗的兴趣。

10.4.2 第一次社群裂变

在这样一个公益性且吸引人的芳疗分享内容抓住了用户的心后，我就为其策划了第一次社群裂变方案。我让这些初级芳疗爱好者去做宣传，同时成立中级芳疗学习群，只须缴费 300 元即可进群学习。因为大家已经认同了这个培训社群，所以那些真正有兴趣深入学习的人就会付费进群。但是不得不承认，很多人是不愿意付费学习的，而且因为 2014 年付费的社群还不多，所以很多用户依然有很强的防备心理。

在此，我为他们制定了一个推广方案，即如果你能邀请 5 名好友去我们的芳疗学习群学习，那么你就可以免费进入我们的中级芳疗学习群。于是，有一部分人付费进入了我们的芳疗学习群，而另一部分不想付费的人，就邀请他们身边的朋友进入我们的初级芳疗学习群。有一些付费的同时也很认同芳疗的人，也会邀请朋友进入我们的初级芳疗学习群。这就形成了一个流量自裂变的状态。初级群不断有新鲜血液加入，而中级群不断地筛选出真正想学习芳疗知识的伙伴，这样使我们的社群用户更加精准。

中级芳疗社群的内容更加专业、深入，可以让用户更加精准地学到对他们有帮助的芳疗知识。中级芳疗学习群的课程，同样是 5 节课，持续 2 周时间。

10.4.3 第二次社群裂变

说到这里，相信大家已经猜到了，我们接下来还会建立一个高级芳疗社群。可是组建高级芳疗社群就没那么容易了，因为我们通过中级芳疗社群已经筛选出了很多芳疗爱好者，接下来，高级学习群的目的就是转化这些爱好者，而不是继续裂变。

那么，要想加入高级芳疗社群，门槛就是成为芳疗代理商，最低门槛是缴纳 5000 元保证金。于是，一部分对芳疗感兴趣的、跃跃欲试的人就直接成了芳疗代理商，另一部分不想成为代理商的人，他们愿意缴纳 5000 元保证金加入我们的高级芳疗社群去学习。既然是高级芳疗社群，就会有实操内容，芳疗并不是学完就完事了，它还有很多单方、复方精油的调配、实验等，所以让用户加入高级芳疗社群，这样不仅招募了代理商，也获取了一批具有消费能力的终端用户。

因为我们的初级芳疗社群和中级芳疗社群是两个持续裂变的流量入口，所以这是一个完整的、低成本的、以内容输出为核心的从社群营销裂变到转化客户的闭环。另外，因为整个环节都是以内容为核心来贯穿的，只有对我们输出的内容认同的用户才会进一步升入高级芳疗社群，所以这个社群用户的精准度是非常高的。

所以，社群引流的核心在于内容的输出和对用户心理的把控。内容是一种价值，事实上我们与用户之间所做的是价值与价值的交换，而不是简单的金钱与产品的交换。一旦社群的运营和产品与金钱挂钩，就会失去社群存在的意义，这一点一定要切记。

10.5 如何通过裂变式引流做知识付费

过去，我们经常谈的是“病毒式营销”，而现在我们经常谈的是“裂变式引流”。虽然它们的形式类似，但出发点不同。前者是自愿转发的；后者更多的是出于商业目的刻意地进行转发。

基于有限的创意和对金钱的渴望，很多人已经不太关心纯粹的“病毒式营销”，因为他们无法从中赚到钱。比如，你看到一段很感人的视频，自愿转发了，但是你并没有因此获得任何利益。然而，“裂变式引流”则不同，你的转发将会被系统记录，并且有可能给你带来利益。

10.5.1 什么是知识付费

互联网时代与移动互联网时代，这是两个完全不同的时代。互联网时代需要的是一台电脑和一条 ADSL 网线，而移动互联网时代需要的是一部手机和一张 4G/5G 流量卡。前者的位置是固定的，而后者的位置是可以随意移动的。100 多年前，贝尔发明了电话，让我们可以在一个固定的位置使用固定电话与世界对话。后来，随着移动电话的普及，现在已经很少有人使用固定电话了。同样，我们在固定的电脑面前上网的时间越来越少，取而代之的是躺在床上甚至在移动的时候使用手机来上网。

从表面来看是我们的上网方式发生了改变，但其实是背后的内容发生了改变。在互联网时代，有很多免费的东西，比如，163 免费邮箱、360 免费杀毒……凡是免费的东西，人们都乐于一试。可是在移动互联网时代，信息大爆炸，现在免费的东西如同一片汪洋，取之不尽，用之不竭。免费的东西越来越多，让我们眼花缭乱，可是我们的一天时间却是永恒不变的 24 小时。打个比方，你面前有 100 本书，它们虽然都是免费的，但是你有没时间将它们通读完，你希望有人直接告诉你哪本书最值得一看，然后你直接付给他“导读费”。

在浩瀚的知识海洋中，我们希望有人帮我们直接过滤掉垃圾信息，为我们节省时间，让我们有余力去做一些更有价值的事情，而不是做无用功。在移动互联网时代，罗振宇应该算是中国最早一批尝试做知识付费的人，他的“逻辑思维”团队推出的“得到”App拥有众多专栏作者，以及众多的付费阅读者。我也是中国最早一批做付费教育社群的创业者。

10.5.2 知识 + 流量 = 变现

我们假设这样一个场景：隔壁老王退休在家闲来无事，有一天，他回忆起自己年轻时纵横商海，浮沉数载，感慨万千，遂决定将自己大半辈子做生意的心得传授给他人，于是他办了一个“老王生意经”的学习班，统一市场价为365元/年。不管你邀请的是三姑六婆还是酒肉朋友，只要他们能来上课，你就能得到40%的利润分成，于是你非常乐意地转发招生启事。由于老王的课程干货很多，因此来听他讲课的人很多。

这样的场景，在日常生活中其实并不少见，即使像老王这样依靠传统的宣传方式去做推广，也可以赚得盆满钵满。

在移动互联网时代，培训机构或个人讲师要想获得更好的裂变效果，需要借助第三方软件，比如，我与“强少爷”（我的一个合作伙伴）合作开发的“循序”微课堂系统。它是基于微信服务号而搭建的，通过转发二维码自动结算利润分成，实时到账。使用“循序”微课堂系统，既不需要购置服务器，也不需要聘请技术人员，你只须用心地输出自己的知识内容，就可以利用技术帮助你实现知识变现。

专家点评：

总而言之，新的时代需要新的营销方式。所以，不管你是在淘宝网上卖货，还是在做微商培训，都需要调整你的工作方式，紧跟这个时代的步伐，并做出相应的“服务升级”。

第11章 抖音引流

抖音在2018年突然变得非常火，它应该算是2018年最大的流量池了。目前，它已经被很多组织、团队有计划地规模化运作。其实，抖音就是一种视频流的自媒体，虽然我在喜马拉雅FM的流量依然很大，但现在有了新的、更火的自媒体，我必然要去抢占一些流量。

在我玩抖音的短短3天时间内，我便有一个高达30万次播放量、6000多个点赞量的视频，当然，这与拥有几百万个点赞量的网红没法比，但是我相信这个成绩起码超越了大多数的抖音用户。况且，我们做微商的其实也不需要那么大的流量。因为流量大，我们所需的运营团队也要大，所以我们不需要多大的流量，在抖音中能拥有几十万的流量已经很不错了，而且也容易做到。

今天我要说的也是大家最关心的问题：抖音引流的规则、细节、策略，因为抖音出现的时间不太久，目前呈现爆炸式的增长态势，平台规则也在不断优化。

专家点评：

抖音里的视频素材大多来源于生活，由于时间、地点、环境的不同，所以就会产生不同的热点，今天我就说说自己的玩法和经验。经常刷抖音的人都看到过，有人发一条短视频，少则几十、几百、成千上万的点赞量，多则几百万、上千万的点赞量，这些短视频被点赞，其关键因素不仅仅是内容本身，也许是因为发布的时间比较早。我想最重要的因素应该是内容的触点能让大多数人喜欢，再加上平台的推送机制，使得这个短视频的流量越来越大！

11.1 玩转抖音的关键两步

所有的社交软件和社交平台，如果想做营销，都要有从 0 到 1 的过程，这个过程就是养号。就像微信一样，抖音的新账号也不安全，容易受系统监控。如果新账号频繁出现一些违规操作，那么就很容易被封号或者被降权。

11.1.1 养号

要想多养几个号，就要按照抖音的规则去做，具体方法如下。

（1）看“推荐”（多去点赞、评论、转发）；

（2）看“附近”（多去点赞、评论、转发）。

抖音首页的顶端有两个类别：一是平台根据每个用户经常浏览和点赞的内容进行强制推送；二是自己所定位的附近人的内容推送。所以在准备养号前，你一定要多看，多给别人点赞，对自己感兴趣的话题进行评论和转发。如果你不想打扰朋友，可以转发到自己的另一个抖音账号或者自己的微信、微信群、微博中，因为流量是从各个可以分享的平台集中到抖音的，这也是抖音能迅速火起来的原因之一。

11.1.2 找准定位，打造个人 IP

注册完抖音账号以后，接下来该怎么做呢？接下来我们要做的是给自己定位，即我们玩抖音做引流是为了什么？可能大多数人都想通过抖音去吸引更多的人关注自己，买自己所代理或销售的产品。但是，刚注册完抖音账号就直接发布产品广告是一种不可取的做法，严重的话，这个账号会被降权甚至被封号。那么，我们该如何去推广自己的产品或服务呢？这里是有技巧的。

一定要结合自己的产品去反向推理，比如，我如何引流？我的粉丝在哪里？如何拓展客源？2017 年，抖音引流做得比较好的是美妆产品，广告主们通过短视频让女人意识到保养自己的重要性，教女人如何化妆，以及日常如何护理皮肤，这些前提都铺垫好了，通过长时间的关注和学习，粉丝对我们已经产生了依赖，此时我们或我们的产品绝对是她们的第一选择。她们会在评论区和我们互动，甚至主动索要我们的微信号。

从那些做得比较好的抖音账号中我们可以总结出一条经验：换一种思维方式去考虑问题——当别人没有需求时，我们不要强卖，而要想办法去制造需求。那么我们如何制造需求呢？就是拍摄大量的教学视频。没有需求，是因为不懂，只有懂得了如何护理，才会产生需求；而且如果懂得了新的护理方法，是否会产生新的需求呢？

11.2　抖音达人成功的四个要素

在抖音里有很多拥有上百万流量和粉丝的抖音达人，那么想要成为抖音达人，你需要具备以下四个要素。

11.2.1　前五个抖音视频至关重要

前五个抖音视频内容决定了抖音后台对你的这个账号风格的判断，因为抖音运用的也是大数据算法。所以你在看抖音时会发现，你经常看哪种类型的内容，系统就会给你推送这种类型的内容。比如，你喜欢宠物，你会发现刷来刷去都是关于宠物的视频；又比如，你喜欢美食，你会发现一打开抖音都是关于美食的视频；再比如，你喜欢看美妆或美容视频，你会经常刷到类似的视频。

所以你在运营抖音的时候，前五个视频的风格一定要保持一致，这样抖音就会把你分到某一个类型中，将来抖音给你导入流量的时候，也会精准地细分让对你这种风格感兴趣的人来看你这个视频，这样你的评论数才会增加。

所有的平台都有对用户内容进行预判和审核的机制，抖音也一样。你在玩抖音的时候也可以注意一下，比较火的视频一般都不是该用户的第一个视频，按照经验来算，一般是第六个视频，当然也有人发第一个视频就火了，关于这种情况，一般来说要么你是明星，自带流量和优先分配大流量池，要么你的内容属于热门话题，引起了大量关注，所以我一直强调前五个视频一定要做好定位，一定要做出精品。

按照我所说的方式先发布几个视频，这样抖音平台就会检测出你发的视频内容的类型，平台系统会对其进行预判和归类。这么做是为以后平台的流量分配做铺垫，一定要先归类，系统会把你定义成某一类视频，后期系统就会按照这个方向向其他用户推送你的视频。

11.2.2 选好发布时间

发布五个视频后，就要开始准备发具有营销爆点的视频了，那么在什么时候发布最好呢？很多抖音课程的讲师都说 18 点至 20 点之间发布最好，很多人就是听信了这些讲师的话，纷纷在 18 点至 20 点之间发，这个时间段全是新视频，那么多的原创视频和首发视频扎堆发布，你觉得平台系统会推送那么多的新视频给用户看吗？你觉得你能火的概率大吗？

我的建议是根据自己的经验，经过测试和研究后，选择一个你认为最适合的时间段。我喜欢 17 点半左右发。因为我曾经有一个视频就是在下午发的，而且一下子就火了，其他时间发的都没有这个效果好。这也有可能是运气好，因此你要根据自己的实际经验来判断。

11.2.3 运用核心技巧进行热门曝光

虽然视频的内容质量是首要的，但仍要匹配好的文案，那么该如何匹配好的方案呢？这就要掌握一个要点了，那就是你不要把自己当作发布者，而要把自己当作观众。你在发布之前再好好看看自己的视频，结合视频内容判断你的粉丝或观众会不会喜欢。以什么样的角度去发布？如何引起别人的关注和互动？

另外，在发布视频的时候，你一定要注意发布的频率，别太急功近利。一开始，点赞数肯定没有那么多，但是如果内容好，抖音后台会推送你的视频，你会看到自己的点赞数和评论数在增加。抖音和别的平台还不太一样，如果你的内容足够好，后台推送的流量会成倍增加！我记得我那个很火的视频，第一天只有 1 万多的流量，第二天就有 10 万，第三天就有 20 多万，第四天达到 30 多万，我感觉后台好像在刻意推送这个视频。

11.2.4　抖音热门推荐机制

关于抖音热门推荐的问题，我咨询了一些研究抖音的朋友，他们说抖音热门推荐其实是有一定运作机制的。一条新的视频，如果它符合抖音发布规则，抖音平台会先推送给 1000 个人看，如果这个视频在 1000 人中的点赞数、评论数或转发量达到了它的考核标准，比如 2% ~ 3% 的点赞数，那么平台接下来会把这个视频推送给 5000 个人，如果这个视频在 5000 个人中的点赞数、评论数或转发量达到了一定的考核标准，平台则会把这个视频推送给 1 万个人，以此类推，只要达到了某个考核标准，平台就会推送给 5 万个人、10 万个人、50 万个人、100 万个人、200 万个人、500 万个人……

如果你发的视频的点播量只有 500 次，那么基本上就没有什么人去关注。如果点播量到了 1000 次，说明你的作品符合抖音平台的推荐给 1000 个人观看的标准，如果这 1000 个人看了，并且有了更多的点播量和点赞数，抖音平台会继续给你推送流量，这就是规律。如果你的作品的点播量一直都在 1000 次甚至 500 次以下，说明你的作品的方向和风格要尽快调整。抖音热门推荐机制是智能化的大数据算法，并非人工操作的。

当你的视频成了热门推荐后，你该如何让它持续热门呢？那就是二次曝光！我举例说明一下：如果你的视频点播量已经达到了 200 万次，而你想突破 300 万次、500 万次，应该怎么做呢？这是需要一定技巧的，由于是热门推荐，所以一般会有很多人评论这条视频，你要做的是尽可能多地回复这些评论消息，只有这样才能带动评论互动，迅速地被平台系统更新推送，以达到你增加点播量的目的。

无论你如何做视频，内容都很关键，而且最好是原创作品，所以在前期你一定要多看、多总结、多交流、多互动！多看私信评论的内容，你就会明白我最开始讲到的抖音的内容定位十分重要，因为定位越准确，你吸引来的流量就越精准。以上内容是养号以及培养抖音达人的一些经验，供大家参考。

专家点评：

与其说现在是抖音的红利期，不如说是短视频的红利期，方便、快捷、简单、明了，很容易上手。其实，养号的过程并不像我们所说的那么简单，所以我们一定要有耐心，抓住时机找到一个可以让人瞬间感动的点，引爆话题，让人愿意积极参与，只要用心去做，没有什么难的！坚持创作，在一些垂直领域里做细分，结合真实生活去探索和发现，也许偶然的机会，下一个红人就是你！

11.3 如何引流到微信

那么抖音吸引来的流量，我们该如何变现、如何转化呢？据我的观察和我自己的经验来判断，我总结了几种抖音变现方式。以下五种方式可以直接将抖音引流到微信中。

1. 就像上面所说的，别人私信你，你直接回复他，让他加你的微信。

2. 可以在视频下面直接回复。比如，“请加 V：××××××”。

3. 抖音的个性签名，用微信的谐音字符代替，但如果你的账号是新号，我不建议你这么操作，当有一定的量以后，可以慢慢渗透。

4. 把抖音号直接改成微信号。

5. 在抖音的个性签名里隐藏多个微信号进行分流。

对于这几种方法，我建议大家选择适合自己的。你只有找到适合自己的方法，才能使其发挥最大功效。

第 12 章　微信朋友圈引流

朋友圈是微信的一大特色，它可以展示我们的生活，拉近我们彼此之间的距离。它也是我们微信营销中不可缺少的一个渠道。因此，我们有必要把朋友圈打造得尽善尽美。

12.1　发布朋友圈信息的节奏

试想一下，如果你自己的朋友圈经常有人刷屏发广告，当你打开自己的朋友圈，除了能看到广告，其他的信息基本上就没有，你是不是会觉得很懊恼、很反感？事实上，当我们每天发布的广告数量太多或者过于频繁的时候，就会打扰到对方的生活，影响对方的情绪，最终被对方厌倦，导致对方屏蔽我们的朋友圈信息，甚至有可能会被对方直接拉黑或删除。那么，我们应该怎么做才能避免打扰到别人呢？

12.1.1　控制好发布数量

为了避免被对方屏蔽或拉黑，我们可以适当地减少朋友圈的广告发布数量，最好能够控制在 10 条以内。而且，在这 10 条朋友圈信息中，并不全都是产品的广告信息，而是要将比例分配好，我们应尽量多发一些生活中有趣的信息，产品的广告信息控制在 5 条左右最好。

很多人认为，自己是做微商的，如果朋友圈不发广告，怎么会有人看到并且来购买产品呢？其实，当你的微信好友看到三次以上你发布的广告信息后，他们就已经知道你是做什么的了。他们之所以没有购买，是因为暂时还没有需求，或者你的广告信息还无法激起他们的购买欲望，这就跟你经常看到自己朋友圈里其他好友发布了产品广告而自己没有去购买是一样的道理。

12.1.2 控制好发布频率

除了控制好朋友圈的发布数量，你还要控制好发布的频率。有些微商可能白天没有时间，到了晚上就一次性地连续发好多条产品的广告信息，这种做法是错误的。当你连续发布广告信息时，更容易引起别人的反感。可能你自己也碰到过一些微商，他们喜欢连续发布产品信息，而且内容直白，毫无价值。碰到这种微商朋友，我相信绝大部分人第一时间都会将其删除。

专家点评：

因此，我们宁可少发几条信息，也不要连续发布产品信息，中间应当有个过渡时间，比如，我们可以早上发一条、中午发一条、晚上发一条。这样做也是为了避免出现刷屏现象，不至于被好友拉黑、删除或者屏蔽。

12.2 发布朋友圈信息的五个黄金时间段

作为微商，基本上都会遇到这样的问题，发布朋友圈信息的时候极少有人看。其实这是一个正常现象。这跟我们摆摊卖货是一样的道理，白天的时候在街上摆摊，生意明显很差，因为白天人流量较小，看的人也少，购买的人也会随之减少。但晚上摆摊的时候，生意就会比白天好很多，原因是晚上逛街的人多，人流量较大，看的人也多，购买的人也会随之增多。

同理，我们通过微信朋友圈来卖货，那么这个朋友圈其实就是那个地摊，要想有更多人去围观，就必须选择在最佳的时间段来摆摊卖货，这样，看到的人才会增多。这个时候，我们就要考虑哪些人群在哪个时间段会有时间去翻看手机，翻看朋友圈。然后，根据不同的时间段来规划朋友圈的信息发布频率，以便达到最佳的效果。

1．6 点至 8 点

在这个时间段有空看微信的主要以全职妈妈和上班族居多。孩子一般醒得比较早，而妈妈也会跟着起床照看孩子，等孩子吃完早餐、上学后，她们闲下来的时候就多了，这个时候她们会打开微信看看朋友圈。因此，在这个时间段发布朋友圈信息，被看到的概率会比较高。还有就是上班族，他们在上班的路上，挤地铁、坐公交的时候也会打开微信浏览朋友圈信息。

2．12 点至 14 点

这个时候应该是大家吃中午饭的时间，忙了一上午的工作，没有时间看朋友圈，到了午休时间，人们就会迫不及待地打开微信朋友圈，看看有哪些有趣的事情发生，看看朋友们今天都干了些什么事情。在吃饭的过程中，抱着手机看微信，如今已经成为大部分人的习惯。

3．18 点至 20 点

忙碌了一天，这个时候很多人都已经下班了，也有人可能已经吃完饭去休息了。或许有人直接拿着手机玩微信、看朋友圈；或许有人一边看着朋友圈，一边看着某个电视剧，但无论如何一般都不会落下手机。

4．21 点至 23 点

对于普通的上班族来说，这个时间段可能有一部分人已经休息了，但大部分人可能还没有休息，也可能正躺在床上玩手机，可以说，这个时间段应该是一天当中最热闹的一个时间段。除此之外，基于人们对微信的依赖习惯，绝大部分人在睡觉前一定会看一遍朋友圈后才会放下手机休息。

5．24 点至 2 点

“夜猫子”无处不在，特别是在微信上，“夜猫子”更多。这类“夜猫子”往往因为睡不着而不断地刷新自己的微信朋友圈，希望能够找到一些令自己愉快的事情。因此，如果能在这个时间段发布朋友圈信息，那么被看到的概率也会很大。

有些人可能是兼职做微商，在时间规划上，他们无法定时地发布朋友圈信息，但我认为这都是借口。如果真的想在规定的时间内发布朋友圈信息，那么完全可以通过设置闹钟的方式来提醒自己，闹钟一响，你就知道要发朋友圈信息了。

专家点评：

对于微商而言，在朋友圈发广告应该是一场有计划的“商战”，如果没有计划，只是盲目地乱来，那么工作效率将会大打折扣。

12.3 发布朋友圈信息时需要注意的细节

其实，朋友圈营销并没有什么绝招，也没有什么秘诀。若非要说有什么绝招的话，那就是把每个小细节做到极致。谁能够把每个小细节做到极致，谁赢的机会就越大。为了更好地互动或者更好地借用朋友圈做营销，有些细节是不能忽视的，这些细节对于我们能否激发客户的购买欲望会起到一定的作用。而且，它们还可以帮助我们增加传播渠道。发布朋友圈信息时要注意以下四个细节：

1. 所在位置

所在位置其实就是一个地址栏，在发布朋友圈信息的时候，我们可以选择显示地理位置；如果不想让它显示出来，我们也可以选择不显示。另外，我们也可以利用地址栏来做广告，有时利用地址栏做出来的广告，不仅不会让人产生反感，还会让这个广告显得更加明显。

2. 谁可以看

有时候为了避免打扰自己的一些亲朋好友，或者有些内容不想让某些人看到，我们就可以把自己的通讯录好友分组，然后在发布朋友圈信息的时候，选择“部分可见”或“不给谁看”。

3. 提醒谁看

当我们发布一些与其他人有关的朋友圈信息时，可以巧妙地利用此功能来提醒他们一起来围观，每次能提醒的人最多不超过 10 个人。

在发布某些产品的相关信息时，我们还可以利用这个功能提醒一下那些我们已经备注好的潜在客户。比如，针对有购买意向的客户，我们在发布客户评价或者客户反馈信息的时候，可以提醒这些潜在客户过来围观，让他们知道我们的产品确实好，因为有那么多真实的客户评价。当这些潜在客户看到我们发布的真实的客户反馈信息时，可能会因此更加相信我们而最终下单购买。但是如果我们没有提醒他们前来围观，那么我们发布的客户反馈信息很有可能就会沉底，因此潜在客户便看不到这条信息。在提醒潜在客户前来围观时，一定要注意提醒的次数尽量不要超过三次，否则，很可能会引起对方的反感，会让对方认为我们迫切地想赚他们的钱，如果是这样就得不偿失了。

4. 小视频

小视频是最能体现真实性的，尽量通过小视频来发布信息。比如，有些人会拍一些发货图，虽然这也能体现出一定的真实性，但不是每个人都认为这是真实的。如果我们能拍摄小视频的话，那么看起来会更加真实。越是真实的东西，越能打动别人，也越能取得别人对你的信任。

12.4　发布朋友圈信息的小技巧

在发布朋友圈信息时，为了吸引别人前来围观，我们很有必要使用一些小技巧来扩大信息的传播范围。我总结了如下三个小技巧。

1. 内容最好不超过 6 行

在编辑朋友圈信息的时候，内容一旦超过 6 行，后面的内容将会被系统隐藏起来，需要点击“全文”后才能查看全部的内容。因此，我们在编辑内容的时候应尽量做到精练，在缩短内容的同时，不能影响整体内容的表达。若是内容已经很精练了，但还是超过了 6 行，可以等发布出来后，在评论中再复制一遍，让好友直接通过看评论去看我们这条朋友圈信息全部的内容。

2. 配图精美

我们在发布朋友圈信息的时候，绝大部分内容都需要配上图片，很多人为了发布一些真实的反馈图片，把买家的使用过程拍下来放到了朋友圈里，这种做法没有错。但一定要做到配图精美，因为人们在看朋友圈时，第一视觉不会放在文字上，而会放在图片上。如果我们所配的图片能够吸引他们的注意力，我们就已经成功了一半，因为没有人愿意看到丑的照片。必要的时候可以使用修图软件适当地修饰一下，现在有很多软件都是针对微商研发的，比如，美图秀秀、天天 P 图、in、黄油相机、9cut、海报工厂、足记等。

有很多人说，在发朋友圈信息配图的时候，不要发 5/7/8 张，最好是 3/6/9 张，这样最美观，也更方便，这种做法没有错，但不完全对。其实没有人会在意我们发了多少张图片，人们在乎的是图片的内容是否精彩，是否有吸引力，仅此而已。所以，不要一味地想着要配多少张图片，而要想着我们的图片是否有吸引力，是否有价值。

3. 表情分隔

一篇比较长的文案，如果没有任何表情符号将长长的内容分隔开，就会显得密密麻麻，不简练。当我们自己看到满篇全是文字的文案时，也会觉得不舒服，不愿意继续往下看。所以，为了有更好的视觉效果，我们可以用一些表情符号将长文字分隔开，这样一来，别人看着也会舒服一点，也更愿意把整篇文案看完。

以上内容都是我们在发朋友圈信息时比较常用的一些小技巧。灵活运用这些技巧，可以让我们的微信朋友圈变得更加有吸引力。

专家点评：

任何事情都有一个“度”，切记不要因为一己私欲一而再、再而三地去做一些令人反感的事情。己所不欲，勿施于人，所以我们要学会换位思考。

12.5 “标题党”的六大“党章”

朋友圈发文最重要的就是要有一个好标题。一项针对消费者的研究表明，一条商业信息能否引起消费者的兴趣，取决于消费者看到它后的 5 秒钟。通常在这 5 秒钟的时间内，消费者会先关注标题或者文中的第一句话，因此，标题的质量对于文章的点击率至关重要。好的标题需要设计，所以要想成为一个优秀的“标题党”，需要遵循以下六大“党章”。

12.5.1 “党章一”：明确客户群

明确客户群就是让属于这个客户群的人，在看到这个标题后立刻就能明白这篇文章是他必须看的。比如，今天是七夕，标题可以设置为《“单身狗”今天都是这么过的》，这就明确了这篇文章是写给单身人士看的。再比如，这个标题《“90 后”怎么选婚房？》，短短几个字就点出了这篇文章是写给准备结婚的“90 后”看的。

12.5.2 “党章二”：结合时事

上面说到了“90 后”怎么选婚房这个案例，如果按照“党章二”来设置标题的话，可以改为《奥运冠军傅园慧直言选房标准》。对于结合时事的文案，我觉得在中国做得最好的应该就是杜蕾斯了，无论时下有什么要闻，杜蕾斯都会第一时间做事件营销，把时事新闻变成广告，然后使其广为流传。

12.5.3 “党章三”：新闻炒作

继续拿买房的案例来举例，其文案标题可以改为《只因抢不到房，客户怒砸售楼部》。这种简短的文字，可以极大地吸引读者继续阅读。中国的媒体竞争非常激烈，大量的媒体人为了博眼球转而去做“标题党”，然而很多标题却误导了大众。比如，之前出现的某明星的离婚事件，其实网上的大部分内容都是炒作、烟幕弹和虚假新闻，只为博人眼球。大家写软文的时候，可以借势炒作，但内容还应是实事求是的好，不要过于夸大或写与新闻无关且未经证实的事情。

12.5.4 "党章四"：倒计时

《最后72小时，全国第一档微商专业视频培训节目的百万流量花落谁家？》像这种标题就是利用倒计时来营造机不可失的氛围。当你看到这个文案的时候，我相信你也会忍不住想点进去看看视频培训课程到底讲的是什么。基于此，你的兴趣点就在这一刻被点燃了，它会刺激你做出下一步的动作。

12.5.5 "党章五"：利益诱惑

《你是想和现在一样做个小微商，还是加入全民学院少奋斗10年》这种标题就是用利益来诱惑人们看你的文章，从而使其产生兴趣。很多人看到"少奋斗10年"这几个字之后会毫不犹豫地选择加入全民学院，因为没有人愿意过苦日子，这句话触动了大部分微商从业者的心。

12.5.6 "党章六"：霸气外露

有一些品牌在新闻网站造势的时候会使用这样的标题：《请自行翻阅各大报纸》，文案下方会粘贴各大报纸的相关截图，附带活动内容。通过这种方法，既可以用极少的文字有针对性地表达你想表达的内容，也可以增加内容的神秘感，给人一种"高大上"的感觉。

如果你懂得运用这六大"党章"，那么，你写标题的水平将会大大提升，你就可以吸引更多的读者点击你的文章，阅读你的内容，最终实现成交。

12.6 行文要有可读性和逻辑性

学会了"标题党"的六大"党章"，接下来你应该怎么做呢？你要学会运用障眼法。一篇好的软文是如何做到既隐藏了广告的目的，又满足了读者的阅读欲望并引导他们一步一步往下读的呢？那就是要遵循可读性和逻辑性这两大写作原则。

一篇文章如果可读性很差，即使它的标题很诱人，读者看了两句之后还是会失去兴趣，或者点开你的二维码看到里面的内容都是一些乱七八糟、可读性很差的东西，一样会失去阅读兴趣。

要想提高文章的可读性，首先要注意每条朋友圈信息的字数。我建议应尽可能地控制在 140 字以内。除了控制字数，还要尽可能地用极简的文字描述将你想要表达的内容表达出来，同时还要兼顾可读性和逻辑性。

下面我用具体的案例来说明可读性是如何体现的。

该项目占地 400 亩，分三期开发，由 15 栋高层组成。小区人车分流规划，配有优雅的园林设计……

上述文案的可读性为零，用通俗一点的话来说，全是废话！记住，没有人愿意花时间去听你说废话。

再看一个文案：

项目前期热销 30 套别墅　超大运动馆开放

恒大绿洲明日震撼开盘　万人期待

同样是一篇房地产开盘软文，我们看到的最常见的写法是以上这种，一般是流水账，无非是时间、地点、数量、价格。为了增加软文的可读性，我们要换一种思路，例如：

恒大绿洲明日开盘三大悬念——

悬念一：上周 4 小时狂卖 4 亿元，明日能否再破销售纪录？

悬念二：最后 30 套稀有别墅，究竟花落谁家？

悬念三：超大运动馆开放，能否刮起全民健身风？

这种写法是不是比上面的写法更有吸引力？所以说，一篇软文哪怕只有几行文字，也一定要有可读性。否则你写得再长，也没有人看。

专家点评：

一篇优秀的软文，不仅要有可读性，还要能以理服人，就像我们做数学题一样，一定要有逻辑性。但是，软文的逻辑性与做题的逻辑性并不完全相同，软文的逻辑性是为吸引力服务的，而做题的逻辑性是为答案服务的。

撰写软文的逻辑在于，找出潜在客户与产品之间的内在联系，也就是产品能给潜在客户带来什么利益。

一个产品好不好，要看它能给客户带来什么利益。光给数据、反复罗列卖点、讲道理是没有用的。

比如，某楼盘拥有大型社区运动馆，对于这一利益，你应该如何推荐？

方案一：一个人一天有 10 个小时是坐着的，一生有超过 30 万个小时是脱离运动的，通过运动可以解决多少都市病。

方案二：运动馆能同时容纳上千人，每人每周至少能得到 N 次 N 小时锻炼时间。健康比什么都重要。×× 楼盘，值得选择。

再比如，某市郊住宅产品的推荐语如下。

方案一：很多人都不知道生命的重要性，他们没有生活，他们喜欢把时间浪费在拥堵的大马路上。

方案二：同样的时间，一边享受风景，一边远离尾气和烦躁吧。

这里，我要告诉大家一个原则：如果这篇文章连你自己都觉得逻辑性很差，那么，请不要“侮辱”读者的智商。

发朋友圈信息考验的不仅是文字功底，还有你的综合能力，把“标题党”的六大“党章”弄清楚，再按照可读性与逻辑性兼备的原则去行文，基本上就没有什么问题了。

我建议大家应该多阅读一些优秀的软文案例，同时在实践中多加练习，相信大家一定会有所收获。

第 3 篇

微商成交

◇ 第 13 章　引流只是开始，成交才是硬道理

◇ 第 14 章　如何快速成交

◇ 第 15 章　如何和客户进行准确的沟通

◇ 第 16 章　如何建立信任感

◇ 第 17 章　设计一个励志的微商故事

◇ 第 18 章　超级好用的零售沟通技巧

◇ 第 19 章　100% 好评和复购技巧

第13章 引流只是开始，成交才是硬道理

要达到成交的目的，就要解决成交路上的各种困难，包括与客户沟通、被客户拒绝等。作为一个成功的微商从业者，你更需要掌握各种技巧来解决这些问题。

13.1 任何流量都不专属于你

流量到底是个什么东西？

你可以说，流量就是人，就是潜在客户。那么，我告诉你，没有任何一个人会专属于你。

你可以说，流量就是潜在客户对你的关注。那么，我告诉你，在这个商品过剩的时代，这个新模式层出不穷的时代，这个信息泛滥的时代，打开微信看一看有多少公众号，你就知道，获得关注很容易，但获得持续的关注有多难，所以流量依然不会专属于你。

你可以说，流量就是成交的机会。那么，我告诉你，机会除了永远只留给有准备的人外，它也只对那些能够提供交换价值的人产生作用，如果你不能提供独特的交换价值，那么流量（机会）依然不属于你。

你还可以说，流量就是你变现的资本。早期的互联网就是这么操作的，百度用C端的流量换取B端的广告费，阿里巴巴用C端的流量换取B端的推广费（如直通车），腾讯也在尝试用C端的流量换取更多连接一切的机会，这些都需要巨大的流量池，显然这不是微商能够驾驭的互联网广告变现模式。微商的基础就是C2C的成交，在我看来，微商的运营模式比百度、阿里巴巴、腾讯的更原始，但也更有生命力、更持久。

对微商来说，成交才是关键。简单明了，直切要害。所以，从某种意义上来说，引流并不是微商最重要的第一步。它只是一个开始，用一句行话来说，微商本来就是自带流量的。

专家点评：

我所见过的每一个成功的微商，没有一个人会把他的主要精力放在引流上，他所专注的，或是好产品，或是好模式，或是好内容，或是好服务，有了这些，或者其中任何一项，流量都会主动来找你！

任何流量都不会专属于你！所以，把你 80% 的时间投入到能够创造专属于你的价值的事情上吧！

13.2　微商成交的场景

场景，简单来说，就是位置、环境。微商的成交场景可以有无数种。微商的微，是微小的微，正因为它很微小，所以微商可以无孔不入、无所不在。你可以在任何场景下成交，不一定非要在微信上。大多数刚入微商行业的人认为，微商就只是在微信里卖东西，这是错误的理解。在微信上成交，只是微商成交的场景之一。

专家点评：

事实上，微商成交的场景是多样化的，辅助成交的其他因素也有很多，比如，你的客户精准度、客户黏性及产品质量等，都可能影响你的成交结果。这里，我讲一下微商成交的几种常见场景。

13.2.1　常见的微商成交场景

第一种场景，推荐扫描二维码去购买或者转发链接推荐朋友去购买。很多人之所以对微商持观望态度，是因为不能接受这种在朋友圈卖货的行为，其实他们的内心并不排斥这种商业模式。比如，有朋友向你咨询，某个商品是从哪里买的，然后你给他一个淘宝链接，让他自己去买，对此他会有什么看法吗？绝对没有。但是你在微信上刷屏，别人就会有看法，他会觉得你是在赚他的钱，所以会觉得不舒服。如果他不知道你赚了他的钱，他就没什么看法。

第二种场景，转化老客户，让其成为代理商。如果他真的认可你的产品，你可以告诉他一个信息，就是这个商城招合伙人，有分红。你可以让他把这个合伙人的功能当作会员卡用，如果他自己买，有分红，如果他推荐朋友去买，也有分红。当他发现，只要推荐两个朋友购买这个商城的产品，就能赚钱，相当于自己买的产品是免费的，那么他可能就会进一步分享，推荐更多的朋友去购买。所以当他发现自己赚钱了，就会一步一步地被你引导进来，成为具备消费能力、分享能力和裂变能力的代理商。在此之前，你并不需要花费很多的沟通成本和教育成本，而且在前期，他也不会有太大的压力，因为这个引导过程比较平滑，不会有明显的感觉。

第三种场景，针对实体店、分店比较多的全员营销。如果你有1000个员工，每个员工一个月卖一个产品，一个产品赚50元，那就是5万元。如果有1万个员工，你就能赚50万元。如果把这50万元当作奖金发下去，员工们肯定会非常开心，那些做得好的员工，他们的分红比工资还要多，就会激励其他的员工更加卖力地去推这个商城的产品。

这里必须强调一点，我们都很清楚微商的体系，是金字塔形的，底层微商的基数是最大的，可能占整个团队的70%，中层微商占20%，顶层微商也许只有10%。所以我们要清楚，不是所有人都能站在金字塔的顶端。大多数人都是平凡的，平凡人只具备一定的消费能力和分享能力。所以，我们要用平台系统服务好底层的微商，让他们能更好地在各种场景中完成成交，只有这样，那些处于金字塔顶端的人才能分到钱。因为底层微商才是销售产品的真正出口，也是微商持续赢利的关键所在。

所以，在价格体系上，我们要做得更加完善，让底层微商赚钱。在制定分红模式、价格体系时，一定要多替底层微商考虑，给他们最高的利润。比如，底层微商拿 70% 的利润，中层微商拿 20% 的利润，顶层微商只拿 10% 的利润。因为底层微商虽然销售量不大，但是基数大，所以一定要让他们赚到钱，让他们利润最大化。

只有底层微商稳定了，整个团队才能稳定和长久赢利，所以我们一定要做好关于分红模式和价格体系的制定工作。

第14章 如何快速成交

最近，我从学习心理学和行为学这两方面知识的过程中发现，学习系统的方法能够帮助大家更高效地掌握一些微商大咖的成交技巧。现在，有很多人都在模仿那些很成功的微商，但是收效甚微，那么到底是哪个环节出现了问题，导致收效甚微，本章将为你逐一解答。

14.1 如何学习成功微商现有的模式

2014年至今，我一直在坚持分享自己所学到的知识，希望能够持续更新。我的课程之所以从来没有重复的内容，原因在于我一直在坚持学习和积累更多的知识。其实，我所讲的课程内容有些并不是原创的，而是我从别人那里学到的。虽然我们所学到的知识并非都是原创知识，但是中华文化博大精深，即使只学到了一些皮毛，也可以在现实中大放异彩。所以，我们不要嫌弃模仿，也不要害怕模仿，只要是好的知识和经验，就应该去学习和模仿。

我的喜马拉雅账号有很多的粉丝。他们通过听我的音频课程，从零开始学做微商，他们当中有一些人是没有加入我的全民学院会员群和循序微商课堂的，也有一些人是直接在线下找我做咨询的，其中一部分人的流水已经月入百万元了。通过了解我发现，这些人有一个共同的特征，就是坚持“从0到100”，按照我的课程体系一步一步地学做微商。在我的会员群里有这样一个同学，他把我的课程按照讲课顺序，做成了思维导图，循序渐进地执行，每一步都严格按照顺序去做。我相信他这样坚持下来，想不成功都难。

为什么有的人仅仅听了我的音频课程就能做好，而有的人即使加入我的全民学院会员群或者听了循序微商课堂也做不好呢？我发现，这部分做得不好的人总是自作聪明，他们并没有系统地听课，而是挑着听一些自认为不懂的、有用的课程，他们这样做直接导致模仿失败。虽然他们想模仿我，但是他们并没有按照我所讲的课程顺序并结合自身的内、外部条件去学习，结果便可想而知了。

你可能会觉得，无论你如何坚持和努力，都无法取得那些微商大咖所取得的成就。然而，如果你学会了本章的内容，我敢保证你可以获得你的模仿对象所取得的成就，或者类似的成就。现在，你需要找到和你有类似经历、类似性格、类似心态的微商大咖，直接模仿他的外部认知及行为，你就可以更加快速地取得类似的成就。如果你选择的模仿对象和你差别比较大，你就需要从零开始，内外结合，一步一个脚印地去模仿，你要按照正确的顺序走一遍“他走过的路”，这样你也可以成功。千万不要说你无法做到，只要你愿意去做，就没有做不到的事情。

专家点评：

最好的学习方式不是观察，而是身体力行。身体力行，即行动，行动，再行动。观察一万次、想一万次，不如行动一次，所以我们一定要行动起来。

14.2　如何模仿一个成功的人

如果你想模仿我，你就需要了解我到底做了哪些事。其实这也很容易做到，你看我的朋友圈就能了解到一部分情况。如果你在一个月内，每天坚持和我聊两句，你也会知道我每天做了哪些事情，看了哪些书，学习了哪些知识，听了哪些人的课。以上这些都是外部认知，你还需要了解我的内心世界，了解我是如何与自己的内心交流的。

你若想了解我的内心，其实也比较容易，因为我经常会在朋友圈发表一些发自内心的话。如果你还想了解和学习我的心态，包括不同阶段心态的变化，只要你仔细地对比一下我一年前的朋友圈和我现在朋友圈发表的内容，你就会发现我的变化。此外，在以前的课程里，我也讲述过自己的个人经历和心理状态，这些都是我的内心世界。当你了解这些后，你可以按照一个正确的发展顺序进行排序，然后去模仿，这样成功的概率就会变得非常高。

专家点评：

成功是有一定技巧的，但是很少有人会有意识地运用这些技巧，因为在多数情况下，我们心态的改变和行为的改变都是随机的，比如，由于某些事情的刺激导致的改变。也许有些事情会朝着我们理想中的状态发展，但这需要运气。如果我们想取得与别人相同的成就，就必须学会运用和模仿别人做事的策略。我们要仔细观察他们在各种状态下的反应。

我们在买东西的时候，经常会不停地运用自己的各种经验来决定是否要买这个东西。比如，你既想买车，又想买房，可你的钱又不够买两样，你在两者之间很难取舍，但此时总会有一些特定的刺激，按照特定的顺序对你产生影响，最终使你下定决心做出选择。

我们每个人都有自己做事的方式。为了达到特定的状态和行为，我们往往都会按照固定的顺序做事。所以，一旦掌握了他人的行为方式，我们就拥有了极佳的沟通工具，而拥有这种技能的我们必将无往不利，因为一切回应都是根据特定的情景自动触发的，几乎不存在任何障碍。

这些策略对于交友来说也一样。一个男生在追求一个女生时，为了制造好感或者留下好的印象，他会开豪车送她回家，并添加微信聊天，这只是外部认知。因为这个男生是交友高手，所以他了解女生内心的想法。

如果你完全掌握了这个策略，既模仿了这个男生的外部行为，又模仿了这个男生的内心活动，做到了内外兼修，那么你约会成功的概率就是百分之百。如果你把交友的顺序弄颠倒了，先向这个女生要微信号、电话号码，那么你可能马上就会被拒绝；或者在不是很熟的情况下，你就邀请女生去旅行，她是肯定不会去的。因为在交往之前，你没有让她对你产生好感。虽然外部认知的模仿很重要，但是内心的交流与沟通同样重要。

有些人一上来就模仿现阶段的我，然而这样的顺序是完全错误的，所以他无法成功。这也是大多数微商失败的根源所在。我们在模仿别人时，不仅要模仿这个人的行为，还要模仿这个人做事的顺序，行为对了，顺序不对，也是无法成功的。

14.3 如何发朋友圈信息

微商该如何发朋友圈信息呢？这是所有微商从业者在入行时都会问的问题，也是他们最疑惑的问题。在发朋友圈时，不要全部是产品信息，一定要多发一些与生活有关的内容，内容要丰富一些，这样别人也愿意看你的朋友圈，具体的做法如下。

1. 要让客户相信你

如果客户看了你的朋友圈后不信任你，那么你就要在朋友圈多发一些生活方面的照片，文字描述一定要真实，不要过多地向客户解释你不会骗他，其实解释再多也没有用，只有通过朋友圈展示一个真实的你，才能赢得客户对你的信任。

2. 要让客户相信你发的产品效果

你是否会经常遇到这样的客户，他们怀疑你朋友圈发的产品效果图是否真实。针对这样的客户，你不仅要发客户反馈图，还要发自己使用产品的过程和详细图片。如果客户在你发的图片中能看到明显的效果，那么你根本不需要过多地阐述自己的产品有多好。你可以简单地说“老客户又来买了”，并附带客户反馈图。你只有先激发客户的好奇心，他们才会主动去了解你的产品。

3. 要让客户觉得你的产品物超所值

比如，你是销售护肤品的微商，有的客户可能会觉得你的产品太贵，此时你一定要抓住客户的心理来造势，你可以发一张穿着同样衣服的两个人的照片，她们的面容完全不同，并且附带这样的文字描述：“同样的衣服，穿在不同的人身上，差别怎么就这么大呢？看来，脸还是很重要的。”你可以根据自己的产品特点来制定具体的方案。

你可以通过发布照片这种行为来影响消费者的心理。同时，用行动去刺激他们。通过行动进一步刺激消费者后，他们的内心一定会蠢蠢欲动。如果再遇到类似性格的人，你就依照这个策略和顺序，从头到尾再做一次，那么你的成交率一定会非常高。

4. 要让代理商觉得跟着你能赚钱

如果你的代理商怀疑你的产品不赚钱，你可以让你的客户或者其他代理商晒一些反馈图，也可以晒一晒收入，这一点是最重要的。白花花的银子才是最吸引人眼球的，可以每周更新一次。比如，出了几笔订单，其中哪几笔是大订单，要让他们看到有很多人在支持你，相信你的产品。看到你的产品如此受欢迎，他们自然就会动心。

5. 要让他们相信做代理商并不难

当一些准代理商认为代理商工作不好做时，你可以晒一些团队实力、团队讲课、培训现场的照片。大家都知道现在流行微商团队，而不是单打独斗。大家都想加入一个好的团队，也想找一个好的上家，所以一定要晒团队合作的照片。你可以晒一晒团队的和谐氛围，也可以晒一晒团队的讲课过程。当他们看到团队已经有那么多人时，他们就会觉得这个团队很正规，再看到还有培训课程时，他们的心里会更加踏实，自然会选择你的产品。

以上是我总结的发朋友圈信息的技巧，不过这只是一个思路和模板，你在使用时，切忌生搬硬套。

14.4 模仿的顺序很重要

要想成功地模仿一些很优秀的人，对其行为顺序的模仿也很重要。我们要学会观察一些人的行为，通过学习这些行为，我们可以获得相同或者相似的结果。比如，当我们知道每天做 100 个仰卧起坐就可以练成八块腹肌时，只要我们坚持模仿这个行为，就一定会成功。这只是一个简单的例子而已，在现实中，要想取得某种成果，不会像做几个仰卧起坐那么简单。很多人在模仿别人时很容易忽视另一个因素，那就是行为的顺序，然而，就是这个顺序会对最终的结果起决定性的作用。

比如，“狗咬人”不是什么新闻，但是“人咬狗”就是大新闻。可见，相同的刺激，相同的语言，带来的结果可能是千差万别的。所以，我们在借鉴一些成功案例的时候，一定要先确认我们的行为顺序是否正确，即是否严格按照相应的顺序来刺激我们的大脑。这就如同我们在手机上输密码，虽然我们知道密码就是那几个数字，但是我们不知道它们的顺序，那么输入的结果自然会是：对不起，您输入的密码有误。

说到这里，你可能不相信生活中的一切事物都可以通过特定的策略来实现，如热恋的感觉、个人魅力、激情、决心等。如果我们知道做一件事要按照什么样的顺序，采取什么样的行为，那么我们就可以轻而易举地得到自己想要的结果了。

这里，我通过举一个简单的例子向大家讲一讲在做一件事时策略有多么重要。我们全民学院会员群里有一个会员，他做出来的糕点样式不仅让人垂涎欲滴，而且吃过后令人回味无穷。有些人根本不相信自己能做出既好看又美味的蛋糕。但是我想告诉你，只要你按照相应的食谱去做，就一定会成功。

其实食谱就是一种策略，就像项目的运营规划一样，是为了实现某个目标而采取的一种资源利用方式。如果你承认每个人的智商是差不多的，如果你做出来的蛋糕和上面那位会员做出来的蛋糕味道差别很大，那么可能是你做的蛋糕方法不对。说得简单点，这个策略就是运用食材的方法，如果你用相同的食材，却做出来了不同味道的蛋糕，那么可能是你和他运用这些食材的方法不同，导致了味道的不同。这个道理也可以运用在任何领域。为什么有些人可以逆袭成功，有些人却不能？这是因为他们采用同样策略的时候，方法不同。所以如果你不能正确地采用某种策略，以最佳的方式利用这些资源，那么你注定会失败。

很多微商给我留言：“你的课我都听了，但是不知道从何做起，不知道怎么做。”答案其实很简单，就是找到一个精确的“食谱”，然后严格按照“食谱”去制作。如果你确实严格地按照“食谱”去做了，即使你从来没做过“蛋糕”，你也会成功。而这个“食谱”可能是一个人验证过无数次才得出来的结论。而你完全不需要浪费那么多时间去经历这些曲折，你只需要学习和模仿现成的“食谱”，就能得到一个非常好的结果。

事业的成功、健康的身体、乐观的心态、忠贞不渝的爱情，这些都是人们渴望拥有的，而要得到这些，都有特定的策略，这些策略就是“食谱”。如果你可以找到某个你想要模仿的对象，学习他的“食谱”，然后为己所用，一切就会变得水到渠成。模仿的过程会节约你宝贵的时间，因为时间是最稀缺的资源，这就是模仿最大的好处。

那么，“食谱”到底告诉了我们哪些信息呢？首先，“食谱”告诉我们产生某种结果需要的“配料”；其次，“食谱”告诉我们这些“配料”的比例和用量。如果我们想模仿一个人，我们不仅需要了解他的经历，而且还需要了解这些经历构成的比例，即“配料”的比例。最后，“食谱”还告诉我们具体的操作流程。假如我们知道了做一个蛋糕所需的配料，也知道了每一种配料所占的比例，是不是就一定能做出同样味道的蛋糕呢？未必！除非我们知道了详细的流程，即做蛋糕的具体工艺顺序。如果我们把制作蛋糕的顺序颠倒了，还能烤出香喷喷的蛋糕吗？很显然，不能。反之，如果我们用了同样的配料、同样的比例，我们又按照同样的制作顺序进行制作，那么香喷喷的蛋糕肯定会呈现在我们面前。

14.5 快速成交的七种效应

做微商的目的就是赚钱，而赚钱则离不开成交，其实成交的过程就是销售，而销售则是一场心理的较量，所以我们要洞悉客户的心理。我认为，研究客户的心理比每天刷朋友圈有用得多，我们不要觉得研究客户的心理是在浪费时间，其实研究客户的购买心理，远比那些费力不讨好的推销方式有效得多。

14.5.1　权威效应

中国科学技术协会等机构进行了一项关于中国公众科学素养的调查，在“公众对迷信的相信程度”的问卷调查中，它们分别设置了“求签”“星座预测”“周公解梦”“面相”等选项。最后的调查结果显示：真正的迷信者的比例仅占13.3%，也就是说，大部分人还是“信”而不“迷”的。

从上述的调查结果分析，中国人相信权威，这一点在学术界表现得更明显。诺贝尔奖评委彼昂在谈及中国诺贝尔化学奖空白时这样说：“中国人过于相信权威，做了很多模仿性的研究，原创性的工作做得太少，这直接导致了中国国内的研究一直得不到国际的认可。”

在生活中，如果我们遇到了解决不了的事情，是不是总想咨询一些专家，而不是一些无名小卒？同样，我们在购买物品的时候，是不是也喜欢跟着一些“行家”走，听听他们的建议或者选择更具权威性的产品。

为什么人们相信权威呢？这其实源于人们的一种“安全心理”，即人们认为一个地位高、有威信、受人敬重的人的思想、行为和语言往往是正确的，跟从这些权威人士会使他们的内心感觉很踏实，而且这种安全感还会提高他们不会出错的“保险系数”。同时，跟从权威人士还会让人们有一种“赞许心理”，即人们认为权威人士的要求往往与社会的要求一致，如果按照权威人士的要求去做，他们就会得到各方面的赞许和奖励。因此，当“安全心理”和“赞许心理”共同存在时便产生了权威效应。

既然人们都相信权威，那么做微商的你也可以在向顾客介绍产品的时候，借助权威来增加产品的说服力。

对顾客来说，他们不会轻易购买自己没有把握的产品，这时如果有专家断言这款产品好，那么他们肯定会对此深信不疑。所以，微商从业者应尽可能地利用权威人士打造品牌效应，再利用品牌效应获取直接利益或者间接利益。

现在，微商的主流营销模式是每天发布很多产品广告，而这种模式会逐渐让人产生反感，然而，成交却是建立在有好感的基础上的，因此每天发布许多广告反而不利于成交。让顾客有好感的方法之一就是给自己的产品建立权威。比如，你向他们展示产品的品牌认证证书等，或者向他们说明这个品牌得到了某个权威专家的推荐等，只有让顾客先认可你的产品，再认可你这个人，才能快速实现成交。

我以自己为例，谈一下权威效应的重要性。我之前创立了一个护肤品牌，这个品牌是我和某个权威的医科大学合作创立的，团队中的每一位研发人员都是专业的技术人员。同时，我还与正规的美容整形医院合作，并且制定了非常严格的证书考试机制，每一个代理商都要参与线下医美诊断的专业培训，同时申请办理皮肤管理师证书。这样做的目的是使我们的微商团队更加专业化、职业化、规范化。我们团队中的成员甚至可以跳出微商的圈子，成为垂直领域的专业工作者。如果能让客户看到这个品牌的科研背景，他们肯定会对我们的产品更加信任。可见，权威性十分重要。

专家点评：

微商的一切活动都是为了成交，要想促成交易，你就要想想这个行业的权威人士是谁。如果这个行业没有权威人士，只要你的产品货真价实，你完全可以把自己的产品打造成这个行业的权威！但是你在建立权威的时候，要注意一点：如果你各方面的积累和准备都不够充分，那么你最好把建立权威的时间往后推迟，否则大家会认为你是在说大话，这样就得不偿失了。

14.5.2 熟人效应

在做微商的过程中，熟人的作用是不容忽视的。熟人之所以从你这里买东西，肯定是因为信任你。如果你值得信任，熟人一定会毫不犹豫地从你这里买东西。大多数情况下，顾客与你都是第一次打交道，他不信任你是正常的。所以，你要学会快速与陌生人成为熟人，这样才有可能与他们达成交易。那么，从陌生人变成熟人有哪些技巧呢？

1．多与顾客沟通

沟通是我们结识新朋友最有效的途径和方法。在沟通中，我们能掌握对方的情况。在彼此熟悉之后，可能会无意间发现顾客与我们有一些相似之处（比如，是老乡、来自共同的母校、喜欢同类型的音乐、喜欢同一个明星或者有一些共同的爱好等），通过找到这些相似之处，慢慢地让我们从陌生人变成熟人。这种方式对零售顾客非常管用，而且微商在前期积累顾客期间，主要靠的是零售。

然而，在沟通时无论是陌生顾客，还是通过熟人介绍的顾客，我们都需要注意一些细节，如与顾客沟通时，要注意说话的方式和方法，找准切入点，然后通过礼貌而恰当的话语赢得顾客的信任和肯定，进而让顾客对我们的产品产生兴趣。否则，一旦我们给顾客留下了不好的印象，就很难扭转局面。他们不但不和我们继续交流，而且会对我们的做法产生反感，从而导致沟通失败。

2．主动与熟人沟通

有时候，熟人可以帮我们介绍许多新的顾客，因此当熟人介绍新顾客达到一定的数量后我们可以赠送一些小礼品给他们，以示感谢。一旦你们有了共同的熟人，沟通起来就不会那么陌生。这种方式也是开拓新客户最有效的方式。一般来说，现在微商大部分的业务都是靠熟人介绍来的。

微商从业者应学会如何主动与熟人进行沟通与交流，这样不仅可以增进与熟人之间的感情，还可以了解熟人最近有没有购物的意向和需求，如果有需求，我们可以以最优惠的价格卖给他们。

3．给予熟人最优惠的价格

做熟人的生意不要太贪心，要让他们感觉到你对他们是有情意的。而且，熟人之所以坚持购买你的产品，一方面是因为相信你的产品质量，另一方面是因为你的价格比别人的优惠。所以，当熟人来你这里买东西的时候，要尽量给予其最优惠的价格。倘若在产品价格方面你确实不能给予优惠，你也可以赠送他们一些小礼品，有时一张微不足道的面膜或小饰品，也能让顾客感觉到你对他们的特殊关照。这样做会让他们对你有更多的好感，时间一长，他们就会成为你的忠实顾客，说不定他们还愿意把自己的一些熟人介绍给你。

做熟人生意，千万不能有这种心理：熟人不好意思还价，我能多卖一些钱就多卖一些钱。这种心理会让你因为一些蝇头小利而失去大把钞票。另外，更不能有欺诈和坑蒙熟人的心理，这样你很有可能会因为欺骗一个熟人而失去一大批顾客，从而给你造成无法挽回的损失。

14.5.3 情感效应

在销售心理学中，有一种心理涉及产品背后的情感价值，这就是所谓的“情感效应”，即当顾客在实施购买行为时，情感因素的作用可以表现得很明显。所以，聪明的销售员在与顾客交流的过程中，会尽可能地用情感打动对方，一旦顾客被他们的情感折服，成交就不在话下。

专家点评：

作为微商从业者，我们要尽可能地给予顾客产品背后的情感价值，从而抓住顾客的心。“情感”是一种无形的价值，而且情感往往比利益更容易打动顾客。

有时候，微商与其费尽口舌地向顾客保证自己的产品和服务，不如利用销售心理学中的“情感效应”，用隐藏在产品背后的情感因素打动顾客。对顾客来说，同样的产品，在很多地方都能买到，他们完全可以去其他地方购买。如果你的服务不周到，他们可以选择其他服务好的店铺。顾客如果错过了一件产品，还能在别处买到同样的产品，而你如果错过了一个顾客，可能会失去一大批潜在客户。

很多人喜欢买一些大品牌的东西，很大一部分原因是这些大品牌的产品质量和服务往往都比较好。可以说，这些品牌的情感因素俘获了很多顾客的心，从而使得这些品牌得以推广，这也是很多大企业十分注重产品服务的原因。

微商在销售产品的过程中，一定要注重感情的投入，只有这样才能留住顾客的心。如何利用情感因素进行推销呢？你要明白，推销过程也是一种人际交往过程，所以在整个交流过程中，你都要投入情感，这样才能有效地拉近双方之间的距离，进而促成交易。

在微商销售的不同阶段，如何做才能激发顾客的情感，以情动人，抓住顾客的心呢？

1．情感交流

做微商，切忌在不熟悉顾客的情况下大肆推销自己的产品。在推销产品前，一定要做好情感铺垫，否则只会引起顾客的反感。如果真到了那时，恐怕你连说话的机会都没有了，更别提成交了。

微商在发掘潜在客户时，首先要做的就是主动争取顾客的信任，而信任的关键在于沟通中的情感投入，你要让顾客感受到你的真诚和热情，把你当作知心朋友。这样，你的推销工作才能有良好的开端。

2．情感投入

有了良好的开端固然好，但要想成交，还需要一段路程。你在向顾客推销产品时，起初顾客会有疑虑，这时你应该乘胜追击，细心观察顾客对产品持有什么样的态度，然后有针对性地说服顾客购买你的产品。

要想成功说服顾客，你就要投入一定的情感，从他们的角度考虑问题。比如，耐心询问顾客的具体情况，帮助他们挑选出适合的产品。此外，你在与顾客沟通时，还要以诚相待，顾客想不到的问题你要帮他们想到。你的付出顾客总会看到的，他们会慢慢地信任你，进而心甘情愿地购买产品，即使有时他们并不需要，但一想到你真诚的付出，他们也会赏光购买。只要你真诚付出了，顾客会让你收获意想不到的成果。

3．情感联络

成交后，销售过程并不意味着就此结束。你还要为下次的成交做好铺垫，让他们成为你的老顾客。一个老顾客比开发 10 个新顾客都重要。那么，如何与老顾客增进感情呢？就是经常与他们保持联络。一方面，在与顾客交流的过程中，你可以得到顾客的反馈，这些信息可以方便你今后改进工作；另一方面，定期问候顾客是为了争取和他们进行长期合作或者让他们给你介绍更多的顾客。

在销售的各个阶段，微商的感情投资可以有很多种，但最关键的是要“投其所好”，把顾客的兴趣爱好弄清楚，然后在与顾客沟通的过程中，多关注他们感兴趣的方面，这样你和他们交流起来会更加顺畅。同时，顾客也会感受到你的用心，进而从心理上拉近与你的距离。

总而言之，顾客是你的衣食父母，他们与你的成交量和利润有着密切的联系。所以，无论是为了顾客，还是为了自己的成交量，你都要充分利用“情感效应”。只有在销售过程中投入一定的感情，你才可以促成交易，提升销售额。

14.5.4 免费效应

世上没有免费的午餐，可多数人却偏偏向往免费的午餐，因为大多数人都有贪小便宜的心理。于是，有些商家便用免费做招牌吸引了很多顾客，让他们在享受免费的产品或服务之后，再向他们推销付费的产品或服务，一般很容易促成顾客的购买行为。于是，各种名目繁多的免费促销活动让人应接不暇。

走到街上，满大街都是“各种免费”：免费试吃、免费试用、免费美容、免费体检、免费抽奖……

我们知道市面上很多“免费”都是有名无实的，但是有些“免费”却是令人避之不及的。在超市里，你是不是经常遇到一个又一个面带微笑的售货员拿着一块块饼干、一杯杯酸奶，让你免费品尝？面对热情的售货员递来的免费食品，你因为盛情难却，只好尝一尝。可是尝完之后，售货员又会顺势问你味道如何，由于吃了人家的东西，即使味道不怎么好，你也会回答“不错不错”，然后售货员会展开“攻势”：“这是我们推出的新产品，既然味道不错，您不妨带回去让家人也尝尝……”这时，你会不会因为吃了人家的东西，又感觉味道还行，只好勉强买一些呢？

在享受免费的产品或服务之后，迫于心理压力，很多人都会因为不好意思拒绝或者产品确实不错而产生了购买行为。这不就是“免费的午餐不免费”的销售策略吗？你享受了免费的产品或服务之后，还要付出应有的“代价”——掏出你的钱包，为你享受的“免费”买单。

做微商，我们也要学习利用“免费”去做生意，在前期一定要做得大大方方，经常通过“免费”来做广告，比如，你最近进了一些新产品，不妨让你朋友圈的好友免费试用一下。一方面，朋友们免费试用了你的产品，若觉得产品很好，会再次向你购买。另一方面，也是最重要的一点，俗话说：“拿人家的手短，吃人家的嘴软。”他们免费用了你的产品后，心里会有一些愧疚，于是会想方设法为你创造价值，比如，自己产生购买行为，或者向朋友推荐你的产品。而他们购买这些产品所带来的价值，要远远超过你免费送给他们的产品所带来的价值。所以，聪明的微商从业者在新产品上架前期，不会忙着赚钱，而是忙着免费送人。

我举一个例子。张某是一名微商从业者，她主要代理美妆产品，除此之外，她还代理一款芦荟胶。一套美妆礼盒售价为 399 元，一盒芦荟胶售价为 49 元。她经常在朋友圈做活动去吸引顾客，比如，“‘五一’特价，购买一套美妆礼盒免费送一盒芦荟胶。”

在这个活动中，看起来是顾客免费拿到了一盒芦荟胶，其实是张某利用了销售心理学中的“奖励效应”来刺激顾客消费，顾客本来可以不买美妆礼盒的，但是为了一盒免费的芦荟胶，还是买了，因为芦荟胶是很多人都喜欢的一款护肤产品。因为这款芦荟胶的补水效果很好，所以很多人用过之后都会在张某这里重复购买。而且，这些顾客也为她推荐了不少新顾客。这也是一种隐形的招揽顾客的方式，可谓一举多得。

在生活中，商家的促销方式主要有买赠、打折、降价、抽奖、换购、积分兑礼、送现金券……其中，买赠、抽奖、积分兑礼等属于常规的促销方式，消费者能免费获得赠品或奖品。虽然这些方式能在一定程度上吸引一些顾客，但效果并不是特别明显，所以我想介绍一些典型的促销方式给大家。这些典型的促销方式，除免费外，还具备一些其他条件，从而能最大限度地达到吸引顾客的目的。

1. 不以购买为附加条件

在举办一场有意义的免费促销活动时，你可以采取限时、限量的方式，也可以通过让顾客填写个人资料来领取，唯独不能以必须购买产品为领取免费品的附加条件。否则，你的促销方式就与常规的促销方式没有什么区别了。比如，那些免费擦一只鞋、免费美容半张脸等陷阱式的促销方式，只会败坏商家的名声。要想让促销活动具有更强的号召力，对竞争对手具有更大的杀伤力，你的免费必须在不需要购买任何产品的前提下进行，即顾客无须付出什么就能得到。

2. 赠品要有一定的价值

只有赠品有价值，才能吸引顾客。如此，在大街上派发一个手提袋、送个小气球等一些价廉质劣的东西，这会让顾客觉得反正是一些不值钱的东西，要了也没用，索性就不要了。要想吸引顾客的注意，你的赠品就要有一定的价值，只有噱头没有实质性物品的免费赠送，根本产生不了应有的“爆炸效应”。

3. 要与其他的促销方式相结合

我们都知道，商家不会做赔本的买卖，他们在为顾客提供“免费午餐”的同时，会从顾客身上获得更多的利益。比如，你送顾客免费的午餐，但要让顾客购买晚餐；你送顾客烧饼，但要让顾客购买牛肉；等等。很多时候，顾客收了商家的免费产品，未必就乐意掏腰包购买其他产品。所以，要想实现真正的互利互惠，还要与其他常规的促销方式相结合，如买赠、抽奖等。商家要打出一套“组合拳”，这样产品的销量才有可能提高。

另外，微商千万不要拿促销活动当主要业务。免费虽好，切莫贪多。在免费日渐盛行之际，你选择的促销方式必须在你所能承受的范围之内，否则你很可能会承担不起。

专家点评：

促销活动也有一定的弊端：一方面，它容易让顾客误认为你的产品不值钱；另一方面，促销有可能会宠坏顾客，让他们形成期待的心理，总想免费得到这些产品，所以微商在利用促销活动吸引顾客的时候，要选择合适的时机，并以合适的频率开展。

14.5.5　对比效应

我们知道，消费者的决策并不是客观地根据各种产品的价格和质量属性进行独立判断的，而是经常受到决策情境的影响，从而产生了营销策略中的“对比效应”。大家都听过“不怕不识货，就怕货比货”，这是对“对比效应”最好的解释。

威廉姆斯·索诺玛是一家位于美国旧金山的家居用品公司。该公司刚刚推出一款售价为 279 美元的家用面包机，但由于美国人更习惯于在大街小巷的面包店里买新鲜的面包，而不是自己制作面包，所以该产品上市后根本无人问津，几乎所有的美国人都不愿意花费 279 美元买一台平时根本用不上的面包机。

按照这个现状推断，威廉姆斯·索诺玛公司生产的家用面包机将面临滞销的局面。在一些人看来，该公司应该停止生产家用面包机，但威廉姆斯·索诺玛公司针对这一问题的解决方法令很多人大跌眼镜。该公司非但没有下架这款滞销的面包机，还推出了一款全新的面包机，新款面包机的容量更大、价格更贵，当时的售价为 429 美元。

威廉姆斯·索诺玛公司推出的新款面包机上市之后，原先面临滞销的售价为 279 美元的面包机的销量竟在短时间内翻了一番。

为什么原本滞销的面包机突然变得受欢迎了呢？因为在消费者看来，与新推出的更昂贵的面包机相比，原来售价为 279 美元的家用面包机显得经济实惠多了。对消费者来说，在对一个产品还不能确定的情况下，他们就会“货比三家”。上述的市场营销和消费者行为，就是利用神奇的“对比效应”产生的。“对比效应”之所以神奇，主要是因为这种现象违背了传统的经济学原理。

14.5.6　稀缺效应

心理学中有一种现象被称为“稀缺效应”，即人们因害怕失去或得不到，而对稀有的东西怀着本能的占有欲。在日常生活中，如果某知名画家的作品仅此一幅，这幅画就会显得十分珍贵，其价格要比印刷得十分精美的高档复制品贵得多，而且购买的人数也会呈几何倍数增加。

对于收藏家来说，还有一种“珍贵的错误”。有人曾花 400 美元买了一张一美元的钞票，原因是这张一美元的钞票没有序列号，也没有政府印章，看似一张废纸，但其市场价值却超过了 400 美元。对有些人来说，一张没有序列号和政府印章的钞票根本花不出去，这张钞票就是一张废纸，可对那些爱好收藏的人来说，这张钞票是极为罕见的，所以，他们愿意花大价钱购买它。而这就是稀缺效应的结果，即越少见，其价值就越高。

同样，在消费心理学中，也有一种效应称为“稀缺效应”，即如果一件东西很少见，或者越来越少见，它就会显得十分珍贵。这就是“物以稀为贵”的道理。因此，销售人员也经常利用消费者的这种心理激发他们的购买欲望。

很多商家基于对人们这一心理特性的了解，会推出一些限量款的产品。这类产品的价格虽然很高，但很多人争着、抢着购买。有一些商家在销售商品时，会搞一些小把戏，比如，打出“数量有限”“名额有限”“仅有一次”“最后机会”等口号，他们会先告诉顾客该商品供不应求，然后用“本店前 100 名顾客免费赠送会员卡”“本店前 20 名顾客免费提供洗发服务”等活动引诱顾客，激发顾客的购买欲望。

除了“数量有限”这一促销技巧，很多商家还利用“最后期限”来吸引顾客，即商家针对顾客购买某种商品的机会做出时间上的规定。比如，小米公司每推出一款新手机，都会在网上设置预订时间的最后期限并广而告之，过了这段时间将不会享受现在的优惠价格，从而激发顾客的购买兴趣。再比如，商家总会隔三差五地搞一些促销活动，像“一次性大甩卖”“全场商品一律 8 折，仅售 3 天”等。

上述这些“把戏”都在暗示顾客：这次不买，下次将再也没有这样难得的机会了。这种推销方式，显然会激发很多顾客的购买兴趣。

专家点评：

对微商而言，也可以利用一下“稀缺效应”，针对一些难以复制的、市场上稀缺的、品牌个性独特的产品，定期推出一些“限量、限时”的促销活动，在节假日多举办一些优惠活动，从而激发顾客的购买欲望。

14.5.7　折中效应

价格是决定成交与否的关键。价格太低，顾客会觉得质量没有保障；价格太高，顾客又嫌贵。所以，很多人都会选择中间价格的产品。

在生活中，我们是否也会遇到这种情况？比如，我们第一次去一个理发店的时候，店员会很热情地向我们介绍他们店里有 48 元、78 元、128 元三个价位的发型师，其中，48 元的是普通发型师，78 元的是经理级发型师，128 元的则是总监级发型师。这时，我们通常会选择哪个价位呢？很多人会毫不犹豫地选择 78 元价位的经理级发型师，因为 48 元的档次太低了，别人会取笑自己，而 128 元的档次又太高，根本没有必要。

上述这种情形就是“折中效应”的表现。折中效应往往出现在自己的喜好不太确定的情况下，当无法做出选择时，人们往往更喜欢折中。因为价格太高或太低，我们觉得都不合适，只有中间价位才让我们感到安全，不至于犯严重的决策性错误。换句话说，人们在进行产品选择时，也倾向于奉行“中庸之道”。

很多微商也看到了“折中效应”带来的商机，看看他们是如何做的。

刘某是做快餐行业的，之前专门经营一家实体店，随着移动互联网的发展，他开始转型做微商，店内增加了订餐、外卖等服务。在他饭店消费的人群基本上都是上班族。下面我们看看他是如何设计菜单的。

菜单的第一页基本上都是家常小菜，如酸辣土豆丝、西红柿炒鸡蛋等，价格一般为 15 ~ 18 元。菜单的第二页就是一些价格稍微高一点的菜，如小鸡炖蘑菇、红烧肉等，一般为 20 ~ 30 元。第三页则是价格最高的菜，如麻辣小龙虾、红焖羊肉等，一般在50元以上。

结果，很多吃快餐的人都选择20 ~ 30元的菜，而且这些菜也是刘某利润最高的那部分。

刘某正是利用了“折中效应”，引导顾客点一些较贵但不是最贵的菜。事实上，刘某基本上不怎么预备那些最贵的菜。如果每天的订餐单或外卖单中没有这些最贵的菜，他就不备货了。可以说，菜单中的一些菜只不过是摆设而已，目的是要影响顾客的选择。

微商们也要学会利用“折中效应”，把自己的主打产品放在中间价位，进而提高产品的销量。

第 15 章　如何和客户进行准确的沟通

准确的语言使人明白，模糊的语言则使人困惑。我们想要表达的内容，有时到了别人耳中可能会变味，所以我们要学习一些高效的沟通手段，以便更准确地将自己的观点传达给他人。我们要时刻牢记，我们说的每一句话都应该成为我们与他人之间的桥梁，而不是隔阂。

15.1　如何准确地与客户沟通

成功人士有很多共性。比如，他们都是超级厉害的演讲家，都是驾驭沟通技巧的高手，所以他们可以使用简洁的词汇来准确地表达自己的观点；成功人士还明白，对于很多事情，他们并不需要全知全解，也就是说，他们不需要知道事情的细枝末节，他们能够准确地区分哪些事是“必须知道”的，而哪些事是“不必深究”的，从而将所有的精力都放在他们“必须知道”的事情上。因此，成功的一个要点就是准确地将自己想要表达的信息传递出去，使我们说出去的话尽可能与我们的本意相吻合。所谓的“好心办坏事”，其实大多数就是沟通不准确造成的，错误的表达容易让对方无法正确理解你的真实用意。

在微商领域中，如何通过准确的沟通获得你所期望的一切呢？大致有两个方面的内容：求助和咨询。对于这一点，我有深刻的体验，因为我是一个微商导师，所以我遇到最多的问题就是关于求助和咨询的。而我相信大多数微商也是如此，你会遇到客户的咨询，也会遇到意向代理商或者代理商的求助，而如果在他们咨询或求助的过程中，你能准确无误地提炼对方表达的重点，那么你就能轻松地获得你想要的结果。在沟通的过程中，需要遵循五条法则。

15.2 法则一：沟通内容要具体

当你向别人求助时，必须清晰、明确地表达出你想要的结果。比如，对于“多高”“多远”“什么时间”“什么地点”“什么人”“什么事情”等问题，你必须阐述清晰。有些人会对我说：“你可以告诉我怎么做微商吗？”事实证明，我能帮到这些人的可能性是微乎其微的。因为这些人在咨询和求助时，他们的表述非常不清楚、不具体，我并不能从他们的问题中看到其症结所在，所以我根本不知道该怎么帮助他们。

可是如果你这样说：“孙老师，我是一名全职妈妈，希望加入微商行业，借此增加一些收入，进而重新受到家人和朋友的重视。平时在家带孩子，没有地位，要钱买东西时都要看老公和婆婆的脸色。我对一些高品质的生活、护肤用品比较感兴趣，因为它们的使用频率最高，而我身边又有很多全职妈妈，我觉得如果我做这类产品的话，应该没问题，而且即使卖不出去，我自己也能用。我是个新手，希望您可以给我一些帮助。我知道您可能很忙，没有时间带我们一起做，不过我相信，您推荐的人和产品一定也很棒。”

如果你能说出这样具体的需求，我就一定能够帮到你。因为从你精确的描述中，我也精确地读出了你的需求——你想从事微商行业，但是缺少产品和一个优秀的上家。我只需要给你推荐几个产品，并介绍一个上家，就可能帮你解决了当下的问题，同时我也在处理这个事情的过程中有机会获得直接或间接的收益。

15.3 法则二：和正确的人沟通

微商在咨询或求助时，其所咨询或求助的对象也很重要，他们必须是在这方面具有知识、能力、洞察力和经验的人才行。

比如，在微信群里，一群人在讨论产品售后的问题。你原本以为他们很了解售后、很有经验，但其实你发现你找到了一些比你更容易抱怨的人，然后你们就一起抱怨，到最后问题仍一个也没解决，并且你反而比之前更纠结、更讨厌售后的问题、更痛恨这个产品了。最后实在没办法，你来找我做咨询，又抱怨了一番。然而，你在我这里得到的答案往往只有几个字。为什么呢？因为这是我的处事风格，而且我通常会反过来问你，让你说出自己想要的解决方案。

拿我以前做的某品牌果汁杯的售后问题举个例子，当我听完一个代理商所抱怨的售后问题时，我会问他："果汁杯因为不转而无法榨汁了，那你认为是什么原因导致它不转了呢？"这时，他还会再抱怨一番产品的质量问题，并强调已经有好几个客户反馈果汁杯不转的问题。我等他抱怨完之后又问了一遍同样的问题："你觉得杯子为什么不转？"他说："肯定是坏了啊。"我说："是的，杯子坏了，那是哪里坏了？"他说："我怎么知道！"我说："杯子可以转动的只有刀片，那么刀片是不是在底座上？"他说："是的。"我说："那我们是否可以理解为，杯子底座里面的一个配件或者多个配件坏了，所以杯子不转了？"他说："是的。"我接着再问他："我们怎么能让这杯子重新转起来？"他说："给客户换新的！"我说："这个杯子已经过了换货的期限，按照公司的售后服务条例应该怎么办？"他说："保修。"我说："没错，那保修要换什么配件？"他说："底座里面控制刀片转动的是电机，如果把电机换了，杯子就能转了。"我继续问他："如果你把电机寄过来，我们售后修好，再返给你，可能要花 1 ~ 2 周时间；但如果我给你发一个新的电机，你拆开底座，装上去，3 天就能帮客户解决问题。你选哪个方案？"我相信，无论他最终选哪个方案，他的问题都被解决了。

我在上述的沟通中，运用了两个技能。一个技能就是用最简单、最精确的语言进行求助或者咨询。其实在上述案例中，表面上是他在向我求助，最后却变成了我在咨询他。我以咨询的方式，帮助他看清楚了问题的本质，最后，让他自己说出了解决问题的方案。另一个技能就是我可以在客户混乱模糊的语言描述中，准确地判断出其真实的需求。在上述的代理商求助或者咨询的过程中，我自动屏蔽掉了他那些没有意义、不能为这件事情带来任何有效结果的语言，直击这个问题的本质。因为我清楚地知道，我要帮他解决问题，而不是跟他一起抱怨。

15.4 法则三：给双方创造价值

有效的求助或咨询，能够给你创造价值。而且一定要谨记，千万不要认为所有人都有义务帮助你，更不要理所当然地认为别人会帮助你，只有在你的求助或咨询能够为双方创造价值时，别人才愿意帮助你。

我曾无数次提到过，我最讨厌一种人，就是那种加了我的微信号后像“查户口”一样、口无遮拦地问一堆他关心但我一点儿都不关心的问题的人。对于这样的人，我通常会以沉默的方式来应对。

假如你有一个商业计划急需启动资金，此时最好的办法是向一个既能为你提供帮助又能通过你的商业计划获益的人求助。你必须向对方证明你的项目很可能会给双方带来盈利。当然，你能给对方带来的价值可能不仅限于有形的资产，也有可能是一种感觉、一种见解或者一个梦想，但仅仅有这些还不够。例如，你对我说：“孙老师，你做我们的代理商吧，因为你有渠道，如果你做我们的代理商，我们的产品肯定会火，而且我们需要你的培训，就让我们合作吧。”我可能会回答你：“像你这样来找我的人或公司每天有很多，我肯定会有合作的，但未必是你。”然而，如果你这样说：“得到你的支持后，我们团队的所有人都可以改善生活。”这时，我可能会认真地听一下你的想法，但未必会立刻与你合作。如果你能向我证明通过和我的合作可以为他人造福、为自己赢利，甚至可以给我带来我所期望的利益，那么我很有可能会帮你实现目标。

15.5 法则四：坚定信念

在向别人求助或咨询的时候，一定要专注并抱有坚定的信念。其实当你做事犹豫不决的时候，结果就已经注定了。因为连你自身都对自己的目标缺乏信心，你又如何能做到说服别人呢？因此，无论你是主动的还是被动的，在向别人求助或者咨询的过程中，你都要合理地运用语言（包括肢体语言），保持绝对的自信。你要通过语言和自己的外部特征来证明你十分清楚自己的需求和目标。

15.6　法则五：持之以恒

除以上四条沟通法则外，我们还需要持之以恒，不达目的不罢休，这一条法则也是最重要的。

这里的持之以恒并不是说要一条道走到黑，而是指在一件事情上，我们要有敏锐的洞察力和感知力，我们要不断地变化和调整策略，直到达到我们所期望的目的。

我们可以先找到一个合适的人，在后续的合作过程中，逐步地调整和优化合作策略或方案，让这个人在未来可以完全满足我们的需求，这才是成功者应该做的事情。所以，当我们通过沟通、咨询、求助等方式依然无法得到自己想要的结果时，一定要及时发现问题，迅速做出调整，然后重新出发，并持之以恒地坚持下去。

15.7　当对方的沟通能力差时，应该怎样做

在上述的五条法则中，最难做到的是哪一条呢？我认为对于大多数人而言，第一条法则“沟通内容要具体”是最难的。由于中国文化博大精深，有很多词是一词多义，再加上中国人的性格又比较含蓄，所以语言的表达很难做到十分精准。那么，如何做到准确地表达自己的意思呢？

15.7.1　去除含糊的表达

很多时候对于一件事，人们很可能会根据自己的猜测和臆想去解释，或者结合自己的经历去理解。

喜欢对事情进行胡乱的假设是那些懒于交流的人的通病，但如果在交流的时候有这种毛病，就会很危险。可也正因为我们大多数人交流时所用的语言是模糊、空洞的，所以就给了听者假设的空间。这种用词含糊的交流使我们很难

真实地传递我们想要表达的信息。我以自己为例说一下，无论是说话还是讲课，我都会非常准确地描述（解释）一个场景（问题），这些描述或解释中包含了我所知道的每一个细节，这样可确保对方的思路是跟着我所描述的内容走的。

如果经过我们的引导，别人能够清晰且具体地告诉我们使他困扰的问题，我们就可以对症下药，找到正确的应对方法。可如果他们一直使用含糊的语言去描述问题，我们就会一头雾水，不知其所云。所以，有效沟通的重点就是去除含糊的表达，清晰地传递我们想要表达的内容。

15.7.2 表达中应包含尽可能多且有用的信息

语言表达的准确性还体现在表达时要传达尽可能多且有用的信息。你所表达的内容与你的本意差别越小，交流和沟通的效率就会越高。在前文中我之所以向大家讲了那个处理果汁杯售后问题的案例，其实就是想告诉大家，我准确无误地抓住了那个问题的核心，并找到了解决办法，在沟通的过程中，我把含糊的描述和无用的个人情绪都剔除掉了，从而把注意力都集中到了要解决的问题上。

不过，在沟通的时候，对方个人情绪的安抚工作也是要做的，不过这是第二步要做的事，第一步还是要先解决问题，只有如此，之后的安抚工作才显得有意义。因为如果你不去抓问题的核心，不去解决问题，那你就不是在帮助和安抚对方，而是在忽悠他，让他不去注意问题的核心和本质，这样处理事情的方式会给你带来更多的麻烦。

15.7.3 慎用具有普遍意义的表达方式

何谓具有普遍意义的表达方式？我举例说明一下，比如，当看到有小孩在街上吵闹的时候，你会说："现在的小孩太没有礼貌了。"当看到你公司的一名员工偷懒的时候，你可能会说："我真不知道我为什么要给这些人付工资，他们一点儿都不努力工作。"我上面所举的这两个例子，都属于具有普遍意义的表达。但是这样的表达是不符合事实的。虽然有些孩子确实很吵，但并非所有的孩子都没有礼貌；虽然有些员工不够勤奋，但并非所有的员工都不努力工作。

所以当你下次发现自己使用了上述模糊和空泛并带有普遍意义的表达时，一定要先注意一下你讲的这句话是否普遍适用。

所以当有人沮丧地跟你沟通时，你应该问他为什么沮丧？他可能会说："因为我的工作一团糟。"这个时候，你应该问自己，这句话具有普遍意义吗？答案是不一定，对吧？所以你可以接着问他："你的工作总是一团糟吗？一直都是一团糟吗？"我想，沮丧的人可能会说："不，并非总是一团糟，也并非一直都一团糟。"

在交流中，你要避免从对方含糊、空洞的描述和具有普遍意义的语言中获得具体的答案，只有这样你才能准确地识别这个人的具体问题和真实情况，从而帮他解决问题。

比如，那个很沮丧的人可能接着说："也不是一直都一团糟，至少在我刚做微商的前半年，感觉还是很好的。"那你就可以问他："你那个时候为什么感觉很好，而现在感觉却很糟糕呢？"他可能会说："那个时候，我的团队很大，人很多，现在有好多代理商都不做了，被别人挖走了，所以我一天比一天没信心，甚至有种做不下去的感觉。"你可以接着问他："在小学时，陪伴了你六年的最好的同学是谁？"在他告诉你名字之后，你接下来再问："那你们现在联系还很多吗？关系还很好吗？"答案是不一定，有可能已经不再联系了，或者关系不好了。

认识六年的人，都可能不再和你联系，更何况是才认识半年的人。所以问题就出在你的团队管理和心态上。同时，因为你做微商才半年，你的代理商都是你新找来的，根本没有任何感情基础，他们随时离开也是正常的，再加上团队成立后，你又故步自封，停止找新人，所以你的团队人数就越来越少。要记住，这个世界上除了亲人和一两个挚友会陪着你走一辈子，其他人都可能只是你生命中的过客。因此，你需要找回自己半年前的工作状态，继续开拓市场、扩大团队，用积极的心态和行动来影响团队的每个成员。

专家点评：

通过有效的沟通和去除含糊的语言描述，我们可以抓住问题的核心，从而帮助他人解决问题。而微商成交的核心与管理团队的核心大多依赖于一个人的沟通能力。所以，我们要学会质疑具有普遍意义的表达方式，只有这样，我们才能得到更加具体的问题描述。

15.7.4 尽量缩小问题的范围

在上文所提到的例子中，我不仅避免对方出现具有普遍意义的表达，还引导他将自己所描述的问题具体到某个人或物上。比如，他说："我的代理商都离我而去了。"我相信这只是他的含糊表达，实际上，他的代理商并非全部离他而去，所以我继续问他："谁离开你了？他跟了你多久？"这样就可以将不具体的内容转化为可感知的具体内容。

如果有人对你说："小张，你的这个计划不行。"那么你就需要找出他说这个计划不行的原因，而不是一直纠缠着他说："不，我的计划可行，绝对可行。"这种对话是没有任何意义的，这样的辩驳也是无济于事的，找到并解决问题才是最重要的。

如果你问他："你觉得我的计划哪里有问题？"然后在他的帮助下，你找到了问题所在，那么针对问题去修改计划，是不是会事半功倍呢？所以，你要不断地缩小问题的范围，才能逐渐找到出现这个问题的关键节点。你对一个问题或者一个事物的关键节点了解得越多，你应对和解决问题的能力就越强。

15.7.5 找一个可量化的参照物

诸如"太多了""太贵了""太少了"等词汇，都是具有普遍意义的语言描述，所以当有人说"太多了""太贵了""太少了"这类形容词的时候，你应该问自己，或者问他一句："相对于什么来说太多了？相对于什么来说太贵了？相对于什么来说太少了？”当一个人说“太贵了”时，它的含义其实是很空洞和模糊的，可如果有了一个参照物，也就是我所说的“相对于什么来说”，这句话的含义就立马变得精确了。

比如，有些会员会问我：“请你讲课需要多少钱？”我告诉他：“线上的语音课程，45 分钟 3000 元；线下的课程，3 万元起。”有些会员就说：“太贵了，我请不起。”我会立即反问他：“相对于什么来说太贵了呢？”还有人说：“我以前参加过很多这样的培训课程，都比你的便宜。”这个时候，我会继续缩小问题的范围，我会问这个想请我讲课的人：“那我的课程是不是跟你以前听过的课程一样呢？”他十分肯定地说：“你的课程跟我以前听过的完全不同。”我会接着说：“那就有意思喽，你听过我的课之后，会觉得这些时间和金钱花得值得吗？”他可能会说：“如果你讲的内容让我觉得物超所值的话，即使贵点，我也可以接受，并且会很开心。”我接着问他：“你觉得在这个课程中，哪些内容让你觉得物超所值或者心情愉悦呢？”他可能会说：“我对 ×× 问题很感兴趣。”这个时候，我就告诉他：“你说的这个问题，是我非常擅长的领域，如果我在这个问题上讲得更全面、更专业一些，你觉得花 3000 元听 45 分钟的线上课程，值得吗？”他说：“值得。”

现在，我们梳理一下这段沟通内容。在这段话中，我和他一起找到了问题的关键点，从含糊的概念延伸到了问题的核心，并且我们一起解决了这个核心问题。这就是准确沟通所产生的魔力，如果我们现在能够掌握这种沟通技能，我们将会轻松地得到自己所期望的结果。

第16章　如何建立信任感

现在，很多销售人员为了逃避一些客户的纠缠，竟然拒绝和客户联系。还有，团队负责人逃避下级代理商的质疑和问题，导致代理商大量流失……其实，这些现象背后的本质都是害怕沟通、害怕回答问题。

如何回答问题是一个值得我们深入学习的课题，每个人都应该学习。因为我们学会这个技能后，会让我们的生活变得更加美好，与朋友、客户、代理商、领导的交流也会变得更加顺畅。

我们都知道，信任一般是在长久的相处中建立起来的。但是，对于微商而言，没有那么多时间去和客户相处，去培养信任感，所以更需要掌握各种技巧，以便快速与代理商、客户建立信任感。本章就是以此为出发点进行论述的。

16.1　如何让别人相信自己

如何让他人相信我们说的话，我觉得这个问题特别重要。我们做微商的，每天都要与人沟通，我们按照公司的培训方案、话术与别人沟通了，对方也认同我们的说法，但并不完全相信我们。那么，有没有什么方法可以使对方在听完我们说的话后在潜意识中对我们产生信任呢？答案是肯定有。

16.1.1　让别人相信你

想让别人相信你其实并不难，只要你们之间有共同的话题，共同的经历。有很多人在与别人沟通时，会因为言语不当而导致信服力大大降低。比如，我们在谈论关于微商的一些事情，我希望在沟通的过程中对方能信任我，我可能会这样说："我微商培训的时候……"，而这样的表达方式会让对方产生怀疑，让你的信服力大打折扣。那么，到底应该怎么说才能让对方产生信任感呢？你可以这样说："很多年前，我也遇到过类似的情况，当时我们做微商培训的方法是……所以我想如今我们同样可以……"如果你用这样的沟通方式，那么会使对方的信任感大大增强。

比如，你问我关于微商成交的问题，而我也希望借助这个话题与你产生信任感，以达到我们后续成交的目的。如果我这么说："当年我做微商培训的时候，很多人都觉得这个方法很管用，我用的是 ×× 老师原创的'下一秒成交术'这个方法。"现在，我再换一种说法："我刚做微商培训的时候，也遇到了和你类似的问题，当时我们是采用 ×× 老师的'下一秒成交术'去解决的，所以我想如今我们同样可以用这个方法帮助你优化培训体系。"

同样的两句话，虽然意思是一样的，但是因为我的用词不同，所以给别人带来的信任感完全不同。

16.1.2　沟通过程中需要注意的细节

其实，沟通是一门很深的学问，要想系统地学会，还是比较困难的，但是我总结了几个沟通要点，只要你能记住这几个要点，并且能将其灵活地运用到你的实际生活中，那么沟通就会变得很简单。

1. 尽量不要使用神秘的字眼。所谓的神秘字眼，其实就是别人听不懂的话，别人若听不懂，就不可能给你任何反馈，这样会大大降低沟通的可信度。在沟通时，只有对方听懂了你的话，你的话才具有说服力。

如果你不确定他是否听懂了，那么最好的方法就是提问。不过，你在提问的时候一定要谨慎，千万不要说类似"你能听懂我在讲什么吗"的话，那样会让对方觉得很没面子。记住，不要让你的谈话对象，尤其是你的上级或者顾客感觉自己丢了面子。如果对方确实不理解你说的话，问题不在对方身上，而在你身上。这时你可以说："有时候我也觉得这个问题很难理解，也有可能是我刚才讲的内容太难理解了，要不我再举个例子吧。"这样对方会觉得你是从他的角度考虑问题，这样他对你的信任感将会大大增强。

2．不要胡乱说话。如果你在与对方沟通的过程中，遇到了一些你不太懂的问题，一定不要乱说。这时你最好说："我回头再给你答复。"或者说："关于这一点，我认为我需要很慎重地回复你，所以我先去确认一下再告诉你。"千万不要胡乱说话，否则会使你的信誉受损。

3．一定要三思而行，想好了再说。你在和对方说话或者陈述一些问题和观点的时候，一定要认真思考，想好了再回答对方，千万不要什么都脱口而出，否则会让对方觉得你并不关心他的感受，导致他对你的信任感降低。

4．恰当使用肢体语言。如果是面对面的沟通，你可以让身体微微向前倾斜，将自己的注意力集中在你面前的这个人身上。如果可以的话，你尽量直呼其名，这样可以拉近双方的心理距离。

5．用自己的语言复述对方说过的话。在沟通的过程中，用你自己的语言复述对方刚刚说过的话，询问对方你的理解是否正确。这一点特别重要，它可以增加对方对你的信任感。

当有人私下问我问题时，我都会重新"翻译"一下他的问题，我经常会在他问了我问题之后总结一下他的话，并且反问他我的理解是否正确。例如："从你的描述中，我听到了你想了解的两个重点，第一，你的群活跃度出现了问题；第二，你的老客户购买率偏低。是这样吗？我的理解对吗？还有遗漏的地方吗？"使用这样的沟通方式，就很容易让别人信任你。

6．鼓励对方多提问题。你在与对方沟通的过程中应尽量说这样的话："还有问题吗？还有要补充的吗？你讲完了吗？"因为这样可以鼓励对方多说，以便你能获得更加精确的信息。

7．尽量不要使用带有情绪的字眼，这样很容易产生分歧。

16.1.3 信守承诺

之前我提到过在沟通的过程中尽量让对方多说、多问，自己也要多问对方："还有要补充的吗？"而且你在回答问题时，要注意停顿，这样会给别人沉稳的感觉，同时也会给自己更多的思考时间。为什么这么做呢？因为这样可以给你冷静和思考的时间。要想让别人相信你，你必须是一个信守承诺的人。只有让对方对你产生好感，让对方看到你是言行一致的，他才会产生信赖的感觉。反过来，既然别人信任你了，你就要信守承诺。

事实上，有效的沟通和信息传递，本身就是一种交易过程。你只有成功地将信息传递给对方，对方听懂并且接受了你所传递的内容，你才可能与对方成交。

16.2　如何回答你不想回答的问题

如何巧妙回答那些你不想回答的问题？你在与客户或者代理商沟通的过程中，难免会遇到很多不想回答的问题，这时你该如何应对呢？

当遇到上述情况时，转移话题就是一个好方法。在转移话题之前，你首先要解决如何转移对方的注意力这个问题，否则对方很难接受你直接转移话题。我曾在一本书中学到了一种策略，并将它广泛地运用在交际领域中的话题转移中。这种策略就是正面回答对方一个相似的问题，使对方难以想起他刚刚提出的那个问题。或者把对方的注意力集中在另一个目标上，让他难以发现你已经避开了刚才的问题。

当你的某个代理商和顾客产生纠纷时，他过来问你："老大，产生这种纠纷到底是因为我处理不当，还是因为你教我的方法有问题？"你该如何回答呢？如果你说是因为他自己没处理好或者处理不当，他能接受这样的打击吗？如果你承认你教他的方法有问题，这不是搬起石头砸自己的脚吗？如果你把问题推到顾客身上，那更不行。无论你怎么回答，这个问题都会非常尴尬。

针对这个情况，如果换作是我，我会这样回答："我觉得导致这个问题产生的因素应该有很多，但我想问题应该不在你身上，而我教你的方法也是正确的，一定是某个环节出现了问题，我认为你可以关注一下其中的某些细节，如××。不过，也有可能是顾客那里出现了问题，可是你不能强行去改变顾客啊，我认为你还是应该改变一下自己的服务方式，如果能这样去解决问题，成功的概率会更高，你觉得呢？"

在我的回答中，我并没有说他错了，也没有说我教的方法错了，但是我却达到了让他接受这个事情的目的，同时也建议他要改变自己。事实上，这个回答和我对他说“是你的处理方法出现了问题，要赶紧改”是一样的，可是我却完美地回答了一个我本想逃避的问题。同时，我把这个问题的注意力转移到了更加具体的细节上，让提问者忘记了他原本要问的问题。

16.3 如何躲避那些必须回答的问题

躲避你必须回答的问题的核心方法是，正面回答一个相似的问题，让提问者忘记他本来想问的问题。

躲避别人的问题不等于欺骗，只是转移注意力。我们要知道，良好的沟通应该遵循以下三个原则：

第一，交流时一定要有足够的信息量，并且要包含对方需要的信息，而不只是肯定或者否认这么简单。若只是笼统地回答，毫无信息量，一定会引起对方的怀疑。正如大家所看到的，那些好的回答基本上都会包含很多信息和方法，而不是简单地回答是与否。

第二，交流是坦诚的，不要有明显的欺骗之举。在上述案例中虽然我成功地回答了对方的问题，或者说成功地转移了话题，但是我并不是以欺骗为目的的，而是为了不想引起更多的纠纷。

第三，交流应该与当前的话题相关，不能跑题，也不能太脱离对方的问题，不可采取蛮横或者软弱的态度逃避。我在上述案例中的回答，是和对方的问题相关的，没有脱离主题太远，既没有用蛮横的态度，也没有显得很软弱，而是和平时一样用正常的心态进行沟通。

专家点评：

转移话题这种沟通方式，其实在团队管理甚至家庭关系的处理上都特别重要。这不仅有利于避免产生更多的矛盾，同时也有利于我们解决问题。这里我再次强调，转移话题不等于欺骗，我们之所以这么做，是为了让对方得到他想要的答案，避免因为我们不当的回答，而引起更多不必要的矛盾。

很多聪明人之所以深受人们的欢迎，是因为他们成功地转移了对方的注意力，并且巧妙地回答了问题。

我们做事情要学会随机应变，灵活处置，而并非固守某种思维定式。一个思维敏捷又灵活的人，比那些墨守成规又死板的人更容易巧妙地解决问题。我之所以这么说，只是想告诉你一个事实，聪明的人更容易让人相信。当然，在这个过程中，自信也是不可或缺的。

如果我们足够自信，语言表达足够流利，即使我们的回答掺杂了一些“水分”，即使对方有所察觉，也不会过于苛求，不光如此，我们通常还会获得较高的评价。这就是聪明人的魅力。

16.4　如何快速与他人形成默契

大家可能都曾有过和另一个人十分默契的时刻。这个人可能是你的朋友、恋人、家庭成员，也可能是偶遇的陌生人。我们不妨回忆一下你们之间相谈甚欢的那个时刻，思考一下为何这个人会和你如此投缘。

很可能是因为你们对某些电影、书籍、音乐有着相似的思考和见解；或者是因为你们曾有过相同的经历；或者是因为你们有着相同的见解或者讲话方式，让双方觉得很投缘、似曾相识；或者是因为你们有着相同的出身，有着相同的信念和理想。以上种种都是两个人有默契的表现。

默契是一种探入他人内心深处的能力，能让对方感觉你与他惺惺相惜，彼此之间有着强烈的思想共鸣。默契是一种可以将自己的世界延伸到他人世界中的能力。无论你在生活中追逐什么样的目标，只要你能找到合适的人，并与他形成默契，他却可以帮助你实现梦想。所以，我所讲的方法的使用范围不仅限于微商行业，如果你能学会这些方法，它们将会改变你的人生轨迹。

16.4.1 默契的吸引力是如何形成的

与他人之间的默契可以使你达到目的的过程变得简单而又轻松，并且能让你从中体会到无尽的乐趣。无论你想达到什么目的，你会发现总有人可以帮助你快捷、轻松地实现。但前提是，你要找到这些人，并与他们形成默契。

当人与人之间有很多共同点时，你就会觉得彼此之间仅存的那点差异变成了双方的吸引力。不妨思考一下，最吸引你的人是谁？你更愿意和谁待在一起？你会不会与那些和你兴趣爱好截然不同的人深交呢？一般来说，人们都希望跟那些与自己相似但又有那么一丁点儿差异的人待在一起。

以生活中任意两个人之间的关系为例。如果彼此之间十分融洽，那么必定是因为他们之间存在某些共同点。不妨回想一下你喜欢或者有好感的那些人身上有哪些东西吸引了你。

你在夸奖某个人聪明的时候，是因为他和你看问题的视角完全相同，并且他所表达的内容还进一步拓展了你的视野，对吗？比如，你喜欢听我的课程，其实就是因为你我之间达成了一种默契，并且我所分享的内容还进一步拓展了你的视野，涉及了很多你没有想到的方面，所以你才会那么认同我，对吗？这就是我刚才所说的人们都希望跟那些和自己相似但又有那么一丁点儿差异的人待在一起的原因。再回想一下那些你认为不可理喻的人，这些人与你有相似之处吗？我相信你会认为这些人糟糕透顶，对吧？而且你可能还会说一句：“我怎么可能跟他们一样呢？”

16.4.2 通过共同点建立默契

那么，我们该如何与他人建立默契呢？方法就是去发现甚至制造你们之间的共同点。

该如何制造共同点呢？即你变成对方的一面镜子，他做什么，你就做什么。用通俗的话来说，就是模仿。你只要去模仿对方，就可以轻松地与他人达成共识和默契。

专家点评：

我们可以模仿他人的兴趣，可以模仿他人的品位，甚至可以模仿他人的信念和梦想，或者找到彼此之间共同的朋友或者熟人。我们都知道，共同的经历有助于建立彼此之间融洽的关系。

16.4.3 模仿他人的生理状态建立默契

要想让彼此之间产生默契，最好的方式就是模仿他人的生理状态。生理状态这个词可能不太好理解，简单来说，就是模仿他人的呼吸节奏、行为举止、语气、语调等。如果你可以快速模仿他人的这些外在表象，那么你就可以在极短的时间内和陌生人相谈甚欢。

因为当一个人意识到某人和自己相似的时候，他就会在潜意识里觉得这个人容易相处。虽然我的交际圈很广，我的朋友的性格也有很多种，但是大家都能与我成为默契的合作伙伴。这是为什么呢？

我想这应该与我的经历有关。因为我之前是一名跆拳道运动员，所以我懂得体育，懂得运动员精神。我做过音乐，玩过摇滚，作曲、编曲更是不在话下，所以我也有热爱自由的一面。我开过实体店，跑过业务。我做过电商，掌握了电商运营的技能。我做过微商，也掌握了微商创业的技能。我还开了一家软件开发公司，所以我有非常缜密的系统化和逻辑化思维。我喜欢旅行，喜欢抒发情感。我以前在学校是一个不爱学习的学生，每天和同学嘻嘻哈哈，所以我也有调皮捣蛋但又非常幽默的一面。我之所以能和各种不同性格的人产生默契，主要原因是我能够随时调整自己的状态，和他人形成类似的状态。这也是我能制作出这么多课程的原因之一。

我的经历是独一无二的，因为有了这些经历，我可以模仿许多不同性格的人，与之形成默契。那么，该如何模仿他人的生理状态呢？

16.4.4 建立默契的方法是可以习得的

你可能会觉得模仿他人的生理状态这种方法很荒谬，但如果你能将他人的一切特征都模仿得惟妙惟肖，你想过会有什么效果吗？对方会觉得找到了知己，会认为你能够完全读懂、理解他内心的东西，就如同他本人一样。一开始，你只需要模仿对方的声音和面部表情，就可以与其迅速产生默契。

而在接下来的几天里，你要试着去模仿一下他周围的朋友的行为举止、肢体语言、面部表情、说话的语调和节奏。

既然是模仿对方的生理状态，就需要两个人一起练习。其中一个人是模仿者，另一个人是被模仿者。你们可以随便找一个话题聊天，然后被模仿者可以按照自己原本的行为习惯，随意地做出各种面部表情、肢体动作、呼吸节奏、眼神交流等，你们可以在这种练习中自己慢慢感受，当双方产生默契时，你马上就能明白我所讲的这一章的内容原来这么神奇。

第 17 章　设计一个励志的微商故事

微信朋友圈是什么？是一种社交方式，它只展示了我们生活的一部分，并不是我们生活的全部。我们的生活不仅限于微信朋友圈，只要是有人的地方，就都可以做微商。只要在有人的地方，我就会传播我的思想、我的精神、我的产品，但是现在很多微商从业者却只会用微信朋友圈做生意。

学会了本章，即使你的微信朋友圈信息发得不好，你也可以卖货和招代理商；如果你不但朋友圈信息发得很好，而且会说话、会沟通、会讲故事，那么你的销量和转化率会比之前的更高。

17.1　个人励志故事的设计是有套路的

这是一个棒球少年的故事。这位 17 岁的少年，他的目标很简单，想加入棒球队。但是他有一个阻碍，他的爸爸是一个很有名的职业棒球运动员，多年前，他的爸爸曾牵涉一起黑球案（以故意放水输掉比赛的手段而在场外赌球获利），所以这位少年从出生的那一刻起，就被别人嘲笑“你的爸爸是一个打黑球的球员”。虽然少年对棒球很有热情，但他却不得不在爸爸的“阴影”下打棒球。

这位少年有一个残疾的妹妹，他去练习打棒球的时候，经常会带着妹妹一起，因为他担心妹妹一个人在家会有危险。后来，这位少年带着残疾的妹妹努力打棒球的身影，就被深深烙在了观众的心中。

棒球队里有个教练，虽然他的棒球技术很差，但是他却有很好的做生意的头脑。他觉得与其让少年打棒球，不如找他来做一个免费的广告。第一，他爸爸是一个职业棒球运动员，还牵涉打黑球；第二，他妹妹是个残障人士。就用这些来炒作，把少年打造成一个棒球天才。后来，少年的努力加上教练的运作，这位少年不仅被选入球队，而且一炮而红，在大家眼中他是非常有潜力的未来之星。

这时是不是就到了本故事的高潮部分？是的，第一个小高潮来了。

有一次，少年在训练结束后无意中听见老板跟他的教练在讲，他们之所以录用这个少年，完全是因为他的爸爸牵涉黑球案，他的妹妹又是一个残障人士，他们才不管这个少年是否爱打球。少年听到这里哭了，他觉得打棒球这件事情对他而言已经没有意义了，因为他之所以能打棒球，居然是由于父亲和妹妹的缘故，跟他自己一点儿关系都没有。

这位少年决定退出棒球队，这时故事的第二个小高潮来了。无处可去的少年在街上闲逛，看见一间拉面店招工，于是他就走进去应聘。拉面店老板是个大叔，他手艺很好。这位少年勤奋又努力，大叔很喜欢他，少年也很用心地学习做拉面。在教少年做拉面的过程中，他有时候会讲："做拉面跟打棒球一样需要毅力和决心。"少年很好奇，后来才知道这个大叔曾经也是一位职业棒球运动员，而且是他爸爸的前同事。大叔告诉那位少年，那一年是他参与了打假球，但是当这件事情被报道出来之后，少年的父亲却替他扛下了所有的事，无论任何人逼问，他一个字也不说。因为这件事情，这个大叔感到十分痛苦和内疚，最后选择退出棒球队。

少年听后恍然大悟，原来父亲根本没有参与打黑球，父亲的沉默，是为了保护他最好的朋友。

到这里，本故事的最后一个高潮来了。

少年心中最重的阴影在这一刻完全消失了。他打开了心结，之后他加入了一家比较小的棒球联盟俱乐部，每次打棒球的时候，他都会做一个动作——手指天空，因为他觉得父亲正看着他微笑。

虽然这个少年的成长之路坎坷，但命运又给了他一份意外的惊喜。他虽然失去了虚假的光环，但却得到了内心的救赎——原来打棒球是这么快乐的事。

我们常常说讲故事时，情节最重要。情节是什么呢？情节就是依靠因果逻辑排列的事件。所以我们只要掌握了因果逻辑，就自然而然地可以排列出一个跌宕起伏的故事。

17.2　用七个步骤讲一个精彩的故事

很多人认为讲故事需要天分，但我认为，讲故事是可以套用“公式”的。有天分的人讲故事当然会非常容易吸引人，可是没有天分的人呢？在本节，我们可以通过一些简单的练习，提高自己讲故事的能力。

我们把讲故事的“公式”提炼成七个步骤。只要我们能完成这七个步骤，我们所讲的故事就会完整地展现在读者面前。

第一个步骤：主人公的目标是什么？

第二个步骤：主人公的阻碍是什么？（他树立了这个目标之后，遇到了什么阻碍？）

第三个步骤：他要经历怎样的努力去实现这个目标？（所有的故事都一样，当主人公遇到阻碍后，他必须经历一个努力的过程。）

第四个步骤：他努力之后得到了一个结果，通常这个结果都是不太好的。

如果结果很好，那么这个故事就结束了，读者不喜欢看一帆风顺的故事，他们要看的是曲折的故事。即使这一步的结果是好的，也只是假象，或者只是暂时的。

第五个步骤：意外。

因为结果不理想，所以没有实现目标，那么就必须出现某个意外的事件使故事偏离正常轨道。有时，意外比努力还要重要，虽然努力了没有成功，但意外却让主人公往成功的方向靠近。当然，意外跟努力是一起的，如果主人公之前没有努力，那么后面的意外也就不会有效。

第六个步骤：转弯。

当意外发生的时候，情节就开始转弯了。转弯最重要，因为转弯之后就会通往结局。从原则上来说，转弯大多是剧本的最后一部分，它通往故事的结局。（一般来说，当意外发生的时候，情节就开始大转弯了。）

第七个步骤：结局。

结局是什么？人们通常认为结局就是最初的目标，其实不然。如果结局等于目标，那就太无趣了，所以结局基本上要呼应目标，但一定要走出一个跟目标不一样的方向，这样才会让人觉得意外，既完成了目标，又为读者打开了一个新的想象空间。也就是说，结局可能并不是你当初设定的那个目标，但是也不比你当初设定的目标差，甚至会更好，或者是个全新的目标。

专家点评：

讲故事基本上都要完成上述这七个步骤：一是目标，二是阻碍，三是努力，四是结果，五是意外，六是转弯，七是结局。请记住，第六个步骤最重要，因为它即将通往结局。

所以，请你不要再说老天爷不赏饭吃，也不要再说你没有讲故事的天分。因为你只要把这七个步骤记下来，时不时地把你看到的人物带进故事中作为你的主角，让他们经历这七个步骤，你就会惊讶地发现，原来讲故事竟然这么简单，而你自己也不知不觉地成了一个讲故事的高手。

第 18 章　超级好用的零售沟通技巧

现在，有很多微商培训课程都不实用，大家都听厌了，不愿意听了；而我的微商培训课程却做得很好，大家愿意听。因为大家觉得我的课程易懂且实用。这一章，我主要讲解几种非常实用的零售沟通技巧。

18.1　活用类比法

为什么我的课程不仅易懂，而且会让听的人喜欢听呢？因为我经常在课程中运用类比法。什么是类比法？类比法就是根据两个或者两类不同的对象之间某些相似点或者相同点，推理出它们在其他方面的相似点或者相同点的一种逻辑思维方法。

如果你要说服对方信服你的观点，你需要通过对两个或者两类不同的对象进行比较，找出它们的相似点或者相同点，然后以此作为依据，把其中一个对象的相关信息转移到另一个对象上，这个过程其实就是运用类比法进行推理的。

18.2　类比法更容易说服他人

类比法的特点是以一种现象去对比另一种现象，用已知的事件去类比未知的事件，从而由现象的一致推导出结论的一致。这种方法常用于辩论和说服对方的情景之中。学会了这个方法，你不仅可以让自己的课程更加生动、有趣，还能让自己的沟通水平提高到一个新的高度。

采用类比法的基础是先告诉对方浅显的、能接受的事物，然后顺水推舟，说出对方还没有意识到或者不能接受的事物。在这里，我讲一个经典且具有说服力的案例来帮助大家理解类比法。

如果你们看过一些关于美国历史的书籍，你们就会知道在美国独立的初期，有一条法律条文规定，公民要拥有30美元，才有机会当上议员。这条法律对于当时还很穷的黑人来说是不公平的。政治家富兰克林提出了反驳意见，他说："想要当上议员就要拥有30美元，那是不是可以这样说，我有一头驴值30美元，我就可以被选为议员了，一年之后，我的驴死了，我就不能再当议员了？请问究竟谁是议员，是我呢，还是我的驴呢？"

以前，人们没有意识到这条法律条文有什么问题，可是富兰克林用这个类比法推理后，人们发现这条法律条文规定的内容竟然如此荒谬。我们来分析一下富兰克林的逻辑。

首先，30美元等于一头驴，其实30美元本来也可以等于一只天鹅，但是天鹅不是愚蠢的象征，因此达不到和驴一样的效果，比喻的精妙之处在于他先把30美元和神圣庄严的法律联系在一起，之后又把30美元和驴联系在一起，这种联系是法律无法接受而又无法拒绝的。

其次，他先借助偶然的事故让驴死去，让驴和人分离，在这一生一死之间就把30美元和驴的关系转化为议员和驴的关系了。

这种类比法的讽刺性极强又极具幽默感。同理，在培训、沟通和辩论中，我们可以自然地运用这种类比法，将对方观点的部分条件给予推演、扩展、衍生，找出一个比较特殊的条件，使得这个条件与对方想表达的观点或结论产生分歧，从而在推倒对方观点的同时，亮出自己的观点。

在运用这种类比法时，关键在于我们要学会洞察对方语言中暗藏的荒谬之处，用类比法扩大范围、加深程度、强调性质，使其荒谬之处完全暴露出来。从某种意义上来说，培训的过程、沟通的过程、成交的过程，就是证明自己观点的过程，同时也是反驳对方观点的过程。类比法既是一面显微镜，又是一面放大镜，它能够鲜明地揭露对方论点的荒谬之处，使对方的观点不攻自破。

比如，我在给学员讲皮肤护理知识的时候，为了解释为什么干性皮肤的人更容易皮肤敏感，而皮肤油脂分泌均匀的人不太容易敏感，我就用了一个类比法来轻松讲解，让学员瞬间明白：干性皮肤和油脂分泌均匀的皮肤分别像一根干枯的树枝和一根连在树干上的树枝，干枯的树枝一折就“啪”的一声断裂了，而树上垂挂着的树枝因为油脂充足，当你去折这个树枝的时候，它很有韧性，即使弯了，也不容易折断。这就是干性皮肤和油脂分泌均匀的皮肤之间的区别。

专家点评：

无论是反驳别人的观点还是阐述自己的观点，类比法都可以很轻松地让对方理解你想表达的核心观点。因为你是在用一个对方很熟悉的事物来类比描述一个他不熟悉的事物，用两个事物中的相似之处，推导出你想表达的观点，所以对方更容易理解。

18.3　知己知彼

《孙子兵法》中有一句名言“知己知彼，百战不殆”。时至今日，这句话依然是我们现代营销学中运用得最多的一句话。

知己就是了解自己的产品；知彼就是知道客户的目的并了解客户的需求和意图。如果我们不能清晰地了解客户的需求和意图，我们就没有办法正确地运用我们的知识和技能来帮助客户，进而完成交易。

所以在与客户沟通之前，我们一定不要盲目地去向客户介绍产品，而要先了解客户的目的，从而对客户进行有效且精准的指导，这才是成交的前提。如果无法正确地判断客户的目的，我们就无法精确地引导客户。

如果客户是来咨询如何做代理商的，而你却一直跟他讲产品的细节，他就会觉得你文不对题，怎么聊都不在同一个频道上。所以，你必须先弄清楚客户的目的，然后再正确地使用沟通技巧。

比如，今天小张向你咨询关于某款面膜的一些问题，事实上，他只有两个目的：一、他想购买使用；二、他有意向来代理这款面膜。在这个过程中，不同的客户基于不同的行为习惯、表达习惯，会有各种各样不同的问法，但基本上都是这两个目的。所以，我们一定不要被客户千奇百怪的问法迷惑了，而应该把客户引到我们的思路中来，不要因为客户的几个问题而使自己变得被动。

“你们这个面膜怎么样？”“你们这个面膜怎么卖？”“你们这个面膜真的像介绍的那样好吗？”“怎么代理你们的面膜？”“成为你们的代理商之后，你们会带我一起做吗？”“微商好做吗？”……这么多种不同的问法，总结一下也只有两个目的而已：第一，他们可能有意向体验我们的产品；第二，他们可能有意向代理我们的产品。

面对这么多的问题，其实只用一句话就可以全部解答：“谢谢你的信任，你是想体验一下我们的面膜还是想做我们这款面膜的代理商呢？”

反问这个问题的原因是要确认客户的出发点，也就是他们的真实目的。其实不管客户怎么回答，我们自己都要很清楚地知道，我们的最终目的是既希望客户购买我们的产品，也希望客户来代理我们的产品。可是，客户无论是购买产品还是代理产品，都有一个前提，那就是他们一定要认可我们的产品。如果他们不认可，就不会购买，更别提代理了。所以，无论客户如何回答，我们都要引导客户先去购买或者体验。因为未来一切的成交都必须建立在客户认可我们产品的基础之上。

18.4 如何引导客户体验产品

当你抛出上面我们说到的问题后，无论客户有多少种回答方式，答案也只有两个结果：一是想了解产品，二是想做代理商。

我相信所有的人都能判断出客户的答案是倾向于哪一个结果的。

当客户倾向于了解产品时，我们要直接回复他：“你真有眼光，我们的这款面膜现在卖得很好，这个品牌是微商界专业做医美面膜的，我们可以让客户享受安全、有效的皮肤护理服务。我先给你讲讲我们的产品吧，因为在购买任何产品之前，我们都应该详细地了解它，特别是像面膜这种使用频率较高的产品，安全最重要，你觉得呢？”

当客户倾向于了解如何做微商和如何代理产品时，我们要直接回复他：“最近我们的这款面膜卖得确实很好，把你都吸引来了。想做微商，一定要选对产品，如果你连产品都不了解，就去谈代理的事情，未免言之过早，所以还是先让我给你介绍一下产品吧。”

当客户向我们咨询时，无论客户提出什么问题，我们都要把客户的注意力引到产品上来。我们坚信，所有的成交一定是建立在认可该产品的基础上的。

任何一个行业，竞争到最后，比拼的就是产品本身。销售价格或者经营模式都是表面的，可以被无限复制。代理商若没有体验过产品，你和他们说再多都无济于事。相反，你说太多其他的，避开产品不谈，可能你花了很多的时间，客户最后只买了一盒产品，你还是按批发价卖给他的。

因此做微商，我们一定要学习一个很重要的内容：如何介绍我们的产品。我们要把客户所有可能咨询的问题都导向产品介绍。所以，我们要先学会如何用清晰易懂的语言向客户介绍我们的产品。

很多人不仅仅是微商界的“小白”，也是销售界的“小白”。当客户来询问产品时，他们好像什么都知道，但又不知道从哪里和客户说起，所以有的人直接给客户讲产品功能，有的人直接讲产品价格。对你而言，可能你已经十分了解产品了，可是客户是完全不了解的，所以当你介绍产品时，如果按照你认为对的方式去介绍，那么消费者是无法立刻“吸收”的。有些微商在介绍产品的时候会把客户绕晕，或者被客户一个接一个的问题带跑偏，而变得语无伦次。

那么，如何才能正确地介绍产品呢？请记住，在介绍产品之前，不要急于求成，以避免暴露自己想成交的意愿，而应先用 FAB（Feature、Advantage、Benefit）法则向客户介绍你的产品，在确认客户对你的产品有足够兴趣之后，让客户自己提出想要与你成交，然后再进行交易。什么是 FAB 法则呢？我将在下一节进行介绍。

18.5 FAB 法则

FAB 法则，即遵循一定的顺序向客户介绍三个方面的内容。这三个方面分别是产品的属性（Feature）、作用（Advantage）和价值（Benefit）。

属性就是对某个产品的特点的说明。比如，我们的 ×× 面膜是由我们和 ×× 大学 ×× 研发中心共同推出的，其属性是安全的。

在介绍完产品的属性后，接下来就要介绍产品的作用。比如，我们的 ×× 面膜是一款修复面膜，它有补水、修复受损肌肤和重组表皮屏障的作用。为什么它会有这些功能呢？因为在我们的面膜中添加了 ×× 大学 ×× 研发中心为本品专供的 ×× 成分，它是一种经过验证的对皮肤保湿修复有很好效果的成分，而这些配方名称都是直接打印在产品的包装上的，已通过了国家相关部门的审核。

当你介绍完产品的作用后，就应该向客户介绍产品的价值了。比如，你可以这么说，我们的这款产品除属性优势和功效优势外，最大的优势就是它的性价比了。因为普通的上班族群体和学生群体，消费不起价格动辄上千块钱的护肤品。我们的面膜定价为每盒 ×× 元，在同等价位的面膜中，我们的质量最佳。我们品牌的核心理念是：让更多的普通人用上高品质的护肤品。

从理论上来说，当我们介绍完这些之后，客户就会对我们的产品非常感兴趣了，可是在实际操作过程中，客户未必会立刻下定决心购买，也许会有其他的想法和顾虑。接下来，我们要学习一些成交技巧，帮助顾客打消顾虑，进而实现成交。

18.6 客户嫌贵时该如何成交

通常在我们介绍完产品，而客户又很感兴趣的时候，客户就会开始询问：“你们的产品多少钱？”在这个环节中，一般会出现两种情况：第一种是听完价格后直接购买；第二种是嫌贵不买。

是不是在遇到第二种情况时，我们就无法成交了呢？

价格是客户最常提起的话题，不过挑剔价格这件事本身并不重要，重要的是他挑剔价格背后的原因。因此，每当客户挑剔你的产品价格时，先不要和他争辩，相反，你应该感到开心才对。因为只有在客户对你的产品有兴趣的情况下才会关注产品的价格。你要做的就是让他觉得产品与价格相符，这样你成交的概率就会高很多。比如，客户说“你的产品有点贵”，你可以用这样的话来回应她：“张女士，您有没有买过价格相对便宜，但品质却很好的产品？”你可能会得到两个答案，有或者没有。

当张女士回答“有”的时候，你可以立即说：“是的，我也相信，这种情况是有的，但是这种情况多吗？”张女士只能回答“不多”，因为这是事实，毕竟很多产品低价促销只是一个幌子，低价的商品，即使性价比不错，功效也是有限的。

然后，你就可以进行下一步的沟通了。你可以直接和客户说：“张女士，您是否觉得‘一分钱一分货’这句话很有道理呢？”因为这句话是真理，无法反驳，所以客户只能认同。当客户认同这个真理之后你就可以采取成交策略了。

你可以继续追问：“您觉得我们的产品贵了，是因为您做过比较，您是通过对比过去用过的面膜的价格来判断的，对吗？”客户在这里只能回答“是的”。

你还可以继续问：“如果我们的面膜真如我所说的那样，具有我刚刚跟您提到的功效，您还会觉得贵吗？”

讲到这里的时候，客户基本上已经无法反驳你了，客户可能会质疑：“你的产品真的像你说的那样好吗？”这个时候，你只要回复：“是的！如果没有我所说的功效那么好，您可以直接退货，我会全额退款。”

18.7　客户犹豫时该如何成交

按照常理来说，如果运用了上述的方法，你一定会成交一部分客户。可是，在诸多客户中，有很多犹豫不决、优柔寡断的客户，他们问了产品又问了价格之后就没下文了，或者他们常常会以“我考虑一下”“我再想一想”之类的话收尾，这让很多新手微商十分头疼。那么对于这类客户，你又该用什么样的方式与他们成交呢？

有些客户明明相信你的产品质量，也十分清楚如果做出购买决定会给他们带来很大的帮助，但他们就是迟迟不购买。他们总是犹豫不决，对于他们来说，决定购买的因素不是购买后的好处，而是万一出现决策失误怎么办。这万分之一的失误率使他们不敢做出正确的决定。对于这样的客户，你应该主导整个交易过程。

你可以说：“张女士，您今天先买一盒我们的面膜试试看，护肤效果是很明显的，因为这个产品真的和您从前用过的面膜完全不同，这肯定是一次全新的体验，我想这一点您很清楚，对吗？”

你还可以说：“张女士，买或者不买，到底哪个选择好处更多呢？买了，您将获得一个改善皮肤的机会；不买，您将不会有任何的改变。所以您还是来一盒试试吧，只是一盒面膜而已，您也吃不了亏，上不了当，我也不可能因为一盒面膜而发家致富。但是，您的一个决定就会给您带来新的体验和机会。”

对于这类客户，你一定要主导整个成交过程。在她的潜意识里，她是需要别人帮助她做决定的，她总是喜欢听取别人的意见，自己不敢拿主意。对于这类客户，你要敢于替她做出决定，你要明白，你的决定可能就是她的购买决定。

18.8 客户推托没钱时该如何成交

还有一种情况就是，客户不会直接说你的产品不好，也不会说产品贵，更不会说不信任你，就是一直拖着，或者说：“哎呀，我银行卡里没钱，明天存了钱再来买。”针对这种情况，下面这个方法非常适用。

你可以直接对他说：“没事，您把地址给我，我先给您发货。您明天存了钱再转给我就行。我对自己的产品有信心，您就放心使用吧，我信任您，肯定不会欠我这 199 元钱的。”然后马上动手填写快递单，填好后直接把快递单拍照发给他，通常他过一会儿就会转账给你了。

其实你只是拍了一张快递单照片给他，你还没发货，等他转账给你之后，你再发货也不迟。如果他没转账，只要你信得过他，你也可以发货。即使你信不过他，亏点运费，你也不会损失什么。你拍了快递单照片给他后，也可以拖延两天不发，等他转账后你再发，如果他既不转账给你，也不问你发货情况，估计就是“没戏”了。如果你没发货，他问你面膜怎么还没送到，你可以说：“我查一下物流。”接着说：“我给你重新寄一份吧，可能是漏发快递了。”或者说：“哎呀，可能是我们管仓库的小姑娘看到这笔订单是未付款的状态，就一直没发货，真是抱歉。”把不发货的原因推给认真负责的小姑娘，对方肯定也没办法反驳。但是当他第二次主动来询问这个订单的时候，他不可能继续推托说没钱吧，这时他肯定会转账给你。

要知道，如果客户不需要我们的产品，对我们的产品不感兴趣，是绝对不会花时间来询问的。所以，任何一个对我们的产品有疑问的人，我们一定不要反感他们的疑问，因为只有对我们的产品感兴趣，他们才会有疑问，如果不感兴趣，他们肯定连问都不会问一句。

专家点评：

为了与客户达成交易，我们应该根据客户的具体情况，采取不同的成交策略，以掌握交易中的主动权，尽快达成交易。微商必须准确地把握住客户的心理，了解客户的购买动机，并适当地给予“刺激”，这样就可以与客户愉快地成交了。

第19章 100%好评和复购技巧

本章一针见血地指出了如何在销售产品、做活动、赠送试用装的时候，让客户在收到产品后会有100%好评率和复购率。

19.1 用微信语音做产品使用讲解

100%好评和复购技巧的核心是，不管我们是招代理商还是赠送试用装，都要学会去引导客户使用产品。即使我们的产品有很多功能，如果我们不去引导客户体验和使用，客户自己也感觉不到这个产品到底好在哪里。

我以自己为例来讲一下为什么我的团队销售护肤品的好评率和复购率会那么高。因为我们的品牌是以产品的质量取胜的，所以我们很少造势。同时，我们会给代理商发放很多试用装，让其做活动和赠送客户，我们完全依靠产品本身的拉力，帮助代理商做销售，再从客户中发展代理商。比如，今天客户花了19.9元领取了3片面膜试用装，我们就会以语音的方式给客户留言教她使用方法。因为客户能从语音中感受到我们的语调、语速、语气，这样客户更容易在销售的过程中感受到我们的诚意和我们对自己产品的热爱，这些细节是极具感染力的。

这就是100%好评和复购技巧，使用起来十分简单。

19.2 100%好评和复购技巧实例讲解

我平时是如何向客户介绍产品的呢？请容忍我接下来的“广告”时间，因为我想让大家看到我是如何引导客户的、如何做广告的、如何讲解产品的，你可以对比一下自己平时在销售中是否是因为忽略了这些细节而导致好评率和复购率不高呢。希望你能从我下面的这几段话中有所领悟。

如果客户刚买了我的面膜试用装，我可以通过微信语音给客户留言：“我教你如何使用我们的产品效果才最好！收到我们的活蛋白面膜后，你先一天用一片，连续用三天。为什么呢？因为我们的面膜是专业的医学护肤品，它和其他产品最大的区别就是绝对的温和与安全。所以，当你用第一片的时候，你不一定感觉得出来它有什么效果。但是你第二天再用一片的话，你会觉得效果比第一天好很多。第三天，你会觉得比第二天的效果又好了很多。这是为什么呢？

因为医学护肤品有一个特点，就是你在连续使用的时候它的效果是成倍增加的。每一片面膜的效果都很温和，但是连续使用后，其效果是翻倍的。这就是医学护肤品的特别之处。如果你觉得补水效果还不够好，你可以一天用两片，早晚各一片，因为我们产品非常温和，即使你一天用两片，你的皮肤也不会出现任何营养过剩的情况，而如果你觉得三天用三片补水效果刚刚好，那么你以后每天用一片就可以了。如果你觉得你的皮肤不是很缺水，那么两天用一片就可以了。你可以根据自己用完后的感受自行调整使用频率。

我们的面膜还有两个特点：一是导入效果好；二是面膜中含有双态蛋白成分。我们的面膜纸是蚕丝丝绒材质的，它比纯蚕丝的密度要高，所以在给面部输送营养的时候，导入的效果比纯蚕丝面膜的更好。蚕丝丝绒面膜虽然贴上去没有那么服帖、好看，但是它的导入效果非常好。有一些客人说我们家的面膜贴上去感觉干得特别快，出现这种情况主要有两个原因：第一，面膜袋子里面残留的精华液较多，并没有全部涂抹在脸上。同时，涂抹的时候要注意，你面部的哪个位置比较缺水，你就要在那个地方多涂一点精华液。比如，鼻子、额头或者嘴巴附近的区域都是比较容易缺水的，你要多涂一些精华液，这样效果会更好。第二，面膜中含有由我们和 ×× 大学合作研发的双态蛋白成分，而双态蛋白中含有类人胶原蛋白和细胞生长因子。类人胶原蛋白的特殊之处在于它与人体里面的蛋白质同源，非常容易被吸收，所以面膜纸会干得特别快。这并不是因为面膜的精华液少，而是你的皮肤吸收得特别好。有的面膜你用过之后脸上会残留很多精华液，这种面膜其实根本没有用，因为只有被吸收进去的部分才有补水效果。而我们的活蛋白面膜会帮助你的皮肤将精华液全部吸收掉，这是我们的面膜和其他面膜最大的不同之处。所以，面膜干得快，反而说明精华液全部被皮肤吸收了，这是好事。

总之，你可以自己体验一下，三天之后给我反馈，不管是好的反馈还是坏的反馈，你都可以回复我。好啦，如果你不介意，我想做一个素材发朋友圈，如果你不愿意公开自己的名字和头像，我可以把这部分剪掉。如果你觉得我们的产品还有要改善的地方，你也可以告诉我。同时我想告诉你，虽然你只买了面膜试用装，但是我还会给你寄很多其他产品的试用装，其中包括防晒试用装、粉霜花蜜试用装、洗面奶试用装，等等。”

19.3 将对你有利的内容植入客户的大脑中

其实上述的例子，就是一个说服客户的过程。你并不是在骗他，而是预先植入正确的体验方式到客户的大脑中。让客户从你的语音中对该产品建立一个画面感，让他在使用产品的时候去回想你跟他说过的这些话，以便他按照你说的方式去体验和感受。很多微商从业者说，试用装发出去了，产品也卖出去了，可就是没有回购，到底是怎么回事？是不是自己的产品不够好？其实不是，很多时候是因为销售员的销售能力有问题。因为销售员只是收了款，发了货，接下来什么也不说，什么也不做，好评率和复购率怎么会高呢？

如果在售后阶段你什么都不说，只让客户自己去体验你的产品，那么你的产品的很多优点客户是察觉不到的。因为每个人如何用产品，如何评价产品，对产品有什么感受，以及评判标准都是不同的，而且每个人的护肤程序和习惯也不一样。如果你不去引导客户，放任客户自己去体验，自己去感受，那么你是无法保证好评率和复购率的。

如果你在客户收到产品之前就告诉他如何使用，以及使用后会有什么效果，就等于说你预先把产品的评判标准和使用方法植入客户的大脑中，这样他就会按照你提供的方法去体验产品。如果真是这样的情况，又怎么会没有好评呢？

怎么会不复购呢？怎么会没有精彩的反馈呢？

19.4　100% 好评和复购技巧的原理

销售过程其实就是说服客户的过程，如果我们不预先将对我们自己有利的内容植入客户的大脑中，我们就很难去引导客户。如果我们不引导客户，即使产品的效果很好，依然会有很多客户提出各种各样的问题，或者给予不好的反馈。在这样的情况下，我们怎么好意思提出让客户复购呢？

如果我们预先将信息植入进去，那么客户在遇到这个情况的时候就会想：真的是这样啊，真的是有点不服帖哦，他们家的面膜真的比一般的面膜干得快、吸收得好啊。客户会觉得我们说的都对，确实是那样的。这是因为客户评判一个产品好坏的标准和感受完全被我们预先植入了，他脑中原有的标准已被我们替换，所以无论他怎么用都会觉得我们的产品好。

反之，如果我们在销售的时候没有任何铺垫，客户使用后过来问我们："你们的面膜怎么不服帖啊？你们的面膜怎么干得那么快，面膜的精华液是不是太少了啊？质量这么差，我以前用的面膜里面的精华液可多了。"这时我们再告诉他，那是因为我们的面膜吸收效果好，可此时不管我们怎么解释，很多客户都会觉得我们是在狡辩，是在为自己的产品质量低劣找借口开脱，这样做生意怎么可能会有好评和复购呢？

专家点评：

在完成交易之后、客户收到产品之前，你一定要耐心地通过微信语音的方式和客户沟通产品的使用方法，将一些评判标准植入客户的大脑中。只有影响了客户的评判标准，你的好评率和复购率才能更高。

第 4 篇

微商团队管理

第20章　微商团队的打造与裂变

如今，早已不是单打独斗的时代，很多行业和领域都需要团队协作，微商领域也不例外，本章将针对微商团队的打造与裂变进行分析。

20.1　微商团队的管理问题调查

无论是传统营销，还是PC互联网营销（如淘宝），抑或是移动互联网营销（如微商），数据永远是营销管理中最重要的部分。有效地收集、整理、分析数据不仅能够提高管理的精准度，同时也能够提前预估项目的风险。所以，对微商团队的管理问题调查可通过整理以下数据来获悉。

20.1.1　性别与年龄

从从事微商的人群性别来看，微商及微营销的主要消费群体是女性，而男性的比例也上升到了21.2%（如图20–1所示）。这表明，这个趋势逐渐扩展到了男性群体。从数据中可以发现，男性微商虽然数量不多，但是做得比较好的男性微商比女性微商要多，女性只是基数大。因此，挖掘有潜力的男性微商还是很有必要的。需要注意的是，不是所有的男性都适合从事微商行业的，需要我们自己去辨别，不能见人就培养、见人就挖掘。优秀的微商一般都有以下几个特征：圈子广；在他的朋友圈里比较活跃；人比较开朗；其人品能够得到大多数朋友的认可；最重要的一点是要有特长。

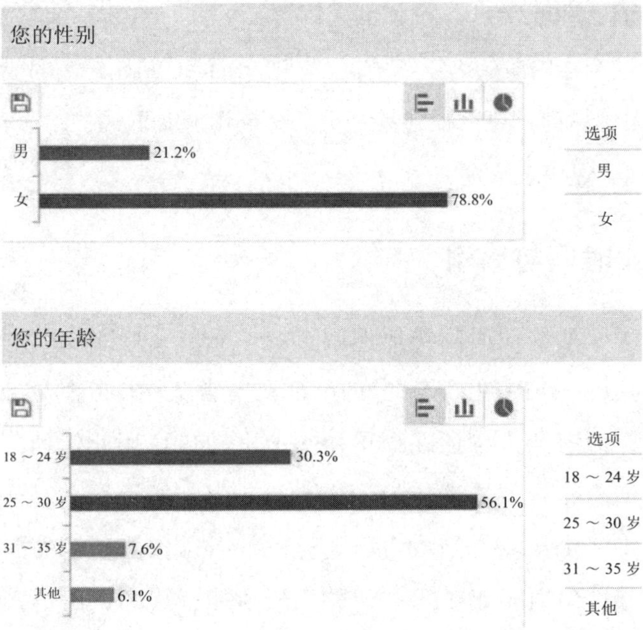

图 20-1　微商团队的性别与年龄调查

从做微商的人群年龄来看，25 ~ 30 岁的人群占了 56.1%。可见，在 25 ~ 30 岁的人群中，做微商的比例是最大的。这个年龄段的人群，要么还没结婚，要么刚结婚或者刚生过孩子，空闲时间比较多，再就是有了家庭，经济上会有一些压力。还有就是全职太太或者全职妈妈，她们的空闲时间比较多，希望通过做微商增加一些额外收入。既然做微商，我们就要清楚地知道，我们想发展的人有什么样的需求，无论是经济上有压力，还是空闲时间比较多，抑或是全职太太或全职妈妈，他们都希望通过自己的努力，实现自己的价值。只要能找到痛点，就有挖掘潜力的可能。

从图 20-1 可以看出，18 ~ 24 岁的人群占了 30.3%。他们有些在读大学，有些刚毕业，有些经济上有压力，有些迫切希望做一件事能够实现自己的个人价值。因此，这个年龄段的人群还是比较有挖掘潜力的。此外，这个年龄段的人大部分是学生，学生的交际圈是非常广的，你只要愿意去结交，多参与集体活动，根本不愁没有粉丝。

从上图还可以看出，31 ~ 35 岁的人群占了 7.6%。其实，这类人群的挖掘潜力也比较大。因为这个年龄段的人年纪稍长，他们有沉淀时间比较久的成熟的人脉圈子。这个年龄段的人做微商，要么很容易上手，要么几乎上不了手，这取决于他们自己在其朋友圈中的口碑和人品。

20.1.2　从业时间与比例

根据微商团队的从业时间与比例调查结果显示（如图 20-2 所示），75.8% 的微商从业都不到一年时间。大部分的人都在摸索，其中有些人有天分，又勤奋，已经赚到了钱；而有些人，还在糊里糊涂地不知道往哪儿使劲。其实，微商就是干自己喜欢的事，顺便赚钱。为什么有的微商会做得那么好？因为他爱自己的产品，他把每一个产品都当成自己的孩子，所以你能从他的朋友圈中看到很多感情，这些感情绝对不是千篇一律的广告所能替代的，所以其推广效果也不是千篇一律的广告可以比拟的。

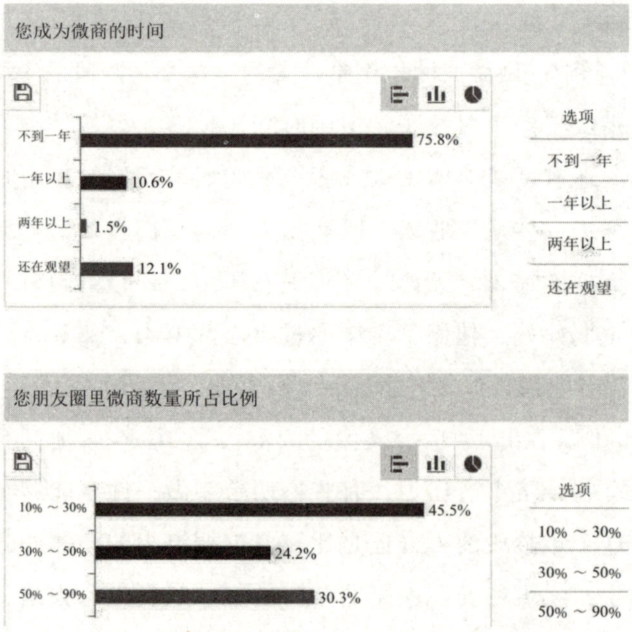

图 20-2　微商团队的从业时间与比例调查

20.1.3 前景和制约因素

有人对微商团队的前景和制约因素做了一番调查。

如图 20-3 所示，37.9% 的人认为微商这个行业很有前景，而 57.6% 的人感觉一般般，还有一小部分人觉得这个行业没有前途。这个数据反映了一个现实——在这个行业里，只有少数人能赚到钱。大多数微商其实并没有赚到什么钱，所以他们保持中立的态度。那部分保持中立的人，基本上就是那些做了一段时间，也囤了一些货，手里有一些客户，也有一些代理商，除去自己卖不掉的和自己使用的，最终也没赚多少钱的微商。那些比较悲观的微商大多是被坑骗的。

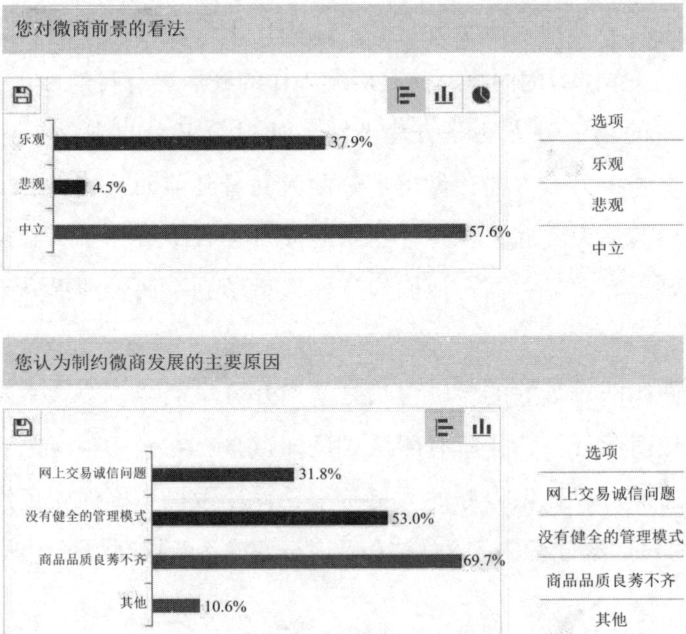

图 20-3 微商团队的前景调查

在制约微商发展的数据调查中可以看出，制约微商发展的主要因素是诚信问题、没有健全的管理模式、商品品质良莠不齐。这也凸显了现在微商行业比较混乱的一面，随便弄个商标，请个明星，招几百个代理商，一个月就能赚几千万元的这种公司不在少数，可是做几个月就做不下去了，表面上说是没货了，停产了，其实就是不干了。暗地里，它们接着再注册一个新的品牌，接着这么干。

20.2 如何提高团队激情，实现团队目标

无论是哪个行业，都需要激发团队激情，制定团队目标。下面我们就来讲解以下三种激励团队的方法。

激励团队的第一种方法是互动，玩头脑风暴游戏。大家一起开动脑筋思考问题，让每个人从不同的角度来寻找问题的根源，找到解决方案，提高大家的参与度。

激励团队的第二种方法是分享会。让工作干得好的同事通过总结经验，分享给需要提升工作能力的同事，使其后续工作的开展更有目的性。

激励团队的第三种方法是分享业绩。通过公开分享业绩，一方面让做得好的人有紧迫感；另一方面让做得不好的人，看到前面有这么多的榜样，促使他更加努力。但是说到底，要想让团队的成员一直跟着你干，必须具备两个条件：一是你要有好产品；二是他们能从你这里学到东西，能提升个人的能力与价值。

针对微商团队，最好的激励方法是定期开分享会或例会。不断提高团队的执行力，优化团队目标，让所有团队成员知道自己在做的项目进展如何，发展得怎么样。这样可以让做得好的人更有干劲，让做得不好的人更加努力追上别人。管理者通过数据分析、经验总结和及时分享，不断提高整个团队成员的素质、能力。

试想一下，如果我们每周都有分享会，大家能不积极参与和互动吗？每周都有头脑风暴，都能获取新知识，大家能不积极参与吗？未来的分享会，我们希望能与行业大咖们一起分享，一起学习。

20.3　如何打造高效的微商团队

要想打造高效的微商团队，我们首先要了解微商团队的运营模式与逻辑结构。

20.3.1　微商团队的运营模式与逻辑结构

如图 20–4 所示（图中省去了消费者层级），从上至下（从品牌商到经销商）的利润一定是层层剥离的，低级别的经销商销售的毛利率或许比代理商的要高，但是因为销售量较低，其收入远不如高级别的代理商。不仅仅利润是层层剥离的，知识的传递也是层层剥离的。大部分的品牌商只对高级别的代理商进行深度培训，而下面的经销商是享受不到这种待遇的，所以对产品的理解、知识的传递、管理的精进等方面，从上至下也是层层递减的。

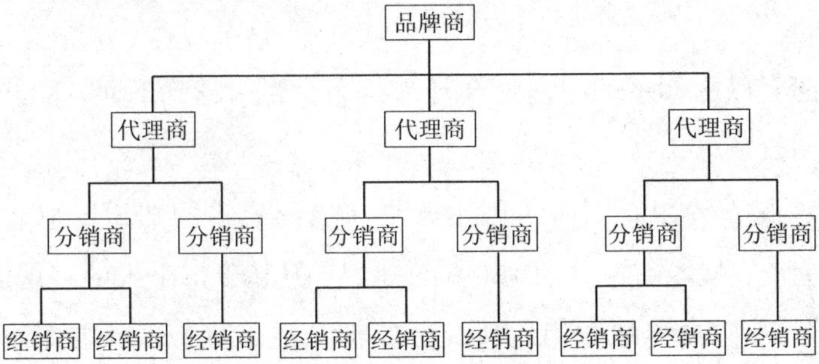

图 20–4　微商团队的运营模式

微商团队的逻辑结构（如图 20–5 所示）就像装管道，要从源头开始进行知识传递。我们发现，越是底部，其执行力越差，那是因为经过的管道太多，每一层的执行力都在递减。因为没有人能做得到 100% 的知识传递，毕竟每个人的表达能力和理解能力不同，这种传递知识方式无法保证传递的准确性和有效性。

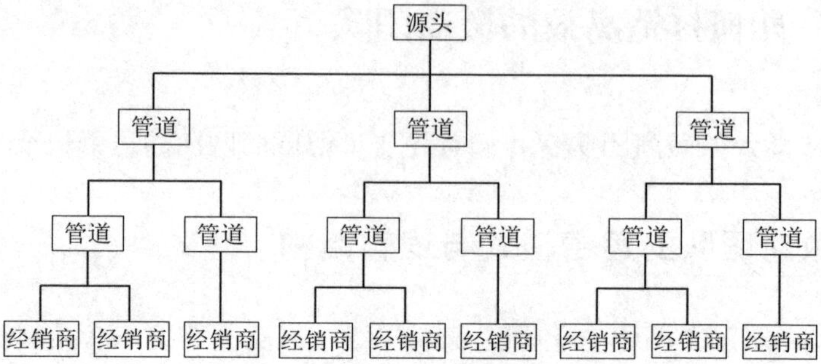

图 20-5 微商团队的逻辑结构

其实所有的微商都在做一件事，那就是传递知识。无论是品牌产品、品牌文化、品牌团队，还是品牌优势，其实这些都属于品牌知识。作为一名微商，你在理解了这些知识后，可以把自己理解的知识总结并传递给好友，让他也认同你的知识，并购买你的产品或者成为你的代理商。所以，用知识来解释产品，是完全可以的。

大家可能会以为知识的传递量会越来越大，因为越到下面，团队成员越多，但事实并非如此。

如果品牌商或者微商团队的创始人是从顶部灌输的知识，那么距离他最近的下一级代理商，就能够接收到 100% 的知识。但基于每个人的理解能力的不同，他可能只接收到了 80% 的知识，甚至更低，又基于每个人的表达能力有强弱之分，可能这个代理商在传递这些知识的时候，只能表达他理解的那 70% 的知识，从此刻开始，知识的传递效果便打了折扣。那么，他下面的经销商可能只理解了这个代理商传递的 80% 的知识。最后，就出现了层层递减的情况。严重的可能还会出现知识内容传递错误的情况。

这种知识传递结构所带来的结果就是，级别越低的经销商，他们的积极性也越低。按理这种知识传递方式来操作，别说是新代理商，老代理商也会越做越没劲，他传递了一些知识以后（先不谈他能传递多少知识），到后面就会出现知识枯竭的现象。因为品牌商投放的知识是有限的，而且品牌商（就是金字塔顶部的那些人）也没有那么多的精力去反复地帮助代理商培育他下面的团队。

如此一来，即使代理商原地踏步，进步速度会逐渐减退，工作激情也会逐渐减退。当然，其中也不乏有一些天赋异禀的微商，你传递给他 100% 的知识，他可以结合你传递的知识进行自我创造，并且配合良好的演讲口才，传递出 300% 的知识给下面的团队。可是那种高能力、有天赋的微商毕竟不多，即使有些人在某一个行业是非常厉害的精英，可在微商界中，他很可能是一个"小白"。

团队自上而下的知识传递，不仅是一个递减关系，它还可能会弯曲变形，因为每个人的理解能力和表达能力是不同的，所以在知识传递的过程中，内容可能会跑偏，会变味儿。

大家可能会说，越往下，就越接近终端客户，经销商以零售价销售，所得的利润应该很高。为什么还是递减的呢？因为越往下走，他们所接收的知识和上面的就越不对等。因为递减的关系，导致他们的执行力下降，而管理这些经销商的代理商也不是都很优秀。所以从总体来看，经销商虽然账面利润不低，但因为量太小，所以导致他们赚的钱并不多。

在金字塔尖的人，即使他们的利润不高，但因为他们下面的团队人数众多，所以他们始终保持高收益。

微商团队的建立，就像建管道。不管它有多少层级，其实都是在建自己的管道。而源头其实就是品牌商，他们将"水"灌下去，希望通过各种管道渗透到各个地方，以获取更多的客户。可是每一个管道的长短不同，有的管道短，并且没有漏洞，所以水可以顺利地顺着管道流下去；可有的管道有漏洞，所以灌下去的水越往下就越少。我认为，就出现了层层递减的现象。所以，用灌水和管道来比喻品牌商和微商的团队运作非常贴切。

20.3.2　微商团队的建立

很多时候，有些事你若想不通，可以采取逆向思维，这样你的思路很快就能打通了。微商团队的建立也可以倒过来推论，如图 20-6 所示。

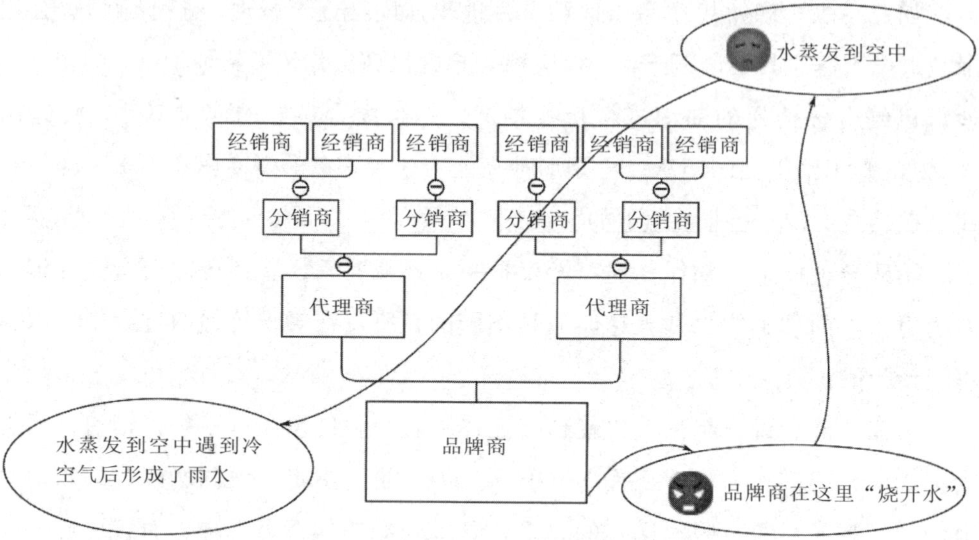

图 20-6 微商团队的建立

正如前面所说，微商团队的建立就像建管道，而管道很容易漏水。那么现在换一种思路，将它倒过来，从最下面烧水，让水向上蒸发。水蒸发到空中遇到冷空气后，形成雨水，让所有人都可以得到水和雨水 100% 的浇灌（就像知识 100% 的传递一样），这样来描述是希望大家可以把它理解为现在移动互联网的云技术，一语双关。

大家可能并不关心水该如何蒸发，因为我们既然提出这个思路，肯定就有解决方法。大家更关心的是，怎么灌水，灌什么水。这里的水，就是指知识。知识固然重要，但是对于打造团队来说，我们必须学会整理和归纳知识。根据知识的内容，我将其大概分为三种：故事、素材、任务。

什么是故事呢？这里指的是品牌故事。这种知识基本上是以软文的形式展现的，多数是一篇一篇的小文章，文章的内容精练，主题明确，有吸引人的核心内容。我们要学会把这些软文归纳起来，因为在产品宣传的初期，这些都是随时可能用得到的。在传播的过程中，它也可以起到一个铺垫以及对消费者潜移默化的作用。建立微商团队，需要把这些软文进行分类、归纳、整理及上传，以便我们随时随地都可以直接分享。

素材则分为产品素材、知识素材、反馈素材、市场素材四类。这些素材的形式，就不是以软文的形式展现了，而是以朋友圈的形式展现的。什么是朋友圈的形式呢？就是一段文字 + 几张图片的形式。字数建议控制在 140 字以内。因为在朋友圈中，140 字以内是不需要别人点击“全文”，就可以看到全文的。文字太多，会让人看起来很累，最终导致放弃。

第一类，产品素材。产品素材是什么呢？就是你所销售的或者代理的所有产品的推广素材，其中主要包括产品功效、功能、介绍、用途等信息。这种素材在朋友圈随处可见。你要把这些属于自己品牌的产品素材归纳、整理起来，以便为自己所用。

第二类，知识素材。知识素材是什么呢？就是关于你的产品的知识，这些知识与产品推广可以是无关的。比如，产品用法、产品使用的注意事项、产品成分，以及这些成分对人体有什么好处。这些知识素材，若能仅限于知识本身而不被商业化则是最好的，是比较通用的朋友圈素材。

第三类，反馈素材。将所有代理商、所有用户的真实反馈归纳并整理到你的素材库中。一来可以用于展现真实的反馈信息；二来当你不想使用别人的素材时，你可以去搜集你身边类似的素材，然后转发属于你自己的真实的反馈素材。

第四类，市场素材。这其实就是微商的市场状况素材，比如，团队里的某个成员是什么职业，有多少收入，做微商以后，他的收入增长了多少。或者谈谈微商行业也行，比如，微商的发展非常迅猛，这个行业非常有前景，等等。关于微商市场的一些素材，也要归纳并整理到自己的素材库中。

针对这些素材库，你也可以做进一步的细化。那么，新手微商应该如何使用这四种素材呢？比如，新手微商前期要发一些产品素材和知识素材，转发的时候要注意将其转化为“心情朋友圈”。什么是“心情朋友圈”呢？比如，“欧莱雅 ×× 产品很好用，有什么功效，超多人喜欢，小清新首选”，等等。

其实发这种素材的朋友圈和发产品素材的朋友圈所起的作用是一样的，新手微商这样发，可以更平滑地过渡到初级微商，避免出现尴尬的情况。但两者还是有区别的，“心情朋友圈”会吸引你的朋友来询问你用了什么产品，而发产品素材的朋友圈则是硬推荐给你的朋友 ×× 产品好。两者的思维模式是完全不同的。

另外，你要进一步细化这些素材。比如，初级微商适合发什么样的素材，中级微商适合发什么样的素材，高级微商适合发什么样的素材。让所有处于不同阶段的人都明白，他们现在所处的阶段应该做什么。目前，确实有不少微商团队只教代理商如何加人，其他就不管了。所以，要想让你的团队强大，你就要把这些素材全部归纳并整理成一个素材库，方便自己随用随取。

有了前面的知识归纳和整理做铺垫，只要做到所有的微商团队成员人手一份，那么他们无论是零售商还是代理商，就都会非常自信。这样，他们不仅可以运用知识库中的知识和素材库中的知识做各种营销，还有诸多素材和知识供他们使用。当他们的潜在客户问他们该怎么做微商的时候，他们可以自信地说，我们有非常专业的团队成长体系，只要你有信心，我们完全可以教你做好微商。

另外，我们还要针对不同阶段的微商，布置不同的任务。用任务制，来规范他们的行为和激发他们的热情。比如，对初级微商而言，只要完成 10 个朋友圈原创素材，就可获得奖励，或者拿货时给予价格优惠。

如果你把微商团队的成员当成帮你卖货的机器，那就真的是大材小用了。因为微商群里有各个领域的精英，所以对你而言他们的智慧远比帮你卖货要有用得多。这才是一个团队源源不断、生生不息的关键。

用任务制去规范微商的行为，并激发他们的才智与创造力，才是团队可持续发展的核心要素。仅靠一个人，团队永远做不大。因为一个人的知识是有限的，能力是有限的，思路也是有局限性的。既然如此，你为何不利用你微商团队那么多人的智慧来做这件事呢？这样就会有源源不断的素材、创意、内容、故事，培训内容不断被更新，销售纪录也会不断被刷新。

为什么销售纪录会被刷新？因为团队给了你归属感。团队重视你的智慧，重视你的能力。一个人一旦有被团队重视的感觉，他就会拼死为这个团队卖命。在团队中，如果有非常多的成绩都是他做出来的，他会非常有归属感，觉得团队的成功有他的功劳，有他的汗水，有他的影子，他会把这份工作当作他自己的事业去做，投入百分之百的热情。

20.4　团队裂变的奥秘

一个真正优秀的品牌或者团队，一定会想尽办法帮助代理商在进行团队裂变的同时进行消费裂变，这也是微商营销的核心要素。目前微商团队发展失利的原因是，微商们都聚焦于团队裂变，即不断地招代理商和压货、囤货，却忽视了消费裂变，即真正地让消费者进来消费。因此，微商在注重团队裂变的同时，也要注重消费裂变。

20.4.1　什么是团队裂变

团队裂变的机制很简单，就是招代理商。招代理商，其实就是在壮大营销团队，因为每一个代理商下面都有自己或大或小的团队，如果下面的每个人都去裂变自己的团队，那就是一种无限的裂变。

一个好的品牌团队，绝对不会让我们完全凭自己的思路去招代理商，因为这种模式的不可控性太强，潜在的管理风险很高，对每个代理商的个人能力要求也很高，裂变和发展的速度很慢，而且方法太老套。所以，我们要通过团队运营机制来帮助微商快速去招代理商。

20.4.2　招代理商的要素

我们在招代理商时需要具备三个要素，即低门槛、透明的上下级关系，以及充足的成长空间。低门槛意味着风险也较低；透明的上下级关系则可以保证代理商收到的货物有良好的品质；充足的成长空间则可以使代理商不断发挥自己的能力，使自己得到成长。

微商在招代理商时，首先，要保证自己的产品有良好的品质以及稳定的库存，并有效避免负面影响的出现；其次，要有比较大的利润空间，增加代理商去做推广的动力；再次，要善于打造爆款产品，并有专职客服解决售后问题；最后，一定要发货快、运费低，并设置奖励机制。

20.4.3 回归到商业的本质

如今做微商，要想发展壮大自己的销售团队，单纯依靠销售技巧已然行不通了，因为即使我们的销售能力很强，如果客户并不需要我们的产品，那也无法实现成交。或者说，即使我们的引流技术非常好，但如果我们自身的产品性价比不高，从而导致客户不愿意为此买单，那也无法实现成交。因此，在人们对产品品质的追求越来越高、消费越来越理性的今天，谁的产品性价比高，谁能为客户创造价值，谁就可以获得客户的青睐。所以，商业回归到本质，那就是产品。对于每一个微商从业者而言，选对产品很重要。那么，什么样的产品适合微商呢？我们可以从以下四个方面去甄选。

1. 产品品质

随着微商不断被认可，以及加入微商行业的人越来越多，很多企业都开始进军微商领域，希望能分一杯羹。很多中小企业都看上微商这一市场，其中以护肤品居多。当然，也因为微商的入门门槛非常低，只要你有产品，就可以通过微商的形式销售，所以导致产品泛滥，品质良莠不齐。

如何从众多产品中筛选出一款适合微商销售的产品呢？筛选方法其实很简单，当我们看上某一款产品的时候，可以先拿一份回来自己试用，看一下效果是否真的好。如果我们觉得不错，可以再多拿一份送给自己身边的朋友去体验一下，若 10 个人中有 9 个人说不错，那就是真的不错。很多微商选择产品的时候都会亲自试用，自己觉得好用以后就开始做代理商。其实，有时候我们自己觉得好的产品，在别人眼里未必真的好，所以我们要让消费者觉得好才行，因为产品最终会销售给消费者，而不是自己用，我们要相信大众的辨别能力。

专家点评：

一个好的产品可以通过口碑来提升品牌的知名度和认可度，同时也会让我们省去很多推广工作。同样，一个客户认为不好的产品是没有复购和推荐机会的。

2. 产品价格

有一些产品，可能质量还不错，但是因为价格太高，导致很多消费者消费不起，这样就会失去一大批想要购买却没有能力购买的潜在客户。很多人认为只要产品的质量好，价格高一点无所谓，但实际上，那只是你的个人想法。

比如，一个月薪只有 2000 元的人，你让她购买一套价值 1000 元的护肤品，你觉得可能吗？所以我们在选择微商产品的时候，也要考虑价格因素，尽可能地选择一些大众能消费得起的产品，比如，价格在 200 元以内的产品，一旦超出这个界线，就会有很多人消费不起。当消费者消费不起的时候，产品质量再好，销量也跟不上。

3. 适用人群

我们选择产品的时候，最好选择一些适用人群广泛的产品，因为需求的人越多，市场就越大。举个例子，一款只能祛痘的护肤品，它所适用的人群只是那些长痘的人，没有长痘的人是不会购买的，这样一来这款产品就会有局限性。如果我们的产品既能祛痘，又能美白，还能祛斑，那么适用的人群肯定会更广泛一些。那些没有长痘的人，可能需要美白或祛斑，也会购买我们的产品，所以我们的产品适用人群越广泛，越有利于我们的销售。

4. 性价比

可能有些产品的质量非常好，价格也不高，适用人群也十分广泛，但是由于其性价比不高，导致很多人不愿意购买。比如，一套护肤品价格在 150 元左右，质量很好，但是含量却非常少，用几天就没了。如果是你，你会购买吗？所以除了价格、质量、适用人群，判断一个产品是否适合微商销售的重要因素就是产品的性价比了，产品的性价比越高，消费者越喜欢。

20.4.4　建立一套完善的代理制度

现在我们看到的代理制度一般都分为四级，其实这种代理制度是不完善的，为什么呢？第一，因为代理等级太多，导致利润都集中在中间代理商手中，末端代理商所获得的利润很低，因此很多人都不愿意做代理商，或者即便做了代理商，销售动力也不大。第二，因为代理等级越多，需要分给代理商的利润就越多，零售价格也就越高，消费者的消费成本也就越高，因此导致部分消费者接受不了这个价格，最终导致无法成交。对于很多企业而言，它们的利润并没有变化，只是希望通过多层代理商的发展模式，使自己的销售团队得以发展壮大，因此，必须改变这个局面。我们可以从两个方面着手去改变。

1. 企业让利，带动销量

既然企业的利润没有任何变化，为何不把利润让给消费者，或者把这些利润分配到代理商手中呢？当我们把利润让给消费者的时候，我们的产品销量就会提高。销量提高以后，不仅企业自身可以获取更多的利益，而且代理商的利益也会随之增加，但前提是缩减代理等级。

我们可以在不降低零售价格的情况下，通过缩减代理等级来提高零售利润。这样企业不但可以不断获利，代理商也会因中间的利润差价而产生无限动力。

我们还可以通过缩减代理等级让利给各个等级的代理商，这样的好处是代理商的利润没有改变，消费者的消费成本也没有改变，但是代理商的销售动力和升级欲望则不断增强。

2. 让消费者变成代理商

或许一提到让消费者变成代理商，很多人就会想到，通过派发试用装的方法，让客户先体验，等他们用好了之后再去转化他们成为代理商。这个方法虽然可行，但不是最有效的。

让消费者变成代理商的有效方法，是通过降低代理商拿货的数量来让消费者加入代理商的行列中来。

比如，从首次拿货 10 盒降低到 3 盒，代理商的门槛降下来后会让许多人想做代理商。因为拿货数量降低了，那些担心压货的人也不需要承担那么大的风险了。

降低拿货数量的另一个好处是，在销售过程中，可能有些客户用得非常好，每次用完之后都会选择继续购买，当我们把代理商首次拿货的数量降下来后，我们就可以让这些想复购的消费者一次多拿两盒，这样他们就可以享受到代理商的优惠价格，并且还能够一边自己使用，一边帮着去销售，一举两得。对于一个想复购的客户而言，一次多拿两盒既能够享受到代理商的价格，又能获得代理商的权限，通常他们会非常乐意这么做。

专家点评：

根据企业产品自身的情况，有效地制定一套适合企业长远发展的代理制度，才是企业能否裂变销售团队的关键所在。

20.4.5　快速建立微商核心销售团队

在一个微商核心销售团队建立之初，选择人才比培养人才更为重要。那么，我们应该选择哪些人才呢？

1. 推广专员

做微商就避免不了做产品推广，在我们刚开始的时候，可能很多人都不知道我们的产品，这个时候就需要一个推广专员来帮助我们推广产品，提高产品的知名度，让更多的微商及消费者知道我们的产品品牌。同时，也可以让推广专员在我们后期的团队管理中，把推广方法教给下面的代理商，让每个代理商都学会推广引流的方法。

如果没有推广专员，仅依靠团队领导人自己去做产品推广，那么时间和精力上都会不足，甚至有的团队领导人完全不懂推广，所以选择一名好的推广专员非常有必要。

2. 文案人员

推广宣传的时候需要用到文案，发掘潜在客户的时候也需要用到文案。如果没有一个好的文案人员来做策划，那么推广和销售效果都会大打折扣。

事实上，在营销过程中，文案对于营销人员来说十分重要。一篇好的文案会给我们带来高效的转化率，也可能会给我们带来不少的潜在客户和目标客户。

做过营销工作的人对此非常有感触，一份好的文案策划确实需要好好推敲。

有的文案写得很生动，但就是无法激发消费者的购买欲望。反之，一篇不生动却能激发消费者购买欲望的文案更让人满意。

3. 美工人员

产品推广宣传、视觉营销都需要用到精美的图片，而这些只能靠美工人员来完成了。一个产品能否吸引别人，在很大程度上取决于这个产品对人们的视觉冲击力。在没有体验过产品之前，是否喜欢一个产品，就看这个产品的包装是否精美，是否能够吸引别人的眼球。

事实上，同样一款产品，如果图片展示出来的效果不同，那么能够吸引别人关注的效果也会不一样。正因如此，很多企业都非常重视视觉营销，所以也会聘请一个或多个美工人员来做这个事情。

4. 有基础、有团队的微商

或许作为团队领导人，你的能力很强，可以通过培训来培养大批人才，但这需要大量的时间和精力。如果你能够把那些已经有自己的小团队的微商吸引过来，会节省不少时间和精力。

在微商领域，许多微商都有自己的小团队，你若想把他们的团队转化成自己的代理商，只要把他们的领导人搞定即可。因为在这些团队当中，很多人对他们的团队领导人都是十分信任的，只要他们的团队领导人选择了代理你的产品，那么这些领导人就会去说服他们下面的人，而他们下面的人一旦看到自己的团队领导人选择了某款产品，有些人即便不用去说服，也会自愿加入该团队。

专家点评：

想要快速建立一个微商核心销售团队，这四类人才缺一不可。当你把这四类人才聚齐时，团队后期的发展速度会非常惊人。

20.4.6 核心团队的信念

什么是信念？简单来说，信念就是坚信明天会更好。马云的核心团队，从阿里巴巴创建以来一直跟了他十几年，如果说马云是靠他自己的信念坚持到今天的，那么他的核心团队也是靠信念才坚持到今天的。信念就是你一直坚信明天会更好，那么一个核心团队的信念就是团队的每个人都坚信明天会更好。

用最简单的方式来说，就是要让团队里的每一个成员都坚信跟着你一定能够赚到钱，这才是微商团队的战斗力。因为只有有了信念，才会用心且努力地去做，一旦信念动摇，就不会专心地去做一件事。这里，我要强调一点，核心人物的信念必须是可以被传播、被感染的，而且不能太虚妄，要符合实际，信念不是打鸡血，而是要让团队成员觉得可信、可行。

20.4.7　适当鼓励和赞美，增强团队成员的信心

每个微商团队里总会有那么一些人，他们天生没有什么信心或者反应比较迟钝，甚至比较懒散。针对这一类人，我们要做的不是埋怨，也不是责骂，而是要不断地去鼓励他们，相信他们，给他们增加信心。

我们可以在言语上鼓励他们，也可以通过其他方式去鼓励他们。比如，当他们做得好的时候，可以给他们发个小红包，鼓励他们做得更好；当他们做得不好的时候，我们可以一边耐心地指导他们，一边鼓励他们，让他们继续努力，相信他们一定会做得更好。

事实上，当别人鼓励自己的时候，我们都会觉得信心满满、动力十足，而且心里也会感觉很温暖。

另一种激励团队成员的方式就是赞美！有时候虽然这些代理商在业绩或者任务方面没有达到我们预期的效果，可能很多人会觉得这些人不应该被鼓励和赞美。恰恰相反，这样的人才更需要我们的鼓励和赞美。

所以，作为一个团队的领导人，无论如何一定要学会懂得适当地去鼓励和赞美团队成员，让他们对自己充满信心，也对团队充满信心。

20.4.8 细节决定成败

我们常说，细节决定成败。这是真理！在建立和管理团队的时候，我们不仅要学会鼓励和赞美这些代理商，还要时不时地翻看他们的朋友圈。因为他们不可能每个人都那么积极乐观，当他们心情不好的时候，如果我们能够及时有效地去安慰或开导他们，他们会非常感激我们。

所谓的细节，就是从细微处入手。比如，定期去翻看每个代理商的朋友圈，通过朋友圈了解他们是不是遇到了什么困难，如果是，就及时地找他们谈话，了解他们遇到了什么问题，看自己能否帮得上忙。如果是力所能及的事情，就帮他们一把。当你帮助他们的时候，他们会因为感激而一心一意地跟随你。

另外，在管理团队的过程中，我们要学会分配权力，一个偌大的团队如果我们凡事都亲力亲为，可能时间和精力上也做不到。这个时候我们就可以通过权力分配的方式让大家一起管理和维护好这个团队，比如，再划分出一个个小组，给每个小组配一个组长，而这些小组日常的维护就要依靠这些组长了，而作为团队领导人，我们只须纵观全局即可。一旦有重大决定需要商议，就可以直接找到这些小组的组长一起协商，再由这些组长把命令或重大决定传达下去。

每个团队都会存在各种各样的问题，比如，一些代理商做得不好，是什么原因导致的呢？如果找不到原因，我们可以一起进行小组讨论，看看大家有什么好的想法。让每个小组的成员都参与进来讨论，然后总结整个团队当下存在的问题，并及时做出相应的规划或指导，这样有利于整个团队的进步。

在管理团队的时候，领导人一定要注重这些细节，当你把这些细节做好后，你会发现整个团队都充满爱心和黏度，代理商们的活跃度和忠诚度十分高，整体的销售业绩不断提升。现实中，可能很多团队领导人对这些小细节都不以为然，其实当你把这些细节都做好的时候，团队就会变得非常有凝聚力。

20.4.9 通过造势增加团队的吸引力

一个默契度高的团队，可以通过造势的方式做出许多非常具有影响力和吸引力的事情，通过这些具有影响力和吸引力的事情来吸引我们的潜在客户和意向代理商。

我们每天都在想如何营销，其实真正的营销就是想办法去吸引别人。只要我们能够把别人吸引过来，我们的营销就已经成功了一大半。

那么，我们应该如何去吸引别人呢？单纯地依靠个人的力量去做一些极具吸引力的事情似乎有点难度，我们可以通过团队的力量来一起造势宣传。比如，我们可以通过群分享，让别人对我们所分享的内容产生好奇。

除此之外，我们还可以通过补出货单来造势宣传。一个 500 元的补货单与一个 50 万元的补货单所产生的吸引力是不一样的。当我们晒出一个团队仅有 500 元的补货单时，是没有任何吸引力的，因为太普通了。假如我们晒出一张 50 万元的补货单，别人就会被吸引，因为金额十分庞大，不得不被吸引。

当别人看到这张 50 万元的补货单时，在潜意识里他就会认为我们的销售能力非常强，微商肯定做得非常好。

再者，我们还可以利用公司的出货量来造势宣传，让人感觉我们所在团队的出货量非常大，这时他们就会认为我们所代理的产品销量特别好，团队的培养能力很强。还有，就是我们可以借助团队的风采来造势宣传，比如，身着统一的服装在线下做户外活动等。

专家点评：

虽然造势的方式有很多种，但目的只有一个，那就是制造一个非常具有吸引力的现象来吸引别人的加入。通过团队整体的造势，让每个代理商的朋友圈都具有非常大的诱惑力，这样可以给整个团队在招募代理商或零售商时带来非常大的帮助。

第21章 如何将客户转化为代理商

在本章我将会和大家分享我的将现有客户成功转化为代理商的经验。本章所讲述的方法十分方便有效，你不需要在朋友圈发布任何信息，就可以获得超高的转化率。这是一个完整的转化体系，让你在主导交易过程的同时，成功将客户转化为代理商。

接下来，我会把所有可能出现的情景和对话都列出来，以供大家参考。如果你在转化客户时遇到了问题，只要在本章中找到相应的对策，就可以轻松应对，并成功实现转化。

21.1 招募代理商的基础逻辑

事实上，我们在招募代理商时应该遵循这样一个逻辑。

第一，客户对我们的产品感兴趣。

第二，客户向我们咨询，想进一步了解产品。

第三，客户向我们购买产品。

第四，客户很喜欢我们的产品，同时也有意向想成为我们产品的代理商。

第五，我们成功地将客户转化为代理商。

这是招募代理商时的一个常规逻辑，即大多数微商招募代理商时都会经历的一个过程。当然，也不排除有一些客户看准了产品之后就直接咨询想做代理商的情况存在。那么，如何通过强有力的沟通和思维方式将我们的客户转化为代理商，使其成为我们团队中的一员，从而与我们一起为梦想而奋斗呢？

21.2　招募前要先突破心理障碍

很多新手微商或者没有多少经验的微商，总觉得自己每天在朋友圈里赤裸裸地招商、赚钱的行为会被朋友们唾弃，担心朋友们觉得你就是为了赚钱而去发朋友圈的，害怕朋友们知道你在做微商、在赚他们的钱。我个人觉得这种价值观是有问题的。

总能听到有人说我太精明，既搞教育培训、出书，又做项目，看着煞有介事，其实就是为了赚钱！是，我是想赚钱，有问题吗？我就是一个商人。我经常在办公室跟我的伙伴们讲，做生意不丢人，不挣钱才丢人！我们能挣钱，说明我们对这个社会有贡献。挣钱后，我们可以让自己的父母生活得更好，可以带着家人出国旅游，可以让自己的爱人不再为一些鸡毛蒜皮的小事而精打细算，可以让孩子接受更好的教育，等等。所以，挣钱有什么不好？

有很多微商一旦挣了钱，就好像亏欠了谁一样，心里总是会内疚，我觉得挣钱是最体面的一件事情，没必要感到丢人。所以，在培训和销售过程中，我除了做好课程培训和自己的品牌，让我们团队的所有成员挣到钱，还要在思想方面帮助更多的年轻人，让他们的价值观和心态变得更积极、正面。

我们堂堂正正地赚钱，没有什么好遮遮掩掩的。我觉得我们比那些不工作、不勤奋、不努力的人要光彩得多。

21.3　将客户转化为代理商的前提条件

当我们成功地向客户推销了产品之后，这个客户可能会直接向我们咨询如何代理我们的产品。我们先来分析一下这类客户的动机，即为什么这些客户会主动向我们咨询如何代理产品。

一个客户在很清楚地知道我们是微商的情况下，仍在我们这里购买产品。首先，我们可以推测出，他不一定认同微商，但他一定不排斥微商，而且也接受了微商销售产品这件事。其次，他有可能是带着某种想法来购买产品的，比如，他想弄清楚微商到底在做什么样的产品？微商的产品到底好不好用？微商到底是如何销售、如何服务客户、如何处理订单的？

当这类客户在我们这里体验过一次舒心的购物过程后，如果产品也让他们非常满意，那么他们心中的热情就被激发了，他们会鼓起勇气来咨询我们如何能够成为代理商、如何加入微商的团队。大家要明白，刚才讲到的这个过程，它的核心是客户享受到了我们优质的产品和贴心的服务。否则，他们也不会主动来咨询如何代理产品，所以我们产品的品质一定要过硬，我们的服务一定要做好，这是将客户转化为代理商的前提条件。

21.4 不要乱发价格表给意向代理商

针对那些在用过我们产品后主动来咨询的意向代理商，我们应该如何去转化他们呢？从意向角度去分析，意向强烈的客户并不多，我们一定要牢牢抓住此类客户，因为如果对于这类客户我们不能做到高转化率，那么对于那些被动的潜在客户，我们的转化率就更低了。

这类客户在咨询时，喜欢开门见山地问："请问你们的产品怎么代理？"，请记住，当有人直接问我们如何代理产品的时候，我们一定要让他先体验产品。也就是说，要确保向我们咨询如何代理产品的人一定是用过我们的产品、了解过我们产品的人，这样能大大节省我们讲解产品的时间。那么，我们该怎样回复他呢？有的微商可能会把持不住，直接把代理商价格表发过去，这样做就错了。无论我们是在做转化还是在做交易，都一定要先激发客户的购买意愿，让他主动地、迫不及待地要求我们发价格表给他，当我们发价格表时，就代表着交易要成交了。换句话说，只有在成交前的最后一刻，我们才能把价格表发给对方，不到成交的那一刻，绝对不发。

21.5　如何转化做过微商的意向代理商

很多微商可能都有过类似的经历，当我们把价格表发给对方后，这个人就没有任何消息了。

面对这种情况应该怎样处理呢？首先，我们要弄清楚他的意图，再采取具体的行动。这个时候，我们可以先看一下他的朋友圈，看他有没有发过广告，并据此判断他是否做过微商。接下来，我们可以问他“是否做过微商？”或者“你了解过微商吗？”他的答案只有两个，一个是“是的，做过，了解过”，另一个是“没有，从没做过微商，也没了解过”。当他说“是的，我做过微商”的时候，我们就要进一步了解他做得怎么样。只有了解了他运营的具体情况，才能对症下药。所以，我们要继续问他“做了多久”“你的团队有多少人”“现在做得怎么样”“销售额是多少”“代理了什么品牌”“你为什么想加入我们的团队”之类的问题。这时候，他可能需要思考很久才能回复我们。当看到他的回复后，我们就能明确他当前的运营情况：他的团队有多少人？产品的销售额是多少？他代理的是什么品牌？他加入我们有什么诉求？如果他回复说自己代理了一个不知名的品牌，我们就可以很清晰地定位他的产品销售得不太好，那么他加入我们是因为感觉我们的产品很好，团队制度体系很健全，同时也可以判断出，他的现有团队可能在管理和培训方面做得不太好。而这些就是他的缺陷，也是我们攻克、转化他的突破口。只要我们在后续的聊天中不断用我们产品的优势攻克他的心理防线，他就一定会成为我们的代理商。

21.5.1　如何转化有经验的意向代理商

还有一种情况，当我们询问对方运营的基本情况后，他会说：“我之前做过微商，而且各个方面做得都不错，团队成员也很多。”这个时候，很多微商“小白”也许不知道该怎么回复了，感觉自己突然被这个人的气场压住了，因为他们可能会觉得对方比自己做得好。这种情况下，我们该怎样回复呢？

我们可以继续问他：“那太棒了，看来你非常厉害。在我们团队中，也有很多大团的领袖们加入。看来你非常有眼光。那么请问你又是因为什么而对我们的品牌感兴趣，并想加入我们的呢？”这个时候，我们要通过进一步的询问来弄清楚他的来意。

其实他的回答逃不出两个方面：第一，他想将新产品导入现有的团队，这样能赚更多的钱；第二，他希望从我们这里学到更好的方法和内容，以此来弥补自己团队中的不足。

21.5.2 如何转化想增加产品种类的微商

假如他想增加产品种类，但不清楚我们的产品是否合适，我们可以这样回复他：“我们的产品不同于普通的微商产品，我们的产品线很简单，但产品的复购率非常高，再加上大品牌背书，我觉得这几点对你来说比较合适。而且，我们团队有非常全面的课程培训和专业的成交培训，相信你加入我们后一定会比之前做得更好。”

专家点评：

在转化此类客户时，一定要突出品牌的优势，并做到让被转化者全面了解。不要盲目介绍，要有针对性，一条一条地说清楚。

21.5.3 如何转化想学更多方法的微商

如果客户希望学习更多的方法和技巧，那么我们可以直接用我们的品牌优势和培训优势来转化他。我们还可以告诉他，我们今天所回复他的所有内容，公司都有统一的标准，可复制性非常强，新手也能轻松成交。当他加入我们的团队后，级别越高，所获得的微商秘籍就越多，而且这些秘籍他全都可以直接拿来用，从而借此迅速与客户实现成交。

21.6　转化意向代理商的临门一脚

我们发现那些有意向做代理商的客户，无论是否做过微商，无论销售业绩怎样，我们都能够针对各种情况制定出一整套方案，并用它去充分激发他们的代理意愿。通过上面的步骤，我们发现成交似乎已近在眼前了，我们距离完成转化只有一步之遥。接下来，我们到底该怎样“踢出”最重要的临门一脚呢？

经过前面的沟通，此时客户一般会说“嗯，你说得很有道理”，有些急性子的客户甚至会主动提出“我该怎么加入你们”“要付多少钱”之类的成交请求。

稳住！稳住！不要着急把价格表发给他们。因为这时他们还没有完全决定要加入我们的团队，他们也许只是询问，并没有下定决心，而且我们要对客户负责任，不是给他看完价格表后我们就一定要让他做高级别的代理商。相反，我们要帮助客户选择适合他的代理级别。这对客户来说才是收益合理、风险最低的选择。所以在这个时候，我们要引导客户选择适合他的代理级别，并且直到在成交前的一刻才把价格表发给他，让他最终确认加入团队。

因为在之前的沟通中，我们已经详细了解过他是否做过微商、业绩如何，所以这时我们可以给他一个非常合理的级别建议。这样他不仅会觉得我们的建议很符合他的现状，还会觉得我们是一个非常优秀且认真负责的团队。在这里，我给大家的建议是：如果他有团队，我们要根据他的团队规模，在我们体系中选择适合他的代理级别；如果他微商做得不好，或者没做过微商，那么推荐他做低级别的代理商更适合，因为这样承担的风险最小。我们一定不要认为，我们让他做低级别的代理商是一件坏事，而要让他明白一个道理：如果他做得好，他可以从小规模做到大规模；如果他做得不好，我们引导他做了高级别代理商，当他的销售做得不好时，他就会说我们是骗子，忽悠他拿货。记住，优秀的人不管是什么级别的代理商，在我们的体系下都可以大放异彩；而不优秀的人就算有好的体系支持他，也无法成功。我们要根据客户的现状，给他提供最合理的建议。

在想好了应该推荐他做哪个级别的代理商之后，你可以直接告诉他：“在与你的对话中我了解到了你的情况，感觉你比较适合 ×× 级别的代理商。我非常期待你可以加入我们的团队，和我们一起加油，创造属于我们自己的精彩生活。”

走到这一步其实应该就算成交了，如果他还说“我再考虑一下”，那可能就是他真的需要仔细考虑，或者他需要向家人咨询意见。只要我们以认真、负责、诚实的态度为他服务，就一定可以打动他。有些人可能过几天会把这件事情给忘了，这时我们不要一个劲儿地私聊客户、骚扰客户。只要我们在发朋友圈的时候@他一下就可以了。要让客户知道，我们一直在记挂着他、关心着他。能成交的客户，不管怎样都能成交；不能成交的客户，离开了也是十分正常的事。

21.7 如何转化没有意向做代理商的客户

在上文中我们已经转化了主动咨询我们的客户，不管他们是什么类型，我们都可以转化他们，那这样是不是就足够了呢？不是，因为我们还想获得更高的收益。有哪些有效的方法可以让我们获得更高的收益呢？那就是说服那些虽然没有主动咨询我们代理事项，但购买过产品又觉得很不错的客户。

在文中我们也提到，对于有意向做代理商的客户，我们要先弄清楚他们的意图。现在，面对没有意向成为代理商的客户，我们不能直接去询问他们是否有意向加入我们。那么，这时我们要做的不是去骚扰他们，而是静下心来去分析，分析他们的朋友圈，分析之前与他们的对话，从这些线索中判断他们是否有做微商的可能性，并判断他们是否适合做代理商。

接下来，我教大家如何让没有意向却适合做代理商的客户加入我们的团队，一起创造价值。

21.7.1 客户回访

在转化这类客户时，只要掌握四个字——“客户回访”，就可以了。

客户回访是一个收集信息、提高沟通效率的过程。当回访客户时，我们要用爱去关心他们，向他们了解产品的使用情况，并在得到反馈的同时创造更多与客户亲密接触的机会。因为每一次的客户回访过程，都可以让我们更了解客户，也可以让客户更了解我们。

不是所有的客户都适合做微商，我们应该自己去判断。针对那些不适合做微商的客户，我们只要进行二次回访就够了。

第一次回访：收到产品时。

第二次回访：使用产品后。

第一次回访的方式：一、物流过程中包装是否有损坏？二、产品包装是否喜欢？顺便告诉客户一些使用产品时的小技巧和需要注意的地方。

第二次回访的方式：收集用户的使用感受。为什么你要这样做呢？因为当用户体验过你的服务后，在大多数情况下都会觉得你很贴心，这时你可以要求他帮你在朋友圈推荐一下。当一个人感受到你真诚的服务时，他会不好意思拒绝你的要求。

这时大家要注意，很多客户是不喜欢费脑子的，你可以准备好一段非常客观的反馈文字，将其直接发给这个客户请他帮忙转发到他的朋友圈。

有一点需要注意，当用户不愿意帮你推荐时，你一定不要强迫对方去帮你推荐。

21.7.2　激活意向

如何让没有意向又适合做微商的客户变得有意向并最终成为我们的代理商呢？方法还是客户回访。销售源于沟通，沟通要有引子，客户回访就是最好的引子。

对于这一类客户，我们的回访次数不是两次，而是四次！

第一次回访：回访内容与上文提到的类似，主要以询问服务和物流状态为主。

第二次回访：回访客户使用产品后的感受，并告知客户一些产品使用上的小技巧。通过这种方法，让客户更加有效地体验我们的产品，以达到最好的使用效果。

第三次回访：回访的时间是客户在使用产品后的一周，询问客户在产品使用过程中有什么样的感受，比如，是否觉得上妆更容易了，或者皮肤状况是否有好转等问题。

第四次回访：在客户使用产品一段时间后，询问客户是否有一些深度的感受或不一样的感觉，此时要用我们的真诚和热情打动客户。

这四次的回访可以为我们创造更多与客户沟通的机会。在客户回访的过程中，只要客户说了“你们的服务真的很棒”或者“你真的很认真、很负责”之类的话，就说明转化他成为代理商的机会来了。

21.7.3 引导客户进行分享

如果你有幸碰到特别好沟通的客户，即使他可能暂时不想做你的代理商，但是也仍有可能会因为你真诚的服务而把你的产品信息分享到他的朋友圈，或者你也可以引导他帮你分享和推荐产品。如果他把你推荐到了他的朋友圈，一般会出现两种情况：第一种情况，有人向他咨询产品；第二种情况，没有人理会他。按照常理来说，没有做过微商的客户，他们的分享是最真实的，因而吸引到意向客户的概率也更大。

假如出现了第一种情况，即在他将产品信息转发到朋友圈后，有人来找你买产品了，那么你就可以顺理成章地与客户成交。接下来再按照固有的思路，尽可能将新客户转化为你的代理商。

说到这里，大家可能会忘了那位帮我们去分享和推荐产品的用户，请一定不要这样。而且我们要意识到，既然他帮助了我们，那我们是不是应该给他一些好处呢？或者可以说，他的分享为我们带来了生意，我们是不是应该感谢他呢？这个时候，请不要俗套地给他发红包，我们只要给他发一个小礼品就可以了。发完小礼物就结束了吗？当然没有。我们可以再私聊这位帮你做推荐的客户。我们可以说：“真的很感谢您帮我推荐，有好多您的朋友都在我这里购买了产品，为了表达我的谢意，我给您发了一个小礼品过去，希望您能喜欢。”接下来我们可以等他的回复，收到回复后我们对他说：“您一推荐，就有朋友来我这里购买了产品，您的人缘真好，而且朋友都相信您的选择，既然您也很喜欢我们的产品，为什么不试着做我们产品的代理商呢？”

这样是不是又有机会将这个客户转化为代理商了？接下来，不管他如何回答，或者提出什么疑问，我们都可以按照我们之前讲解的一系列将客户转化为代理商的步骤与他成交。

21.7.4　赠送小礼物

请大家注意一点，关于感谢老客户这件事千万不要急功近利，你必须是发自真心、由内而外地感谢和回馈客户。只有真诚的感谢，才能换回真诚的回报。如果你做的这一切都不是发自真心，而是出自虚情假意，那么客户自然不会领你的情，不会心甘情愿地帮你分享，更不会成为你的代理商。

21.8　如何防止代理商“跳槽”

在现实生活中，我们会遇到不少客户“移情别恋”的情况，也就是说，他放弃了我们的产品，而选择了别的产品品牌或团队。客户的“移情别恋”还不是最致命的，最致命的是代理商团队成员的“跳槽”，一旦出现这种迹象，后果将一发不可收拾，极有可能导致整个团队的迅速崩盘。相信所有品牌商和团队老大们都不愿意看见自己一手建立的团队，就这么土崩瓦解了。那么，我们该如何防止代理商“跳槽”呢？首先，我们来分析一下他们“跳槽”的原因，然后，“对症下药”找到解决方案。

21.8.1　代理商“跳槽”的四种原因

第一，作为领导者，你必须先从自己身上找原因，为什么你的代理商会做出这样的行为？是不是你的产品价格出现了问题？在同类产品品质相差不大的情况下，消费者自然会选择性价比更高的，或者价格更便宜的。这样就会导致你的代理商在市场中难以生存，他自然会选择“跳槽”，然后去寻找更好的机会。

第二，是不是你的服务出现了问题？请认真想一想，你的代理商难得有一个客户，最后却被团队整体的服务质量给“掐”死了，这种情况下他当然没有心思再跟着你打拼了。

第三，是不是你的营销出现了问题？当你的竞争对手做促销活动拉拢你的客户时，你的营销体系却迟迟没有响应，也没有跟进相应的活动，这使代理商产生了一定的情绪，所以他就跟着客户一起“跳槽”了。

第四，是不是你的市场出现了问题？当客户因市场的变化而退出某个市场领域，或者你的产品不再适合这个市场的时候，你的代理商又怎么可能甘心守着一个没有“前途”的产品跟着你一起贫穷下去呢？因为我们都知道，选择比努力更重要。

21.8.2 一定要让代理商赚到钱

当你按照上面的内容厘清了一切关系后，觉得没有问题了，你才可以去做两件事：一件是让你的代理商赚到钱，另一件是用爱去浇灌你的团队。

如何让代理商赚到钱？我们要知道，大部分人做微商就是为了赚钱。既然想让代理商赚钱，我们就要遵守以下两个原则。

1. 好的产品品质是赚钱的前提。微商赚钱的唯一路径就是销售，只有将产品销售出去才能赚钱。那么，在销售过程中，产品是核心，所以产品的品质就是销售的前提。没有好的产品，很难有好的销量，就更别提赚钱了。

2. 团队的力量、品牌的实力、巧妙的营销、贴心的服务和定期的培训，是我们提供给代理商的保障和支持，是可以让他们快速赚到钱的利器。

21.8.3 用爱来浇灌你的团队

一个团队一定要充满爱，这样这个团队才能有凝聚力，才能留住人才，那么如何用爱来浇灌你的团队？希望大家谨记下面的六条内容，它们会让你的代理商团队一直跟着你，和你一起努力奋斗、实现梦想。

第一，关心你的代理商，把他们当家人一样对待。这句话听起来简单，但却很重要，因为一切都是从这里开始的。关心是什么，是你必须让他们感受到你对他们的事情感兴趣。很多领导过于追求业绩，以至于没有把人放在优先的位置，而微商平常要做的实际上就是人与人之间关系的建立与持续的维护。如果你不喜欢与人接近，那么这将是你要跨出的第一步，要去改变的第一步。去看看团队成员中每个人的价值，站在他们的立场上看事情，找出喜欢、欣赏他们的理由。

第二，跟你的伙伴聊聊心事，了解一下他们的内心，让他们感受到你的关心。如果你不去了解他们，你就会成为一个孤独的领导者。多听听他们的故事，试着了解他们的专长，学着欣赏他们的差异性，问问他们关于工作方面的意见。

第三，欣赏你的伙伴，尊重你的伙伴。通常，我们只欣赏跟我们投缘的人，但是如果我们只欣赏与我们类似的人，就会错失太多东西。我们应该试着去了解别人特殊的经验和技巧，并向他们学习。如果我们能用这样的态度对待我们的团队成员，那么他们自然也会更愿意服从我们的领导。

世界上没有什么人和事是完美的，我们要有一双发现美的眼睛。微商团队中的每一个成员和我们并不是雇佣关系，我们也不能那么严苛地要求团队中的每一个人都尊重某个成员。虽然每个人都不是完美的，但是只要我们能激发他将自己好的一面展现出来，这足以让这个成员在我们团队中获取到存在感和尊重感。如果他在这里有了存在感和尊重感，自然也就不会那么容易“跳槽”到其他团队。

第四，肯定你的伙伴，给他一些积极的力量。我们回忆一下自己生命中出现过的所有老师，哪些是你特别喜欢的？为什么在那么多老师当中，你特别喜欢他们？其实和大部分人一样，你之所以会喜欢他们，是因为他们肯定了你，让你对自己有信心。肯定的话语能造就一个人。所以，你应该多去肯定他人，增加他们的信心。如果你经常这么做，他们成功的信念就会高过他们对自己的怀疑。如果你想影响你的伙伴，你就要成为他们最好的啦啦队队长，赞扬他们的优点，表扬他们的成就，把握每一个机会，真诚地肯定他们的付出。

肯定的力量是强大的，它其实就代表你相信他们。相信的力量也是很强大的，当你学会运用相信的力量时，先不谈带团队，仅是你的成交水平都会更上一层楼。

如果你不相信和接受一件事，那么这件事就不会有任何的改变。相信它，肯定它，说不定这件事就会改变。所以说，相信和肯定的力量，无论被用于哪一个行业，都具有非常强大的能量磁场。

第五，带你的伙伴一起成功，一起品尝胜利的果实。所有领导者，一定有带领他人的愿望。但是，你是否仔细想过你为什么要当领导者呢？一个好的领导者，要在两个重要的动机上取得平衡才行。第一个动机是，达成他人的愿望；第二个动机是，希望看到别人成功。优秀的领导者不会仅满足于个人的成功，他们会带领团队一起走向成功。

第六，激励你的伙伴，让他们每天都有进步。每个人都渴望得到别人的赞美，因为赞美和肯定一样，也拥有不可估量的推动力量。它能赋予人一种积极向上的魔力，能够极大地发挥人对事物的热情。常常赞美和激励你的伙伴，最终你得到的将会远远大于你付出的。所以，无论是物质上的激励，还是精神上的激励，都会让他们对你这个“老大”产生信任感和依赖感。

专家点评：

一个优秀的领导者，如果你能做到以上这六条，相信你的伙伴们一定会与你风雨兼程，绝对不会半路背弃你。

第 22 章　如何处理团队管理中遇到的问题

我们每天都在解决困难和处理问题，客户购买我们的产品，我们满足客户的需求，帮他们解决问题。代理商遇到的困难、瓶颈、伤心事、纠结事，虽然很多时候我们没有办法替他们解决具体的问题，但是我们可以帮助他们克服一些困难，让他们先从心态上改变。这事实上就等同于解决了这个问题，因为是否有好的心态会决定这个困难最终是否能顺利得到解决。

22.1　合一架构

很多人喜欢把两个人之间的争执看成口头上的“拳击比赛”，每说一句话就想挥一次拳头，以最终击倒对方为目的。相比较而言，太极拳比拳击优雅得多，因为我们东方的武术不是强调以力抗力，而是强调以柔克刚，借力打力。所以，本节的内容融合了安东尼·罗宾老师的思维和我们中国的传统文化，即我们要说的合一架构。

22.1.1　合一架构的框架

这个世界上没有交流阻碍，也没有解决不了的困难，有的只是不懂得灵活变通的管理者和沟通者，因为他们不会灵活变通，所以只会将对方逼进死胡同里。顶尖的管理者和沟通大师不会直斥对方的观点，而会求同存异，使对方按照自己所期望的方向与自己沟通。

合一架构的核心是赞同，它远比反驳更有说服力。如果你将他人视为敌人，则与中国当下倡导的和谐社会、文明精神背道而驰。我所知道的所有沟通技巧都是教导人用赞同的方式来消除人与人之间的思想分歧，以灵活的调整和引导来替代蛮横的征服。这只需要你有意识地去注意沟通方式即可，实施起来并不难。

如果你能够拥有精准表达自己观点的能力，同时又可以运用不与对方观点产生冲突的沟通技巧，那么你解决困难和处理问题的能力将会变得非常强。

当我们与别人沟通，发现自己与对方的观点完全对立的时候，我们其实已经没有什么兴趣继续探讨这个问题了。实际上，任何问题、任何沟通，都可以使用三个词组来表达你对对方的尊重，哪怕你们双方的观点不同，你也可以顺利地分享你的观点，而且丝毫不会引起对方的反感和戒备之心，也不会引起你们立场上的冲突。

合一架构包含的三个词组分别是："我欣赏你的意见，同时也……""我尊重你的观点，同时也……""我赞同你的看法，同时也……"。

22.1.2 合一架构的建立

在任何沟通行为中，你都要学会运用这三个词组。要通过进入他人的内心世界，建立彼此的默契，承认对方传达的内容，不要用"但是""然而""却"之类的词语否定或者贬低对方。创立连接彼此的合一架构，通过不与对方对立的方式，逐渐转变对方的观点，进而帮助对方走出困境，解决问题。

为什么这里提到了观点的转变？因为一个问题的产生通常是由两个因素造成的，它们分别是内部因素和外部因素。钱能解决的问题，或者自己想想办法就能解决的问题都是由外部因素造成的。比如，代理商向你抱怨他遇到了一些困难，做不下去了，他说他不想承担退货的运费，如果你能把运费补偿给他，这个问题就可以解决了。而这种问题也可能是由内部因素导致的。或许这本来就是他应该承担的责任，他既然代理了这个产品，就应该为客户履行售后承诺，那么针对这个内部因素，你必须通过有效的沟通去解决这个问题。现在我要告诉大家如何通过有效的沟通去解决由内部因素导致的问题。

这里，我举一个例子，比如有一个人不停地抱怨："哎呀，凡卓，这果汁杯使用起来好烦琐，经常有一些售后问题，我不想处理了，你都帮我处理了吧。"我会这么回复他："你说得没错，其实我也很苦恼这些售后问题。跟你一样，我也认同你对产品提出的这些改善意见，所以我已经把这些意见递交给了公司，而公司也已经回复说会在生产下一批产品的时候做出改善。同时，我也想跟你沟通一下我的看法。你看，这杯子其实没什么技术含量，就是由几个简单的组件组装而成的，其实没有什么大问题，只要换个杯盖，换个底座，问题就都能解决了。如果你要换来换去，我们这边是没问题的，可是客户会等着急的。我们是有信誉的商家，客户服务若做得不好，必定会影响我们的口碑。我觉得如果是比较简单的问题，你可以帮客户稍微处理一下，这样就不用来回返修了。这样做不但可以为你建立很好的口碑，而且一旦客户开心了，对你满意了，他们就会给你介绍更多的客户，这难道不是一件好事吗？”

试想，如果我们换一种沟通方式：“你说得没错，其实我也很烦恼，不知该如何处理这些售后问题。跟你一样，我也认同你对产品提出的改善意见，我已经把这些意见递交给了公司，公司回复说在生产下一批产品的时候会做出改善。但是，我想告诉你我的看法。你看，这杯子其实没什么技术含量，你自己换个杯盖，换个底座，问题就都解决了。如果你退回工厂返修，客户肯定会着急吧？这绝对会影响客户服务，客户服务若没有做好，就必定会影响我们的口碑，所以这些问题你应该自己来处理。”

上面这两段话看似意思一样，实则在第一段中，我在发表自己的看法时说的是“同时……”，我是站在认同对方观点的角度上告诉他我的建议。而在第二段中，我在发表自己的看法时说的是“但是……”，其实我是否定了对方的观点，给了他一个处理问题的建议。虽然开头和结尾都一样，但由于第二段中间用词不当，产生了完全不同的效果。因为没有人喜欢自己的观点被指责、被否定。

我再举一个例子，在有些伙伴遇到问题与我沟通的时候，我经常会用到这样一些沟通方式。比如，当你跟我说你遇到的问题和你所做的事情时，在正常情况下，我都会回复“真棒”两个字，或者“好厉害啊”“太棒了”之类的词语。然后，我会开始说出我的建议，我会说：“可能还有一些更好的方法，你也可以试试看，说不定会更好。”但是假如我说：“你对这件事的理解是完全错误的，你应该这样……”你觉得我和谈话的对象还能保持和谐与默契吗？他们还会愿意倾听我的想法吗？若无法保持我们之间的和谐与默契，那我又怎么能继续为对方解决困难和处理问题呢？对方根本不想再听我说下去，更别提打开微信听我的语音留言了，甚至还会引发双方观点的冲突和彼此的反感。

如果对方说的话真是错误的，我们该怎样给他建议，让他更容易接受呢？

假如我说："我尊重你对这件事情的看法，同时我想如果你可以听听我的想法，可能你的观点就会有些许转变，你想听吗？"这个时候，我想对方是愿意倾听的。请注意我这时的态度，我并没有同意对方所说的内容，我只是尊重对方的看法。因为观点对立的人彼此之间是有抵触情绪的，当你出现这种情绪时，你会对对方的观点充耳不闻。如果你学会了运用合一架构，就会将注意力集中在对方的意图，而并非他所说的内容上。

合一架构非常重要，如果你没有学会运用合一架构，即使你与对方在本质上没有发生冲突，也会因为沟通时的用词不当而造成分歧和冲突。大家可以在处理问题、解决困难、与人沟通的时候随时参考上面的例子。无论对方怎么说，你总能找出对方值得尊重、赏识的地方，那么你就不会再与对方有任何争执，因为你的初衷是解决问题，而不是与对方起争执。

优秀的管理者和沟通者都知道，说服一个人去做他不想做的事情是非常困难的，而说服一个人去做他想做的事情则十分简单。通过创建合一架构，引导对方避开冲突，就能达到这个目的。有效沟通和解决问题的关键是使他人觉得这是他自己想做的事情，而绝非你要求他做的事情。想要消除沟通的障碍十分困难，而通过营造一致性和默契感可以避开这些障碍。这是一种将障碍转化为跳板的方法。

大家如果想学习这个技巧，可以找一个搭档，各持一种对立的观点进行辩论练习，在整个辩论的过程中，不可以用"但是""然而""却"这一类转折词，不可以否定或者贬低对方的观点。经过多次练习之后，你会发现这是一种既特别有趣又能迅速提升自己沟通能力的好方法。

22.2　所有的微商都会遇到困难

其实做微商，带团队，我们会发现带团队的时间越久，遇到的问题就越多。世界本来就是这样的，与我们想象的不一样，我们不要以为问题会越处理越少。事实上，只要我们还在做这个事业，就会有永远处理不完的问题。所以，总会有很多问题不断出现在我们的视野中。还有些非常难以处理的问题，会花费我们更多的时间。

人们在做事情时，总是无法避免失败和挫折。在我们的全民学院微商培训社群里，有非常多优秀的微商伙伴和团队老大，可即使他们再优秀，也依然会遇到各种不同的人，遇到不同的问题。当他们遇到挫折和困难，心灰意冷地告诉我们他们要放弃时，我们要做的就是为他们提供合理的解决方案，这才是最重要的。

22.3　如何通过特定的词语解决沟通困难

特定的词语若使用不当，则会增加我们处理问题的难度。非常优秀的沟通大师们通常都会小心谨慎地处理在沟通过程中出现的这些词汇。比如，我们的代理商因为一些问题，与我们在沟通过程中发生了争执，此时我们一定不能用“绝对”“肯定”“一定”“无疑”之类的字眼。相反，我们要说“我猜想”“我估计”“在我看来，这件事好像是这样的”，或者“假如我没有弄错的话”“这件事也许是这样的”之类的语句。这样的语言习惯对我们非常有好处，因为在处理问题的时候，我们要去说服对方。说服对方并不是一味地去质疑和否定对方，而是不断提醒对方可能疏漏的关键点。

在我们的生活中，还有一些词语常常会给我们带来负面的作用。比如，我们经常会说的一个词“但是”。我们经常会在无意识的状态下脱口而出这个词，很多人都低估了这个词在沟通和处理问题时的杀伤力。我们可以试想一下，如果有人在我们苦口婆心地劝他时回复我们一句“你说得很对，但是……”，那么他想强调的重点是什么呢？是“但是”之后他要说的话。

这意味着“但是”这个词语将你之前说过的话及所有的建议都否定了。如果有人在同意你的观点后再加上一句“但是”，你会是什么感受呢？

如果你现在把“但是”这个词换成“而且”，效果会怎样呢？比如，你向我抱怨了一堆问题，我说：“你说得很有道理，而且我这里还有一个很有意思的想法。”那么，这时你的心里是不是会更容易接受我后面说的话呢？我们对比一下，假如我说：“你说得有道理，但是我这里还有一个更好的主意。”你看，这两种感觉是否截然不同？这两句话都是以同意对方的观点为开场白的，而当你运用“而且”这个词的时候，可以在不与对方发生分歧的情况下引入自己的观点。

专家点评：

记住，这个世界上只有不够灵活变通的沟通者，没有不能沟能的人。有一些词语容易引起对方的反感，同样也有一些词语，只要一使用立刻就会让对方对你敞开心扉。

22.4 采用终止模式处理问题

现在，很多人的困扰多数是他们不断重复那些糟糕的思维和行动导致的。这些思维和行动有可能出现在他人身上，也有可能出现在我们自己身上。比如，我让自己早起的方式是用闹钟叫醒自己。当闹钟响起的时候，它强制终止了让我赖床的所有幻想与借口。所以，解决问题的办法就是采用终止模式。

22.4.1 第一种方法：重新定义

终止目前的行为，尝试一些全新的思维方式。我们不是机器人，当我们发现固有的思维和行动有问题或没有达到我们预期的结果时，我们必须重新认识这些思维和行动，并做出改变。这就是解决问题的第一种方法，也是能够统一双方思维而非造成观点对立的方法。

22.4.2 第二种方法：立即终止

就如同一首歌中的一两个音符出现了损坏，当你听到这两个坏音的时候，一定会卡壳，不管你怎么尝试都无法摆脱这个问题。但是如果你把这一段快进了，歌曲就会进入正常的播放状态。所以，你在沟通的过程中，一定要学会使用终止模式。否则一旦进入“死胡同”，无论你多么尊重、赞赏对方，多么认同对方的观点，最终都会因为走进“死胡同”而导致问题无法解决。

我们发现，一个人内心的困扰是阻挠其解决问题的最大障碍。一旦我们团队中的成员或者顾客陷入这种困扰，他们就不知道该如何去做其他事情了，他们可能整天浑浑噩噩，情绪低落。这时他们选择找你沟通，是希望能够引起你的注意。这就是改变他们困境和心情的最佳时机。

当你遇到这样的事情时，应该如何去帮助他们呢？你可能会按照他们所期待的那样做，坐下来或者在微信里与他们进行一番交流，又或者对他们的现状表示安慰和同情，也许还会用之前的合一架构去认同他们的观点和处境，这样或许他们会感觉舒心一些，但是长此以往会导致他们的固有思维不断巩固加强。

专家点评：

合一架构并不能解决所有问题，它只适合在双方的思维或观点没有本质对立的时候使用。也就是说，对方虽然面临困难或者跟你的意见有分歧，但是大家都是为了这个团队好，这个时候用合一架构去沟通是没有问题的。可如果令这个人困扰的事情是一个“死结”，或者他的出发点本身就是错的，这个时候你就一定要用终止模式，去终止他的“坏”思维无限扩散。因为当一个人进入沉溺的状态时，如果继续进行一些没有意义的重复行为，就会让这种状态越陷越深，给自己带来更大的伤害。

其实在日常生活中，终止模式也是非常实用的。我们经常会因为一个问题或者困扰和我们的同事、家人吵得不可开交，可是我们却忘记了争执背后的原因。我们会面红耳赤地争吵不休，使气氛越来越紧张，并势必要分出高下。可是在争论结束后想一想，这个争论结果又与我们有什么关系呢？其实这场争论无论谁赢谁输，都对这件事本身没有任何影响。当发现这件事本身跟我们没有任何关系时，我们需要做的就是启动终止模式，我们需要通过转移注意力来终止这个话题。

很多时候，我们需要学会为自己和他人设置一个终止模式。俗话说，伸手不打笑脸人。这句话就是终止模式的精髓。因为对方终止了面红耳赤的争吵，转而笑脸相迎，所以你的火气也就瞬间消失了。没有了火药味，也就没有了引爆点。

其实在生活中，我们有更为简单的终止模式，只要说一句话就可以了。当你发现你们可能会起争执的时候，就立即说："我觉得这个话题如果再聊下去，我们可能会争吵起来，而这并没有什么意义，我们还是聊点别的吧。"你也可以说："我相信我们都不希望因为这件事而起争执，既然这样，不如聊点别的吧。"

专家点评：

在处理问题的时候，我们一定要学会使用终止模式，通过强迫自己想一些高兴的事情而强行摆脱负面的情绪。这是避免一个问题引发多种不必要结果的最机智、最有用的方法。而在微商领域中，这是沟通者和管理者必须学会的方法。

第 23 章　高级微商必懂的数据管理

在移动互联网时代，数据就是一切，所以如何进行数据管理就显得十分必要了。通过数据管理，可以让微商运营的结果发生质的改变。那么，如何从数据中挖掘财富，提高效率，掌握精准的营销模式？我总结出数据管理应采取三个步骤：采集记录并整理数据；合成报表并进行分析；总结规律并制订计划。

23.1　什么是数据管理

随着电子商务的崛起，大家对微商的发展也越来越重视，纷纷开发出了各种微商应用软件，逐渐形成各种营销渠道。随着微商市场的不断扩大，很多数据问题随之出现，作为微商从业者，应该如何解决这些问题呢？其实一套完整的微商运营数据管理系统就可以帮助我们解决这些问题。

所谓的采集记录并整理数据，就是让大家做报表。在从事微商工作的过程中，将能够采集到的数据都记录并整理下来。作为微商，我们必须学会整理自己的微商运营数据。因为数据能够反映很多的问题，能揭示出很多眼睛看不到的问题，能够帮助我们及早发现问题，以便及时解决问题。

23.2　通过数据分析将代理商分级

很多时候，做生意就像谈恋爱，那些不懂得经营感情的人，往往会在分手的那一刻感叹一句："为什么我永远是最后一个知道真相的人。"其实做微商也是这样的，很多时候，如果你不懂得反省和总结，那么当你的代理商离开你时，你也永远是最后一个知道的。对于微商运营数据，只要你去整理，就能及时地发现很多你未曾注意到的问题。

23.2.1 代理商的日常数据统计

当你只有两三个代理商的时候，他们若有一点点不正常，你能立即发现，可是如果代理商人数超过 5 个的时候，单纯靠脑子和直觉去发现问题，就很容易出现纰漏。所以，你一定要学会用简单的表格进行数据统计（如表 23-1 所示）。

表 23-1 代理商的日常进货详情报表

	张三	李四	王五	陈某	隔壁老王	总计
进货价（元）	75	70	85	86	70	
5 月	200	400	100	150	380	1230
6 月 1 日	10	30	10	5	50	105
6 月 2 日		20	20	8		48
6 月 3 日	20		30	20	80	150
6 月 4 日	40	10	10	30	20	110
6 月 5 日						
6 月 6 日				5	60	65
6 月 7 日	80		10			90
6 月 8 日		8		10	100	118
6 月 9 日			15			15
6 月 10 日	10	5		15	120	150
6 月 11 日			20	15		35
6 月 12 日	50			20	80	150
6 月上旬汇总	210	73	115	128	510	1036
总销售额（元）	15750	5110	9775	11008	35700	77343

将代理商 6 月的进货量和业绩占比做成柱形图和饼图，如图 23-1 和图 23-2 所示。

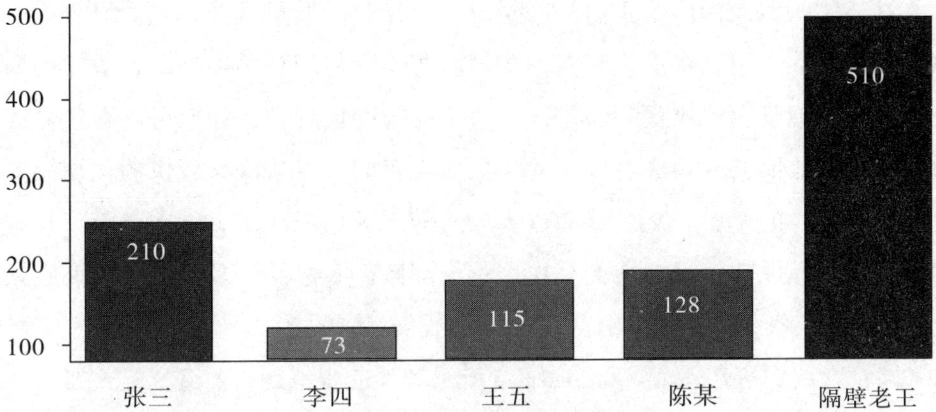

图 23-1　代理商 6 月的进货量

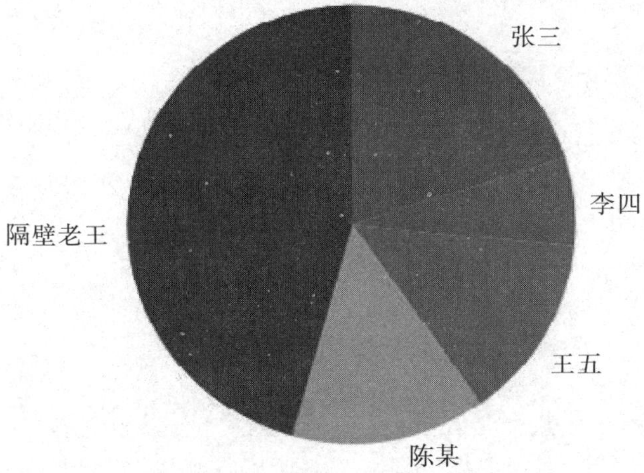

图 23-2　代理商 6 月的业绩占比

接下来，你需要对这些数据进行分析。

23.2.2　挖掘代理商数据，将代理商进行分级

如果我们手中有一本数据账目，那么我们随时可以将其转化成报表，观察每个代理商的销售状况，这样我们就能很容易地发现每个代理商的销售规律。通过对基础数据的挖掘，我们基本上可以将代理商分为四类：优质代理商、成长较快的代理商、成长较慢的代理商和垃圾代理商。

对于这四类代理商，我们要区别对待。针对优质代理商，我们只要积极维护关系就行；成长较快的代理商，我们需要给予他们更多的激励，激发他们的潜能，让他们成为优质代理商；针对成长较慢的代理商，我们可以有针对性地给予支持，让他们成为成长较快的代理商（我们可以从成长较快的代理商那里汲取快速成长的经验，然后帮助成长较慢的代理商成长）；针对垃圾代理商，我们应该选择放弃，因为他们会拖垮整个团队。我总结，只要有代理商数据，我们就能明确操作方向。

通过在线销售跟踪表（如表 23-2 所示）你能很清楚地看到，这个月的利润是多少，哪个代理商为你创造的利润最多，哪个代理商为你创造的利润最少。通过分析这个表格，你就清楚自己应该把工作重心放在哪里。

表 23-2 在线销售跟踪表

	张三	李四	王五	陈某	隔壁老王	总计
商品成本	75	75	75	75	75	—
利润	10	20	10	10	30	—
月销量	600	300	100	500	800	2300
退货	2	1	0	0	3	6
净销量	598	299	100	500	797	2294
每件商品的运费	0	0	0	0	0	—
每件商品的运输成本	0	0	0	0	0	—
每件商品的利润	10	20	10	10	30	—
总收入	44850	22425	7500	37500	59775	172050
总利润	5980	5980	1000	5000	23910	41870

通过分析每件商品的利润（如图 23-3 所示）和代理商创造利润的百分比（如图 23-4 所示），你可以了解自己这个月的工作重点，是扶持中级代理商，帮助那些为你创造利润较多的大代理商，还是着重维护那些创造利润较少的小代理商。

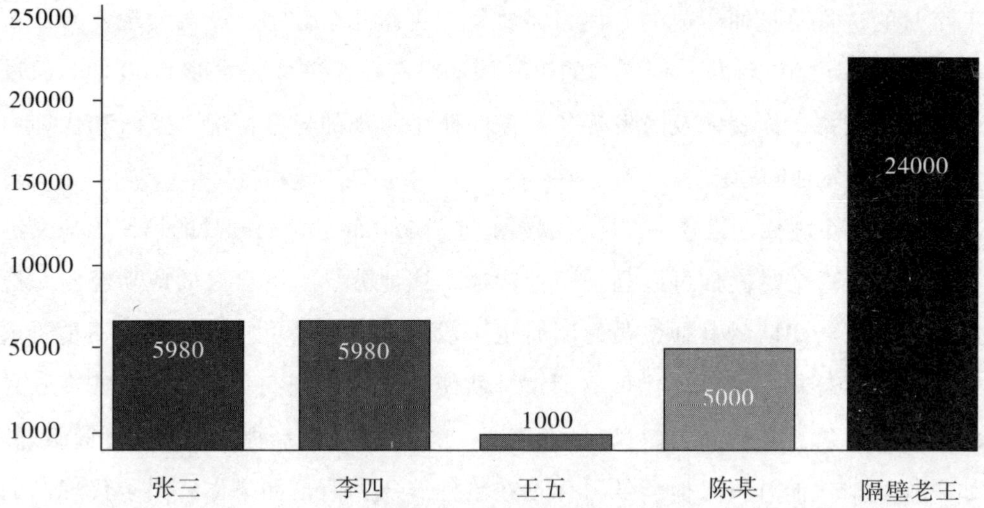

图 23-3　每件商品的利润

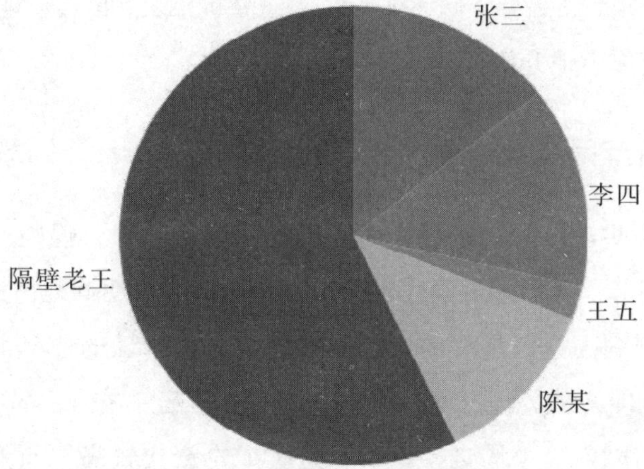

图 23-4　代理商创造利润的百分比

当你看到这些图表后，你就会发现自己的大部分时间被 80% 的人占据，但是他们为你创造的利润很可能低于总利润的 20%，反而，那 20% 的人能够为你创造 80% 的利润。可见，微商的运营也符合 80/20 定律，所以通过分析这些数据，你能清楚地知道自己接下来的工作重心在哪里。

关于代理商的日常进货详情报表，你可以每个星期看一次，这样你就能及时发现代理商团队运作中出现的异常情况。这个表格（如表 11-1 所示）是参考上个月的进货总量而生成的。你只需要每天更新几个数字，就会发现，为什么李四5月进了400件货，而6月的第一周却只有三天进货，才进了60件。通过分析这个表格，你就能及时发现代理商团队中出现的异常情况，及时和代理商沟通，主动发现问题。

通过这个表你还发现，5月隔壁老王进了380件货，而6月的第一周他又进了210件，这个时候你可以马上跟他沟通，让他分享一下自己的成功经验，把好的方法教给团队的其他成员；同时也可以劝他继续补货。好的老板不是要求代理商一直补货，而是让代理商通过补货赚取更高的利润。比如，李四在6月的第一周只拿了60件货，你可以考虑让他一次多拿点，然后提高他的代理商级别。如果你凭空让他升级，他会觉得你是在给他施压，但是如果你拿出了代理商的进货统计表给他看，让他看看自己的销售数据，然后再说服他多拿货，这样他被说服的概率会很大。另外，你为他专门制作分析报表，也会让他很感动。所以，他会很乐意接受你为他升级代理商级别。

23.2.3 挖掘产品数据

要想了解哪些产品的销量好，哪些产品的销量不好，哪些产品的利润高，哪些产品的利润低，我们都可以通过分析这些数据十分明确地抓住工作重点。

对于那些利润高、销量好的产品，在资金运作合理的情况下，我们尽可能地去优化成本，即使囤货，只要是在自己能承受的范围之内，都可以考虑。

比如，我们以前是一周进一次货，进货成本会比较高，如果改成一个月进一次货，就能降低20%的进货成本，那么这种做法也是可以考虑的。毕竟在销路没有问题的情况下，降低成本就意味着提高了利润。那些卖得不好的产品，我们应考虑尽快处理掉，回笼资金，把资金投放到更优质的资源中。作为微商，我们要随时掌控销售数据，及时根据资金情况做出调整，以便合理优化库存。

23.3　通过数据管理发现产品的生命力

如何通过数据分析明确产品方向，发现产品的生命力，下面我举例说明一下。

以前我做淘宝的时候，从供应商那里进了三款新产品，这三款产品我都很喜欢，但是我不知道主推哪一款更好。于是我将这三款产品同时做了推广。我发现，A 产品的点击率最高，但是买的人不多；B 产品的转化率很高，但点击率不高；C 产品的点击率不高，也没什么人买。最后我得出结论，虽然关注 A 产品的人是最多的，但也许是价格的问题，也许是产品功能的问题，导致点击率不高。虽然 B 产品的转化率高，但是点击率不高，就目前来说，主推这款产品最稳妥，我需要先通过数据分析，找到 A 产品点击率高的原因，看能不能将其融入 B 产品中，最大限度地优化 B 产品的流量和转化率。C 产品的点击率很低，即使有人点进去看也没人买，那么通过消费者的“鉴定”，证明 C 产品是一个失败的产品。所以，通过分析这些数据，我更加肯定了自己的判断，主推 B 产品是正确的。

专家点评：

如果你在朋友圈发了一条消息，你发现自己发的这条消息没人关注，那就趁早别再发了。如果你不经意间在朋友圈发了一条消息，有很多人去关注，去回复，去点赞，没错！说明你的朋友都好这一口。以后你在朋友圈发的内容模式，都可以此作为参考标准。很多人喜欢去复制别人的微商朋友圈内容发到自己的朋友圈中，结果却发现并没有预期的效果，那是因为每个人的朋友圈属性不同。

除此之外，还有一些其他的数据。我认为，只要是能挖掘出来的数据，就有它们存在的价值，好好利用这些数据，它们可以帮助你提升运营效率，实现利润最大化。

23.4 缩短客户的产品使用周期

客户不会无缘无故地主动提升消费金额，要想让他们提升消费金额，你就要想办法缩短他们使用产品的周期。客户的消费金额与你所销售产品的使用周期密切相关。如果某个产品的销售价格为200元，使用周期是两个月，那么在此期间不管你想什么办法让他提升消费金额，客户都很难在他购买的产品只用了一半的时候再去购买新的。如果产品真的很好，客户好评如潮，你在客户购买一个月后做一个促销活动，客户可能会预先将他第三个月或者第四个月的用量在你这里提前消费，可是这并没有提升客户的消费金额，只是透支了客户未来的消费能力。

上面所说的情况是在你所销售的产品是单品的前提条件下，如果你代理的品牌是一条产品线呢？从理论上来说，是可以提升客户的消费金额的。其实，这就转到了另外一个话题上——如何挖掘客户更多的潜在需求？无论是提升客户的消费金额，还是缩短客户的使用周期，都是在讨论同一个问题——客户服务！比如，客户刚收到产品的时候，你是否去询问客户物流是否破损，包装是否完好；收到产品后，你是否提醒过客户在什么时候使用这个产品效果会更好；你是否在客户使用了一周后去回访客户，询问客户的使用感受，告知客户产品使用的方法或小技巧；你是否在客户购买产品后的一个月内询问客户使用产品后的深度感受；你有没有让客户提供使用前后的对比效果图。

你可能会说，这件事你在销售产品之前已经告诉客户了，事实上这就是做事的顺序问题。你有节奏、有计划、有顺序地推进整件事，和你一次性告诉客户所有内容相比，虽然内容是一样的，但是在客户体验上是截然不同的。所以说，细节决定成败。就好像我一次性地花了三天时间，告诉你我知道的所有的微商知识，和我每个月就告诉你两次（一次45分钟）你觉得哪种方式会让你感觉更好、更有延续性呢？

事实上，你在服务过程中与客户进行沟通，就是在提醒客户要按时使用产品，这样就起到了控制客户使用周期的作用。在这个过程中，如果你的服务够好、够细心，客户对你的服务和产品比较认可，那么你就能展开话题，推荐客户购买更多的产品，用于满足客户全方位的需求。这需要一套完整的服务体系，而不是使用一两种简单的方法和技巧就能够实现的。

如果有了一套完整的服务体系，你就可以让你的客户在朋友圈自发地分享他所购买的产品。同时，还可以激活你的潜在客户。潜在客户也可能会成为微商，这就是他们愿意选择你的产品而放弃其他产品的原因。

很多人问我"为什么客户不愿意主动分享我的产品？"这个时候，我会反问他："那你在什么情况下会主动分享一个产品呢？"你会说只有在对产品非常满意，同时对这个商家的服务也十分满意的情况下，我才会主动分享。那么，请问你让你的客户满意了吗？如果没有，那么别人为什么要主动分享你的产品呢？

你可以给自己制订一个客户服务计划，针对每个买过你的产品的客户，你都要做好记录，定期不同程度地去维护你的客户，用于提高客户的黏性。对于你跟进过的客户，打一个对勾，每天看看自己的记录，把服务做成一个流程，这样不仅便于你管理，也便于你教会代理商服务流程。

专家点评：

记住，不要把每一次的关系维护都变成推销，它就是一次真诚的服务。

微商看似是一个销售渠道，其实是一个服务行业。很多微商品牌不能持久，关键就在于它们没有一套完整的服务体系。而随着科技的发达，信息越来越透明，产品的价值会越来越低，而微商赚钱的表现形式将会转变为服务的输出。这也是微商未来的发展趋势。

微商名人堂

凡卓　微信号：35114062
《微商成交全攻略》《微商运营全攻略》《微商引流全攻略》作者；微博 @DJ 凡卓；公众号搜索：DJ 凡卓；可在喜马拉雅 FM App 关注“全民学院”收听语音课程。

巫海明　微信号：HM46042
萨米克卫浴副总经理；LANFAIR 品牌省代；NDOP 精准皮肤管理师。大学毕业后从事销售工作，屡次打破销售纪录。

林晓璇　微信号：xx13560221222
广州富枫商贸有限公司 OUMYCA 内衣品牌创始人。摆过地摊、干过批发零售，靠着自己一颗永不服输的精神，积累了丰富的经验。

洪珍红　微信号：13123000070
广药集团敬修堂九吉公品牌钻石代理商；红糖 / 蜂蜜健康养生顾问。福建泉州人，拥有 4 年的微商经验，建立千人微商团队。

江帆　微信号：822943724
微营销全民学院战略联盟导师；湖北一帆贸易有限公司董事长；TST 庭秘密官方合伙人。

超越　微信号：13480528333
超越影视拍摄有限公司 CEO；超越健康食疗养生坊健康导师。18 岁开始创业，赚取了人生的第一桶金，在外打拼多年。

豆豆　微信号：doudou868772
羽悦本草全国总代理，浙江宁波人。2016 年 9 月，因自身减肥成功而代理羽悦本草品牌，开启了微商之路。仅用 4 个月时间便晋升为全国总代理，建立千人微商团队。

韩致君　微信号：18107175602
“90 后”创业青年，大学毕业后回乡自主经营致君林果种苗厂，2014 年创建林果园艺苗木实验示范基地，2015 努力推广农村电商。

周旺　微信号：zada_777
来自湖南湘潭，是一位“90 后”辣妈，爱好各种美食。从事 8 年传统行业经营活动，目前是宝云轩家具上海总经销商。

杨冬　微信号：honhmeiyingchun116
心理咨询师；沙游——非语言的心灵疗法师。我相信凡卓老师说的那句话：未来的微商必须有自己的一技之长，才能走好微商之路。

凯蒂　微信号：yi-423070901
自媒体、网络分享达人。拥有 8 年线下和互联网营销及管理经验。现组建福利生活圈。

赵乐　微信号：64066210
TST 玛丽桃花源家族联合创始人；TST 庭秘密官方合伙人；家族金牌讲师。拥有 10 年一线护肤品牌销售及管理经验。

刘德庆 微信号：188416007
养生达人；NDOP 精准皮肤管理师。

袁月婷 微信号：yueting5000
公众号：月婷 TST020
微营销全民学院战略联盟导师；小玩子团队团长；TST 庭秘密资深讲师；护肤达人。擅长讲解人才培养及产品剖析。

何彤香 微信号：1652189316
NDOP 精准皮肤管理师；发饰设计师。在 2016 年微商春晚中荣获“微商荣耀团队奖”。

玉淇 微信号：18845496799
梅林瑜伽创始人；网络免费直播瑜伽第一人；信商联盟创始人。

陈瑶 微信号：yaoyao1111yaoyao
四川福兴投资有限公司福兴酒店分公司股东。福兴投资公司成立于 2008 年，是一家以实体项目投入为主要经营方向的公司。

梧桐 微信号：yuluoyunting
现任北京有福云购科技有限公司董事长。在北京、沈阳、大连、济南、青岛等地拥有 30 家美容店。2016 年自创绿色健康的美容护肤品牌。

卡西法 微信号：260099552
全民学院卡西法分院校长，同时从事音频制作工作，在喜马拉雅 FM、考拉 FM、荔枝 FM 开设电台做主播，分享知识技能、好故事与好音乐。

黄慧珍 微信号：hz3hzm
瑞姑娘有机系列花茶 & 恬缘花养肤全国总代理。

吴芳 微信号：781326772
炫妃美牙仪杭州分公司经理。“90 后”杭州姑娘，2015 年开始微商之路，从一名新手微商发展成为公司管理层成员，同时开办线下实体店。精通广告文案推广和团队管理。

天一 微信号：296355171
曾任职于上海某互联网金融企业，因不甘于安逸的办公室生活，于是开启了自由创业之路。

刘雨嘉 微信号：1544457166
魔法社创始人；鑫和陌车创业合伙人。

高巧兰 微信号：xiang5200610
来自湖南益阳，喜欢瑜伽、舞蹈、音乐、运动等，从事传统机票销售行业 10 多年。NDOP 精准皮肤管理师。

黎颖欣 微信号：cys13512
从事贵金属金银币收藏与投资近 10 年。北京玖小时文化传播有限公司代言人；NDOP 精准皮肤管理师；LANFAIR 品牌市级代理商。

菲琳 微信号：Belinda876716533
来自江苏徐州，性格开朗，喜欢探险，喜欢接触新事物。爱好唱歌、旅行、运动，乐于分享美好的事物！从事过影楼化妆师、保险销售员等工作。

孙飞　微信号：SunFei-0605
一位“退而不休”的“60后”高级工程师，目前在成都一家民营企业做工程管理工作。

刘章剑　微信号：j-q-s-y
武汉中新引力科技有限公司朵拉儿童投影仪总经理。朵拉儿童投影仪，是目前市面上唯一可以看视频动画并且不伤眼的产品，基本上可以替代手机和平板电脑。

李秀明　微信号：wjyy2025
高级口腔健康顾问，毕业于新疆医科大学，有15年的从医经验。温静派牙医发起人；私人牙医理念的倡导者；安杰拉黑科技产品全国市场招商总监。

十三妹　微信号：ZoeZhu0717
十三妹的茶创始人；廿一舍茶宿主人；猫家米铺创始人。拥有7年上市公司管理经验，熟悉企业经营管理、人力资源管理、投资运营管理。

谭亲诣　微信号：xinyi019
LANFAIR品牌省级代理商；NDOP精准皮肤管理师；南宁市百豪榜商贸有限责任公司总经理；伊本无痛水光全国大区经销商；瑞士里海之谜总代理商；维瑞婷推拿大师总代理商。

陈丽清　微信号：942225888　公众号搜索：青木社区平台
青木金融团队创始人；莆田市青木网络科技创始人。擅长网络创业文笔创作、冷门竞价虚拟产品、互联网金融服务。

陈苗婷　微信号：t1440952599
来自农村的“90后”创业达人；养肤草总代理商。从事微商行业4年。

袁莹莹　微信号：tianluo0569
香港密汐皙迪品牌内衣全国总代理商；扬安科技文化公司推广部总监；企业安全咨询顾问；企业安全课程私人订制师；企业安全课程培训特级讲师；国家中级茶艺师。

周晔　微信号：zy15399403748
口腔健康高级顾问；恒悦医疗创始股东。现为深圳苏旗国际运营总裁，主要负责黑科技产品“安杰拉360度全自动超声波智能牙刷”的全球首发工作。

上官祖薇　微信号：AIR15268520224
某知名化妆品上市公司培训总监；LANFATR品牌合作伙伴；中国影视大赛专业评委；中国高级化妆师。曾为邓超、孙俪、梁咏琪等超级明星打造妆容。

杨帆　微信号：Steven_yang777
AC时尚旗下“迷思蒙”品牌运营副总。它是国内首家将形象设计与服饰销售一体化的服饰品牌，真正做到了专业诊断、精准搭配、量体销售的服务理念。

老林　微信号：a689286
美秀宝妈联盟创始人。拥有6年互联网营销经验，创建美秀宝妈联盟，旨在帮助更多的宝妈在兼顾照看孩子的同时，实现自己的创业梦想。

朱茂盛　微信号：610619139
“90后”创业者，港益享国际投资有限公司CEO。公司旗下品牌有：嫩庄、UGUESS。

佳佳　微信号：hc20091010
“80后”宝妈，在国企工作10年，不甘于“两点一线”的生活，2014年加入微商，开始尝试新的事物，现在主要经营医美护肤品。

阳利　微信号：15928414387
“80后”资深创业导师；重庆亿登实业有限公司股东；礼加平台创始人。致力于打造集女性健康、性感、美丽、独特为一体的一站式创业孵化平台。

宋帅　微信号：876248503
礼加平台CEO。围绕女性健康、性感、美丽、独特四个主题打造四大类主题产品，衍生家庭成员系列产品，完全满足女人最在意和最消费的生活需求！

傲楠　微信号：taiyangmama1991
NDOP精准皮肤管理师，LANFAIR品牌核心代理商。以专注的精神、不忘初心的态度善待每一寸肌肤因为专业，所以值得信赖。

青蛇　微信号：65750158
教育学硕士。从一个不会卖货、不会带团队的微商小白蜕变为千人团队队长。

轩妈　微信号：185918827161
当了两年全职妈妈，2013年开了轩轩童装店直到今天。泰拉缇乳胶品牌联合创始人。

闪姐　微信号：fwandee010
泰国梵蒂乳胶寝具荣誉股东；泰国暹罗南燕即食燕窝中国大区经销商；超梵联盟团队创始人。

周奕伶　微信号：zyl329zyl
“80后”宝妈，BAIMA白妈浓姜洗发水的官方总代理商。专注做白妈浓姜洗发水4年来，帮助很多朋友解决了头发健康问题。

叶佳明　微信号：fcy51688
一个不愿被命运屈服的人，自幼身体不便，9年运动员生涯，多次比赛获奖。2014年从事微商行业，尽管“能像正常人一样行走是我最大的梦想，但是我依旧期待着我能用双手改变命运。

李晓珂　微信号：li535016975
NDOP精准皮肤管理师；河南纯爱香颂生物科技有限公司股东。2014年建立“后天修养”社群，免费分享中医养生、精准皮肤管理知识。

宋萱　微信号：78508440
泰拉缇乳胶品牌联合创始人；6年资深出境领队，日韩泰代购，3年专职微商，主做韩妆和医美护肤品，有自己的代理商团队。

李金星　微信号：18006936788
北京星利电子商务有限公司“姜力”植物养生洗护品牌官方合作伙伴，头皮健康管理专家。

田静红　微信号：tianjh2011
河北人，2017年正式加入LANFAIR品牌，选择从事医学美容行业。

娜娜 微信号：zxnlkl1988

麦吉丽市级代理商。一名“85后”的宝妈，因不甘于现状而加入微商，在收获美丽和财富的同时结交了一群美丽与智慧并存的女人。

张平增 微信号：GUCORceo

古蔻无添加美肤总经理。古蔻源自法国轻奢护肤，专注无添加美肤，由法国负离子科技实验室研发，以细胞的健康为研发目标，倡导“清保养”的护肤理念。

鹿小鹿 微信号：Luxiaolu2016

爱好旅游、美食，喜欢结交新的朋友，最重要的爱好是“臭美”。NDOP精准皮肤管理师；LANFAIR品牌核心总代理。

梦婕 微信号：xibaobao908401

LANFAIR品牌官方总代理；NDOP精准皮肤管理师；全民学院特邀讲师；Graing全国总代理；年度优秀合伙人；金牌讲师；梦婕团队创始人。

佟娟娟 微信号：13685488726

安德利烘焙坊店主，一名真诚、勤劳、善良的农村姑娘，家庭环境的影响让我在初中时就想一定要改变自己的命运，让家人过上不为钱发愁的生活。

李周颖 微信号：kisskisslee

上海佰李莲贸易有限公司负责人；阿敏生物硫酸软骨素胶原蛋白系列产品全国线下运动健身部分总代理；小妖模具创始人兼设计师；尼尼薇音乐工作室创始人。

西瓜 微信号：zhihuiyangsheng520

长生缘科技有限公司销售总监。爱好中医养生，放弃了从事10年的外贸销售工作，目前专职传播传统中医养生知识。

薛艳妮 微信号：18709265031

溢涌堂、老北京穴位贴、葡萄胶原肽果汁饮品一级代理商。2017年，在全国健康724杯营养讲师大赛中荣获第八名；国家三级营养师；国际自我保健大使。

飞妈 微信号：lyf080509

“70后”宝妈，从事护肤品美容行业15年，在销售及带团队方面拥有自己的独到经验。佳茵LLMW洗发水总代理。

猎鹰 微信号：lydv94638

买新手机找我，买各类软件找我，买家纺找我，买淘宝产品找我，买翡翠珠宝找我，买牛皮羊皮大衣找我，买貂皮大衣找我，买护肤品找我。

徐苗苗 微信号：446770335

营养师阿喵的小铺店主；营养师，从事高品质食品采购工作3年，营养传播工作2年，专注健康食品，擅长食品标签解读。

朱丽丽 微信号：xt11195285

图兰朵酒庄董事长，2014年开始微商之路，2015年代理商团队达到1000人，曾荣获2015年微商杰出人物、2016年微商荣耀团队等奖项。2016年8月自创丽倪诗品牌。

好好先生　微信号：peng349552220
艾美康臣有机山草药酵素操盘手；演讲培训师。拥有5年销售经验、2年项目运营经验。

张虹　微信号：sally_38975680
苏州人，迈入不惑之年的我已在职场打拼了17年，国企中层干部。希望生活变得更充实，所以加入了微商，微商让我不断进步和成长。

林金莲　微信号：nvhuang1520
女皇战队创始人；爽妮雅执行董事；落地营销课程讲师；携手广州沃姿贸易有限公司让更多人在蜕变的路上不走弯路，拥有健康和自信。

胡艳　微信号：Zhaochen04100811
80后宝妈，LANFAIR品牌大区代理商；NDOP精准皮肤管理师。爱好美食、瑜伽、护肤。

毕知春　微信号：zwwl999999
金意陶瓷砖市级总代理商，“80后”宝妈，爱好唱歌、护肤、旅游。LANFAIR品牌省级代理商。

刘珂含　微信号：18075922888
一名宝妈，LANFAIR品牌省级代理商，铭邦达石材有限公司股东。

白玉石　微信号：Jzxhtop10
保险公司基层培训师；厦门思埠核心代理商；吉林省硬笔书法家协会会员。

房丰　微信号：FF447185112
蜗蜗品牌、水秘密品牌总代理。爱生活，爱分享，爱音乐。

冰冰　微信号：xuebing5555
LANFAIR品牌大区代理商，拥有30家实体家纺店。从事实体经营10年，从事微商4年。

陈梦萱　微信号：15155486991
万人迷玩图社创始人；朋友圈视觉营销学院创始人；微商营销个性导师。擅长朋友圈图片营销及制作创意海报。

波斯猫　微信号：523372489
美丽誓颜护肤品创始人；芭莎红彩妆全国总代理；NDOP精准皮肤管理师；72+奋起直追团队创始人；高级微商讲师；图片设计总监。

张丹娥　微信号：zde821025
仁和&丽尔维美执行董事；若燃商会特约金牌讲师。拥有2年微商创业经历，开设线下实体店。

杨芮萌　微信号：7576719
瑞士卡丝集团合伙人；中华微商创业委员会常务理事；亚洲美容养生研究协会会员。

华少　微信号：83090556
义乌人，从众网络科技有限公司企鹅团购出品人。

敏子　微信号：15206797662
LANFAIR品牌核心经销商；中国第一批NDOP精准皮肤管理师之一。

Meiya　微信号：1127813672
LANFAIR品牌创始人，开创了微电商独家医美护肤品牌。

蔡忠海　微信号：170888102
毕业后奋力打拼了10年，如今在中国、澳大利亚、泰国开店、做贸易、开工厂、开餐厅，聚合的全是线下超精准流量。

卓恩　微信号：214056416
从事影视传媒行业，先后任职于CCTV和人民日报海外网。现在在一个公益组织做义工，负责公益活动、慈善晚宴等项目运作。

张兰芳　微信号：151352238
2014年创办了“Sweety甜妈烘焙工作室”。精通烘焙技术以及少儿、中学生心理和情商教育，是一名喜爱英文、写作和播音的斜杠女青年。

夏诚恩　微信号：18814224141
“90后”实战创业导师；创富帮创始人；社群营销达人；一对多批量社群成交导师；演讲口才训练导师；营销策划人；自媒体人。

郑少强　微信号：776062
2010年成立公司，主要研发淘宝第三方软件，拳头产品有“速度达”自动充值系统、“客户达”货源供销系统。2016年涉足微商研发“循序”通用型微课堂系统。

米渃诗　微信号：86657712
LANFAIR品牌省级代理商，NDOP精准皮肤管理师。

美美　微信号：345257616
微营销全民学院战略联盟导师；美美家族商贸有限公司董事长；TST庭秘密官方合伙人；Smile亿万家族创始人。

孟庆贺　微信号：18657166796
杭州珀莱雅化妆品股份有限公司全国护肤培训经理；高姿、韩雅品牌微商渠道操盘手；LANFAIR品牌战略合作伙伴。

宋玉红　微信号：15041166997
“80后”宝妈，喜欢美食和旅行。爱米易品牌创始人；无添加食品推广大使；国家认证微商运营师；大连玉福亿城贸易有限公司总经理；微商万人团队创始人。

侯海梅　微信号：wh401716
曾经是一名退休工人且多病缠身，2011年开办了蓝羽女子养生馆，专营美肤宝幽雅、樊文花、纯爱香颂随行灸等健康绿色产品。

唐少杰　微信号：15158853566
LANFAIR品牌CEO；原上市公司浪莎微商操盘手；原上市公司北京醉纯科技微商操盘手；2016年荣获中国微商十大操盘手。